CURSO DE DIREITO AUTORAL
Do clássico ao digital

ELISÂNGELA DIAS MENEZES

Advogada, jornalista e perita judicial
Mestre em Direito Privado pela PUC Minas
Professora dos centros universitários UNI-BH e UNA

CURSO DE DIREITO AUTORAL
Do clássico ao digital

2ª edição

Del Rey
editora

Belo Horizonte
2021

Impresso no Brasil | *Printed in Brazil*

EDITORA DEL REY LTDA.
www.editoradelrey.com.br

Editor: Arnaldo Oliveira

Editor Adjunto: Ricardo A. Malheiros Fiuza
(*in memoriam*)

Coordenação Editorial: Letícia Neves

Diagramação: Know-how Desenvolvimento Editorial

Editora:
Rua dos Goitacazes, 71 – Lojas 20 a 24
Centro – Belo Horizonte – MG
CEP 30190-050

Comercial:
Tel.: (31) 3284-3284
vendas@editoradelrey.com.br

Editorial:
editorial@editoradelrey.com.br
Tel.: (31) 2516-3340

M543 Menezes, Elisângela Dias.
Curso de Direito Autoral: do clássico ao digital, 2ª ed. / Elisângela Dias Menezes.
Belo Horizonte: Del Rey, 2021.
296 p. – 13,5 x 21,0 cm

ISBN 978-65-00-21137-5

1. Direito autoral. I. Título.

CDD: 342.28
CDU: 347.78

Bibliotecária responsável: Maria da Conceição Araújo
CRB 6 / 1236

À Julia e à Ana, por me ensinarem todos os dias sobre a força do amor.

PREFÁCIO À 2ª EDIÇÃO

Recebi de Elisângela Dias Menezes o convite para prefaciar o seu *Curso de Direito Autoral* atualizado, a caminhar para a sua segunda edição, uma publicação da Editora Del Rey.

Dois foram os motivos que me levaram a aceitar o seu distinto convite. O primeiro, pela admiração e carinho que tenho pela professora estudiosa do Direito de Autor; o segundo, pela importância de que se reveste o *Curso de Direito Autoral* junto àqueles que desejam conhecer os pressupostos essenciais sobre esta disciplina jurídica. O trabalho cresce de significado quando se sabe que, entre nós, o Direito de Autor está longe de integrar os currículos das nossas universidades de direito, fato lamentável, em distonia com o próprio tempo em que vivemos. Ignorar os princípios e regras dessa essencial disciplina jurídica é um desserviço para todos os criadores que, com o seu talento e sensibilidade, constroem o processo cultural do nosso país.

O *Curso* original, construído em 10 capítulos, todos eles suficientes para oferecer uma ampla visão da disciplina autoral, condiz com os seus reais objetivos, a resultar do lúcido trabalho de sua autora, decidida a buscar a instrumentalização não só do alunato, mas de todos aqueles que se voltam para o estudo dessa fascinante disciplina jurídica.

O *Curso* atualizado que aqui se prefacia incorporou com acuidade, nos seus diferentes capítulos, imprescindíveis conteúdos para o aprendizado do Direito de Autor, na medida em que as alterações nele introduzidas estão em sintonia com o advento das transformações tecnológicas em permanente evolução, em especial as que dizem respeito à desmaterialização do suporte físico da obra de criação literária, artística e científica, a desafiar melhor reflexão dos estudiosos. Não é, pois, sem motivo que o *Curso* encampa esses temas correlatos, a enfatizar a circulação digital da obra, o *streaming* no terreno da comunicação, as novas plataformas digitais, sua autoria e forma de distribuição de obras, arquivo em nuvem, o revolucionário *peer-to-peer* e o IPTV, o registro por meio de *blockchain*, crimes cibernéticos, o contraditório marco civil da Internet e a responsabilização de provedores, a inteligência artificial, os memes como obras autorais, enfim, vários outros temas que vão desafiar ainda por muito tempo a reflexão daqueles que lidam com o Direito Autoral.

Portanto, a obra de Elisângela Dias Menezes constitui-se num magnífico fio condutor para ser sempre utilizado no tortuoso terreno do Direito Autoral. A sua autora, ao elaborá-lo, cuidou de ajustá-lo aos seus objetivos e finalidades, e conseguiu com amplitude. O *Curso* revisto é resultado de um excelente trabalho produzido, a revelar pesquisa e dedicação. Veio para ficar.

Quanto a mim, registro a minha admiração pelo consistente trabalho intelectual de Elisângela Dias Menezes, sobretudo a gratidão por ter o meu nome, de agora em diante, vinculado à sua obra, resultado da escolha nascida do seu afeto e apreço.

Hildebrando Pontes

NOTA DA AUTORA À 2ª EDIÇÃO

Esta obra nasceu de um legítimo e contínuo desejo de formar e informar. Fruto de um espírito lutador, inconformado e idealista. É assim que sua autora se vê: como professora que nunca assentiu em deixar um aluno sequer para trás, como consultora jurídica que sempre abraçou as causas, participando das tomadas de decisão estratégicas. E mais, como jornalista que encontrou na Internet as ferramentas ideais para comunicar às novas gerações o que sabe sobre Direito.

Assim, o *Curso de Direito Autoral* evoluiu com o percurso da humanidade. Concebida na primeira década de nosso século (2007), a obra, que já é quase debutante, sobreviveu e revitalizou-se com o advento da Internet e o consequente surgimento do chamado Direito Autoral digital.

Nesse sentido, trata-se a presente obra de um estudo específico da Lei de Direitos Autorais, como ramificação da propriedade intelectual, buscando distinguir o Direito de Autor dos demais campos do Direito e posicioná-lo dentro do Direito Privado.

Assim, o livro inicia-se com o estudo do Direito de Autor dentro do sistema jurídico atual. O ponto de partida é a sua própria previsão constitucional, passando pela sua inserção no Direito Privado, dentro do qual constitui área independente, por meio do chamado Direito de Propriedade Intelectual. Este último, enquanto instituto de natureza privada, abrange, dentre outros, o Direito de Autor, que, em seus aspectos morais, também possui identificação com os direitos da personalidade.

O Direito Autoral como sistema mereceu um capítulo próprio. O conceito e a evolução histórica do instituto foram objeto de análise, bem como sua natureza jurídica e as características dos dois sistemas legislativos autorais existentes. Como se pretende demonstrar, o objeto da proteção autoral são as obras de arte e cultura. Serão protegidas, de acordo com a Lei n. 9.610/98, todas as criações do espírito, tais como romances, crônicas, livros didáticos, músicas, fotografias, desenhos, pinturas, gravuras e traduções. Também foram abordados os critérios de enquadramento de uma obra autoral, bem como os atributos da autoria e o seu devido registro.

A dualidade de direitos é uma característica singular do Direito de Autor. Para a compreensão do instituto, foi imprescindível a delimitação dos direitos morais e patrimoniais do criador intelectual. Sem dúvida, o autor tem, sobre sua obra, direitos de propriedade, que permitem a exploração econômica do objeto protegido. A obra é, antes de tudo, um patrimônio. Para fins jurídicos, a lei inclusive considera o direito autoral como um bem móvel. Portanto, como tal, pode ser negociado, por meio de contratos específicos.

Há também, sobre a obra intelectual protegida, os chamados direitos morais. Esses direitos não podem ser negociados. São irrenunciáveis e imprescritíveis. Trata-se do direito à paternidade da obra, que o autor pode reclamar a qualquer tempo, já que possui a prerrogativa de ter sempre seu nome ou pseudônimo vinculado à criação. O autor tem também o direito de integridade sobre o texto, que não pode ser alterado sem a sua autorização. O capítulo ainda trata dos limites ao direito de autor e dos direitos conexos, estes últimos atribuídos aos artistas intérpretes.

A proteção à propriedade intelectual não poderia deixar de ser analisada. Tratou-se não só das violações mais frequentes ao Direito de Autor, mas também dos principais mecanismos de defesa jurídica, tanto na esfera cível quanto nos âmbitos penal e administrativo. Ainda no que se refere à tutela autoral, o advento das associações de gestão coletiva, abordadas durante o capítulo, vem provar que a defesa da propriedade intelectual tem ganhado importância cada vez maior na sociedade contemporânea.

Nesse sentido, buscou-se tratar da gestão de direitos nas diversas artes, a partir de uma abordagem específica dos aspectos autorais sobre as artes visuais, bem como sobre a fotografia, o teatro, a arquitetura, a música, os programas de computador, a literatura, as bases de dados, a publicidade, o cinema e a TV. Os novos meios de circulação autoral, tais como a multimídia e a Internet, também mereceram atenção, uma vez que constituem grande desafio para o controle da difusão de obras artísticas e culturais. A subsequente abordagem dos contratos autorais, com suas particularidades, demonstrou-lhes a grande relevância como instrumento de administração dos direitos sobre a criação intelectual.

Por fim e não menos importante, tratou-se na presente obra de analisar os desafios do chamado Direito Autoral digital. A começar pelo *streaming* como meio contemporâneo de distribuição de obras autorais, no contexto desse novo recurso de compartilhamento de conteúdos entre usuários, sem qualquer forma de centralização de dados, chamada de rede *peer-to-peer*. O papel dos distribuidores digitais nesse processo também foi destacado, assim como os horizontes que se descortinam pela possibilidade de registro autoral por *blockchain*. Esse capítulo, especialmente atualizado a partir de experiências vivenciais, também abordou os temas autorais relacionados aos crimes cibernéticos e ao marco civil da Internet. O debate sobre inteligência artificial, algoritmos utilizados pelas plataformas digitais e direito autoral sobre memes vem fechar a obra como um passeio crítico sobre o futuro que afinal chegou.

Com efeito, o Direito Autoral clássico vive e passa bem, apesar de sua avançada idade. A arte se reinventa, se renova, mas não prescinde de suas formas tradicionais, o que garante vida ao teatro, à dança, ao cinema, às artes plásticas, à literatura e tantas outras manifestações do espírito humano. Junto ao que é perene, porém, descortina-se um Direito Autoral totalmente digital, com conceitos de tecnologia da informação (TI), termos não traduzidos do inglês e discussões tão abstratas e incorpóreas como os próprios bens por si protegidos. Há que se realizar muitas edições do livro para abordar tantas mudanças em tão breve decurso de tempo. Que seja esta a primeira de muitas turnês literárias que partem do Direito Autoral clássico rumo à estação digital, em atenção não apenas aos desafios de todos os tempos, mas também às urgências e insurgências do agora.

NOTA DA AUTORA À 1ª EDIÇÃO

O Estado Democrático de Direito, como paradigma atual de uma sociedade polissistêmica, abriga, em seu seio, direitos de diversas naturezas, voltados para a proteção de setores sociais específicos, como a família, o consumidor e o trabalhador assalariado. Dentro desse contexto, destaca-se o papel dos autores intelectuais, que podem ser classificados também como um grupo social apartado dos demais, dada à especificidade de seu trabalho e dos direitos deles decorrentes.

Como ocorre com todos os núcleos autônomos de titulares de direitos na sociedade, aquele protegido pelo chamado Direito de Autor também possui sua própria regulamentação. Além das convenções internacionais sobre a matéria, está em vigor, hoje no país, a lei de número 9.610, editada em 19 de fevereiro de 1998, que veio atender aos anseios de autores e artistas intérpretes, garantindo-lhes as prerrogativas decorrentes de seu trabalho intelectual. A chamada Lei de Direitos Autorais, ou simplesmente LDA, como é conhecida, possui uma lógica própria, que eleva os seus titulares a uma posição social diferenciada dos demais.

Nesse sentido, trata-se a presente obra de um estudo específico da Lei de Direitos Autorais, como ramificação da propriedade intelectual, buscando distinguir o Direito de Autor dos demais campos do Direito e posicioná-lo dentro do Direito Privado.

Assim, o presente trabalho inicia-se com o estudo do Direito de Autor dentro do sistema jurídico atual. O ponto de partida é a sua própria previsão constitucional, passando pela sua inserção no Direito Privado, dentro do qual constitui área independente, por meio do chamado Direito de Propriedade Intelectual. Este último, enquanto instituto de natureza privada, abrange, dentre outros, o Direito de Autor, que, em seus aspectos morais, também possui identificação com os direitos da personalidade.

O Direito Autoral como sistema mereceu um capítulo próprio. O conceito e a evolução histórica do instituto foram objeto de análise, bem como sua natureza jurídica e as características dos dois sistemas legislativos autorais existentes. Como se pretende demonstrar, o objeto da proteção autoral são as obras de arte e cultura. Serão protegidas, de acordo com a Lei n. 9610/98, todas as criações do espírito, tais como romances, crônicas, livros didáticos, músicas, fotografias, desenhos, pinturas, gravuras e traduções. Também foram abordados os critérios de enquadramento de uma obra autoral, bem como os atributos da autoria e o seu devido registro.

A dualidade de direitos é uma característica singular do Direito de Autor. Para a compreensão do instituto, foi imprescindível a delimitação dos direitos morais e patrimoniais do criador intelectual. Sem dúvida, o autor tem, sobre sua obra, direitos de propriedade, que permitem a exploração econômica do objeto protegido. A obra é, antes de tudo, um patrimônio. Para fins jurídicos, a lei inclusive considera o direito autoral como um bem móvel. Portanto, como tal, pode ser negociado, por meio de contratos específicos.

Há também, sobre a obra intelectual protegida, os chamados direitos morais. Esses direitos não podem ser negociados. São irrenunciáveis e imprescritíveis. Trata-se do direito à paternidade da obra, que o autor pode reclamar a qualquer tempo, já que possui a prerrogativa de ter sempre seu nome ou pseudônimo vinculado à criação. O autor tem também o direito de integridade sobre o texto, que não pode ser alterado sem a sua autorização. O capítulo ainda trata dos limites ao direito de autor e dos direitos conexos, estes últimos atribuídos aos artistas intérpretes.

A proteção à propriedade intelectual não poderia deixar de ser analisada. Tratou-se não só das violações mais frequentes ao Direito de Autor, mas também dos principais mecanismos de defesa jurídica, tanto na esfera cível quanto no âmbito penal e administrativo. Ainda no que se refere à tutela autoral, o advento das associações de gestão coletiva, abordadas durante o capítulo, vem provar que a defesa da propriedade intelectual tem ganhado importância cada vez maior na sociedade contemporânea.

Nesse sentido, buscou-se tratar da gestão de direitos nas diversas artes, a partir de uma abordagem específica dos aspectos autorais sobre as artes visuais, bem como sobre a fotografia, o teatro, a arquitetura, a música, os programas de computador, a literatura, as bases de dados, a publicidade, o cinema e a TV. Os novos meios de circulação autoral, tais como a multimídia e a Internet, também mereceram atenção, vez que constituem grande desafio para o controle da difusão de obras artísticas e culturais. A subsequente abordagem dos contratos autorais, com suas particularidades, demonstrou-lhes a grande relevância como instrumento de administração dos direitos sobre a criação intelectual.

Enfim, tanto nos países de tradição da lei civil quanto nos países cujo direito é consuetudinário, os direitos autorais merecem proteção, sendo considerados, ao longo de sua evolução histórica, como direito de propriedade especial, não só ancorado em seus aspectos patrimoniais, mas também baseado nas prerrogativas da própria personalidade de seus autores. Assim, quando o Brasil edita, fiscaliza e incorpora ao seu sistema jurídico, uma legislação eficiente para proteção da propriedade intelectual e dos direitos de autor, nada mais faz do que adequar seu sistema jurídico às tendências mundiais.

Busca o presente trabalho destacar o Direito de Autor como instituto cuja especificidade e abrangência demonstram, a nosso ver, a universalidade e a independência necessárias para a sua classificação como área autônoma do Direito, na medida em que se mostra capaz de garantir aos seus tutelados a titularidade e proteção integral sobre suas obras artísticas e culturais.

Essa conclusão merece acolhida nos ensinamentos do mestre autoralista Carlos Alberto Bittar, que classifica o Direito de Autor como direito especial, sujeito à disciplina própria, apartada das codificações, diante dos princípios e regras consagradas universalmente, em sua esquematização estrutural. Justifica suas conclusões na própria análise da conformação intrínseca do instituto, que, para ele, desde logo demonstra revestir-se de características próprias, identificáveis na doutrina, na jurisprudência e na Legislação, tanto nacional, quanto internacional.

Com efeito, mediante a corroboração da lei de direitos autorais no Direito Privado positivo, espera-se que a sociedade conscientize-se cada vez mais da imperatividade da propriedade intelectual, criando novos mecanismos de controle e fiscalização da reprodução de obras, de modo que o respeito aos direitos de autor possa servir de alento e estímulo à preservação do espírito criador, tão importante para a conservação da identidade cultural do país.

Dentro dessa perspectiva, parece-nos extremamente pertinente o estudo sobre o Direito Autoral no paradigma do Estado Democrático de Direito, no sentido não só de identificar e divulgar o seu caráter auto-regulamentador, alicerçado em legislação especial e independente, como também, em consequência disso, ajudar a sanar a dificuldade de classificação do instituto autoral dentro do Direito enquanto ciência. A ascensão do Direito de Autor enquanto área jurídica autônoma é a prova de que a codificação recente, assim como a anterior, embora editadas em séculos distintos, certamente não acolhem vários dos institutos vigentes, que muito já ultrapassaram as suas fronteiras.

ABREVIATURAS

ABC	– Associação Brasileira de Cinematografia.
ABDE	– Associação Brasileira de Escritores.
ABDR	– Associação Brasileira de Direitos Reprográficos.
ABES	– Associação Brasileira das Empresas de Software.
ABP	– Associação Brasileira de Proteção aos Direitos Editoriais e Autorais.
ABPD	– Associação Brasileira dos Produtores de Discos.
ABPI	– Associação Brasileira da Propriedade Intelectual.
ABRAC	– Associação Brasileira de Autores, Compositores, Intérpretes e Músicos.
ABRAMUS	– Associação Brasileira de Música.
ACIMBRA	– Associação de Compositores e Intérpretes Musicais do Brasil.
ADAGP	– Sociedade de Autores das Artes Gráficas e Plásticas (*Société des Auteurs dans les Arts Graphiques et Plastiques*).
ADDAF	– Associação Defensora de Direitos Autorais.
ADPIC	– Acordo sobre Direito de Propriedade Intelectual relacionado ao Comércio.
AGADU	– Associação Geral de Autores do Uruguai.
ALAI	– Associação Literária e Artística Internacional.
AMAR	– Associação de Músicos, Arranjadores e Regentes.

ANACIM – Associação Nacional de Autores, Compositores, Intérpretes e Músicos.

ANATEL – Agência Nacional de Telecomunicações.

ANCINE – Agência Nacional do Cinema.

APDIF – Associação Protetora dos Direitos Intelectuais Fonográficos.

APIJOR – Associação Brasileira para a Proteção da Propriedade Intelectual dos Jornalistas.

Art. – artigo.

ASCAP – Sociedade Americana de Compositores, Autores e Editores (*American Society of Composers, Authors & Publishers*).

ASSIM – Associação de Intérpretes e Músicos.

AUTVIS – Associação Brasileira de Direitos de Autores Visuais.

CAMINAS – Câmara Mineira de Mediação e Arbitragem.

CAV – Coordenação de Atividades Audiovisuais.

CD – Discos compactos (*compact disc*).

CD-ROM – Disco Compacto não-regravável (*compact disc read-only memory*).

CISAC – Confederação Internacional das Sociedades de Autores e Compositores.

CNA – Conselho Nacional de Autores.

CNCP – Conselho Nacional de Combate à Pirataria e Delitos contra a Propriedade Intelectual.

CNDA – Conselho Nacional de Direito Autoral.

CONCINE – Conselho Nacional do Cinema.

CONDECINE – Contribuição para o Desenvolvimento da Indústria Cinematográfica Nacional.

CONFEA – Conselho Federal de Engenharia, Arquitetura e Agronomia.

Coord. – coordenação.

D. – Dom.

DJ – Discotecário (*disc jockey*).

DVD – Disco Versátil Digital (*Digital Versatile Disc*).
ECAD – Escritório Central de Arrecadação de Direitos Autorais.
ed. – edição.
FBN – Fundação Biblioteca Nacional.
GATT – Acordo Geral sobre Tarifas e Comércio (*General Agreement on Tariffs and Trade*).
INPI – Instituto Nacional da Propriedade Industrial.
ISO – Organização Internacional de Normatização (*Internacional Standard Recording Code*).
ISRC – Código Internacional de Normatização de Gravações (*International Standards Organization*).
LDA – Lei de Direitos Autorais.
LICC – Lei de Introdução ao Código Civil.
MD – Mini Disco (*mini disc*).
MP3 – MPEG-1/2 Audio Layer 3.
n. – número.
OIT – Organização Internacional do Trabalho.
OMB – Ordem dos Músicos do Brasil.
OMC – Organização Mundial do Comércio.
OMPI – Organização Mundial da Propriedade Intelectual.
Org. – organização.
p. – página.
PIB – Produto Interno Bruto.
PNCP – Plano Nacional de Combate à Pirataria.
SADAIC – Sociedade Argentina de Autores e Compositores de Música.
SADEMBRA – Sociedade Administradora de Direitos de Execução Musical do Brasil.
SBACEM – Sociedade Brasileira de Autores, Compositores e Escritores de Música.
SBAT – Sociedade Brasileira de Autores Teatrais.
SGAE – Sociedade Geral de Autores da Espanha.
SIAE – Sociedade Italiana dos Autores e Editores.

SICAM	– Sociedade Independente de Compositores e Autores Musicais.
SOCINPRO	– Sociedade Brasileira de Administração e Proteção de Direitos Intelectuais.
SPA	– Sociedade Portuguesa de Autores.
TRIPS	– Acordo Relativo aos Aspectos de Propriedade Intelectual Relacionados ao Comércio (*Agreement on Trade-Related Aspects of Intellectual Property Rights*).
UBC	– União Brasileira de Compositores.
UBE	– União Brasileira de Escritores.
UBV	– União Brasileira de Vídeo.
UDA	– Unidade de Direito Autoral.
UFRJ	– Universidade Federal do Rio de Janeiro.
UNESCO	– Organização das Nações Unidas para a Educação, a Ciência e a Cultura.
VT	– Fita de vídeo (*video tape*).
WIPO	– Organização Mundial da Propriedade Intelectual (*World Intellectual Property Organization*).
WWW	– Rede Aberta Mundial / Internet (*World Wide Web*).

SUMÁRIO

CAPÍTULO I

DIREITO DE AUTOR PERANTE O SISTEMA JURÍDICO

"É certo que não há certezas, e, por isso, não se propõe uma regulamentação substantiva das esferas da vida privada; cada um tem direito a seu 'castelo inexpugnável'."

Ricardo Luiz Lorenzetti

Partindo do pressuposto teórico de que a Constituição Federal ocupa o centro do sistema jurídico brasileiro, há que se delimitar sua função como fonte imediata do Direito Privado. Mais especificamente, provar sua incidência sobre um instituto inerente ao Direito Privado, o chamado Direito de Autor.

O Direito de autor, enquanto conjunto de pressupostos legislativos de garantia setorial oponíveis *erga omnes*, possui amplo respaldo na Constituição da República Federativa do Brasil. Encontra-se devidamente inserido e posicionado no sistema jurídico brasileiro e é constantemente apontado como direito de natureza autônoma por sua específica lógica legislativa. Dentro dessa perspectiva, mister se faz dimensioná-lo no sistema jurídico brasileiro.

1.1 Previsão Constitucional

O chamado Direito de Autor, amplamente apresentado e analisado nos capítulos subsequentes, não se restringe à esfera das relações privadas. Inicialmente, encontra respaldo na própria Constituição Federal. Daí a importância, antes mesmo do estudo de suas particularidades, de posicionar este instituto no sistema jurídico brasileiro. Sua inserção na esfera do Direito Público se fez desde o surgimento do próprio Direito de Autor, isso porque parte do próprio Estado a premissa do respeito à criação intelectual do indivíduo.

A proteção à propriedade intelectual constitui-se, antes de tudo, em uma garantia fundamental, postulada ao lado de outras, igualmente importantes, como o direito à vida, à inviolabilidade do domicílio e à propriedade. É matéria constitucional e como tal tem sido tratada dentro da evolução jurídica e política do país. A esse respeito, concorda o autor Cláudio de Souza Amaral, ao afirmar que "a trajetória do nível de proteção ao direito de autor, ou melhor, à obra artística, literária e científica no Brasil, pode ser estudada e aquilatada à luz dos vários textos constitucionais". (AMARAL, 2005, p. 58)

A proteção constitucional ao Direito de Autor remonta ao Brasil República, tendo sido a matéria incluída inicialmente na Carta Magna de 1891, por sinal a primeira Constituição do período republicano. Antes, a disciplina por certo não era ignorada pelo Direito, mas encontrava-se legislada apenas em lei ordinária, constando do artigo 261 do antigo Código Criminal de 1830.

Desde a sua inserção no primeiro texto constitucional republicano, o Direito de Autor tem sido matéria de todas as constituições federais, com exceção daquela promulgada em 1937, pelo chamado Governo Excepcional, que durante o Estado Novo inclusive dissolveu a Câmara dos Deputados e o Senado Federal. A Carta Magna de 1967 viria ampliar os direitos constitucionais de autor, na medida em que garantia ao criador intelectual o direito exclusivo de utilização, e não somente o de reprodução, como constava nas redações anteriores.

Por sua vez, a Constituição Federal de 1988, atualmente vigente no país, não só consolidou como também ampliou a garantia aos autores intelectuais, conforme se depreende da leitura do dispositivo constitucional inserido no artigo 5º, XXVII, do referido texto constitucional (BRASIL, 1988, p. 5):

> Título II – Dos Direitos e Garantias Fundamentais
> Capítulo I – Dos Direitos e Deveres Individuais e Coletivos
> Art. 5º – Todos são iguais perante a lei, sem distinção de qualquer natureza, garantindo-se aos brasileiros e aos estrangeiros residentes no País a inviolabilidade do direito à vida, à liberdade, à igualdade, à segurança e à propriedade, nos termos seguintes:
> XXVII – Aos autores pertence o direito exclusivo de utilização, publicação ou reprodução de suas obras, transmissível aos herdeiros pelo tempo que a lei fixar.

A simples leitura do artigo possibilita o dimensionamento da abrangência da proteção oferecida ao autor. Dispõe claramente o legislador constituinte que pertence exclusivamente aos autores todos os direitos sobre sua obra, garantindo serem os mesmos titulares exclusivos de todas as prerrogativas decorrentes do uso de sua criação, sejam elas de quaisquer naturezas.

Observa-se, nesse sentido, ter a Carta Magna ampliado sobremaneira as garantias constitucionais dos autores. Antes de 1988, possuíam apenas o direito de reprodução de suas obras. Em 1967, lhes foi reconhecido o direito exclusivo também à utilização. Atualmente, inclui-se ainda como prerrogativa a exclusividade na publicação da obra. Trata-se de verdadeiro reconhecimento constitucional do aspecto moral dos direitos de autor, cujo conteúdo será tratado em momento oportuno.

Com efeito, o legislador constituinte garantiu aos autores a faculdade de oferecer ou não ao público o acesso à sua obra, obviamente mediante condições preestabelecidas. A referida garantia encontra-se expressa, portanto, na própria Lei asseguradora da unidade do polissistema, aplicando-se tanto ao cidadão destinatário da norma quanto ao legislador infraconstitucional, que viria mais tarde a criar dispositivo específico para regular a matéria.

Essa constitucionalização do Direito de Autor representa, sem dúvida, uma conquista social baseada na lógica do setor autoral, resultado do amadurecimento da legislação de 1988 e da própria consolidação da doutrina autoralista no país.

Sobre o assunto, posiciona-se o professor Eduardo Pimenta, jurista militante na área dos direitos autorais, ao reconhecer, em seus escritos, a natureza constitucional dos direitos em questão. Nesse sentido, afirma que "os direitos autorais são objeto dos direitos e garantias fundamentais preconizados na Constituição, onde o fundamento jurídico constitucional destes direitos baseia-se no interesse de proteger a obra intelectual, como forma de respeito ao autor". (PIMENTA, 2004, p. 226)

O referido autor ainda faz interessante observação quanto à ampla liberdade de expressão artística assegurada pela Carta Magna vigente, que teria se estabelecido mediante a substituição de um importante verbo na redação do *caput* do artigo 5º do texto de 1988, em análise comparativa com o texto constitucional anterior:

> A Constituição de 1988, no *caput* do artigo 5º, mudou a terminologia afiançadora dos direitos da propriedade (registra-se que, contudo, os direitos autorais têm características de direito real) em vez de 'assegurado', passou para 'garantido', talvez por ter sido elaborada por uma Constituinte livre e democrática. Ficou patente a liberdade de expressão criativa, sem censura ou licença. (PIMENTA, 2004, p. 223)

Não obstante a proteção constitucional estivesse plenamente estabelecida pelo inciso XXVII da Constituição Federal, entendeu por bem o legislador constituinte especificar tais garantias, confirmando o caráter normativo da Carta Magna, plenamente aplicável ao Direito Privado, conforme o inciso XXVIII, alíneas "a" e "b", do texto constitucional (BRASIL, 1988, p. 5):

> Título II – Dos Direitos e Garantias Fundamentais
> Capítulo I – Dos Direitos e Deveres Individuais e Coletivos
> Art. 5º Todos são iguais perante a lei, sem distinção de qualquer natureza, garantindo-se aos brasileiros e aos estrangeiros residentes no País a inviolabilidade do direito à vida, à liberdade, à igualdade, à segurança e à propriedade, nos termos seguintes:
> XXVIII – são assegurados, nos termos da lei:
> a proteção às participações individuais em obras coletivas e à reprodução da imagem e voz humanas, inclusive nas atividades desportivas;
> o direito de fiscalização do aproveitamento econômico das obras que criarem ou de que participarem aos criadores, aos intérpretes e às respectivas representações sindicais e associativas;

Encarregou-se o texto da Constituição, na citada alínea "a", de assegurar a participação individual em obras intelectuais coletivas e, ao mesmo tempo, procurou resguardar o uso da imagem e da voz de tais autores, estendendo a referida proteção constitucional às categorias sociais que emprestam atributos de seus direitos personalíssimos à criação artística de qualquer natureza.

Já a alínea "b" do referido dispositivo constitucional consolidou a abrangência protetora, na medida em que expressamente incluiu, entre as prerrogativas garantidas aos autores, o direito de exploração econômica das obras, além de ampliar o rol das categorias sociais amparadas pela proteção autoral, ao citar os intérpretes, bem como os sindicatos e as associações específicas titulares de direitos dessa ordem.

Tendo em vista a Constituição Federal imperar como a lei maior do Estado brasileiro, sendo seus dispositivos considerados como princípios norteadores não só do cidadão comum como também do legislador infraconstitucional, o Direito de Autor deixa de ser um instituto restrito ao Direito Privado, para juntar-se ao conjunto das normas setoriais devidamente amparadas pela própria Constituição Federal. Infere-se daí que toda e qualquer ofensa aos direitos intelectuais passa a ser não apenas a transgressão a uma simples norma, mas, sim, o descumprimento de um preceito maior, de natureza constitucional a atingir todo o ordenamento jurídico vigente.

Não obstante, necessário se faz reconhecer que se configura sempre mais grave a violação de um princípio do que a transgressão de uma simples norma, tendo em vista a ofensa atingir não apenas a um comando, mas a um conjunto específico de mandamentos.

Nesse sentido, violar a Constituição com a prática de ato não-condizente com a postura expressa no corpo da legislação pátria, é ofender a sociedade e ao Estado Democrático de Direito, fazendo do infrator autoral um transgressor qualificado, pela seriedade e alcance da lesão que pode causar.

Resta clara, portanto, a natureza constitucional dos direitos de autor. À luz da Constituição Federal, mais especificamente de seu artigo 5º, incisos XXVII e XXVIII, enquanto grupo social dotado de uma lógica setorial, os autores encontram-se protegidos em suas prerrogativas como nunca foram, não apenas quanto à utilização e publicação de suas obras, mas também e principalmente quanto à sua reprodução.

1.2 O Direito de Autor como Direito Privado

Não obstante a sua previsão expressa na Constituição Federal, inclusive mediante sua figuração no capítulo que trata das garantias fundamentais do cidadão brasileiro, o Direito de Autor, enquanto disciplina de regulação das relações jurídicas entre particulares, sempre foi considerado matéria de natureza eminentemente privada.

Considerado como "o complexo de normas e princípios que disciplina relações e situações jurídicas que interessam imediatamente às pessoas nelas envolvidas" (GOMES, 2006, p. 96), o Direito Privado, na opinião de José Jairo Gomes (2006), se distinguiria do Direito Público por abranger interesses eminentemente particulares, enquanto que este último trataria das relações que envolvem a participação do Estado, como poder político soberano.

O grande mestre autoralista Carlos Alberto Bittar explica que, como direito subjetivista e privatista, o Direito de Autor recebeu consagração legislativa em função da doutrina dos direitos individuais, no século XVIII. Teria sido, assim, automaticamente inserido no Direito Privado, com o qual se identifica pela natureza das relações jurídicas que estabelece entre os interessados.

Essa relação jurídica autoral é definida pelo eminente professor Antônio Chaves como a conjugação de direitos patrimoniais e pessoais, em uma lógica jurídica própria e específica do instituto autoralista:

> O direito de autor representa uma relação jurídica de natureza pessoal-patrimonial, sem cair em qualquer contradição lógica, porque traduz em uma fórmula sintética aquilo que resulta da natureza es-

> pecial da obra da inteligência e do regulamento determinado por esta natureza especial. (CHAVES, 1987, p. 6)

Importante ressaltar que a classificação do Direito Autoral como Direito Privado não impede o seu reconhecimento e sua consagração pública por meio da Constituição Federal, em uma relação público-privada que o professor Bittar assim define:

> Inspirado por noções de defesa do homem enquanto criador, em suas relações com os frutos de seu intelecto, inscreve-se no âmbito do Direito Privado, embora entrecortado por normas de ordem pública exatamente para a obtenção de suas finalidades. (BITTAR, 2003, p. 8)

Verdade é que essa dicotomia entre o Direito Público e o Privado encontra-se enfraquecida. Fala-se cada vez mais da constitucionalização do Direito Civil. Na opinião de José Jairo Gomes (2006) essa superação é denunciada pelos próprios microssistemas jurídicos, enquanto portadores de normas das duas naturezas. Ressalta, porém, a utilidade de conservação da divisão ontológica entre o público e privado, na medida de seu caráter didático, sistemático e cognitivo.

Dentro do Direito Privado, destaca-se o Direito Civil. Derivado do vocábulo latino *civis*, o termo civil corresponde ao significado da própria palavra "cidadão", destinando-se o referido ramo do Direito a regular as relações particulares entre os sujeitos privados ao longo da vida. Nas palavras de José Jairo Gomes:

> Direito Civil é o que melhor representa o Direito Privado. Fundado nas ideias de igualdade, liberdade e dignidade, ele consubstancia o conjunto de princípios e normas que disciplinam as relações e situações de natureza privada. Em outros termos, dispõe sobre a pessoa e a personalidade, desde antes do nascimento até a morte, sobre as atividades e as relações que elas travam, a família, o patrimônio e a sucessão. (GOMES, 2006, p. 97)

Destarte, o Direito de Autor foi considerado por muito tempo como matéria de Direito Civil, tendo sido, inclusive, codificado pelo legislador privado em 1916. Naquele momento histórico, foi considerado como Direito de Propriedade. A intenção de Clóvis Benviláqua, enquanto o grande idealizador da codificação de 1916, parecia apontar no sentido do reconhecimento do Direito de Autor como propriedade de caráter especial.

Tratava-se, ali, de considerar apenas os seus aspectos patrimoniais. A esse respeito, entende o autor Bruno Jorge Hammes (2002) que Benviláqua procurava garantir o lado patrimonial da relação jurídica autoral, porque, a seu ver, era a que "mais diretamente caía sob as vistas do vulgo, aquela que mais vezes solicitava em seu apoio a ação da Justiça" (HAMMES, 2002, p. 48).

Em consonância com o Estado Liberal e a sociedade patriarcal intervencionista que marcaram aquele momento histórico, o Direito de Autor acabou sendo codificado. A matéria tornou-se merecedora de um título próprio dentro do Código Civil de 1916, ao ser ali contemplada, por meio da edição de 24 artigos específicos que, embora hoje revogados e completamente superados, não deixam dúvidas quanto à identificação entre o Direito de Autor e a Ordem Civil brasileira.

Como já era previsto, praticamente todos os artigos do antigo Código Civil relacionados ao Direito Autoral tratavam de garantir aos interessados a segurança jurídica e as condições adequadas para a exploração econômica da obra intelectual. Pode-se afirmar que apenas um único artigo versava sobre direitos de ordem não-patrimonial, o qual não logrou êxito pelo fato de contrariar a própria natureza das prerrogativas morais. Assim, o artigo 667 do Código Civil de 1916 permitia a cessão de direitos por sua própria natureza inalienáveis, dado o seu caráter personalíssimo, conforme transcrição do referido dispositivo (BRASIL, 1916, p. 653):

> Arts. 649 a 673 – CAPÍTULO VI – DA PROPRIEDADE LITERÁRIA, CIENTÍFICA E ARTÍSTICA.
>
> Art. 667. (Revogado pela Lei n. 9.610, de 19.2.1998):
>
> Redação original: É suscetível de cessão o direito, que assiste ao autor, de ligar o nome a todos os seus produtos intelectuais.
>
> § 1° Dará lugar à indenização por perdas e danos a usurpação do nome do autor ou a sua substituição por outro, não havendo convenção que a legitime.
>
> § 2° O autor da usurpação, ou substituição, será outrossim, obrigado a inserir na obra o nome do verdadeiro autor.

Em 1973, a primeira legislação autoral viria revogar os dispositivos atinentes à matéria no Código Civil, estabelecendo uma nova lógica setorial que há muito já se observava na realidade fática. Com a edição da Lei n. 5.988, de 14 de dezembro de 1973, estava enfim desfeito o vínculo de subordinação direta entre o Direito de Autor e o Direito Civil.

Por sua natureza reguladora de relações particulares entre os indivíduos, o Direito de Autor continuaria inserido no Direito Privado, mas agora com a independência que lhe é devida, principalmente pela especificidade de seu conteúdo. Mesmo diante de uma nova oportunidade de codificação civil, o Direito Autoral manteve a sua autonomia. Por isso, a matéria não compõe o atual Código Civil, editado em 2002, e, provavelmente, não comporá os instrumentos normativos civilísticos posteriores, já que passou a ocupar um espaço mais independente e relevante do que a própria codificação poderia suportar.

1.3 O Direito de Autor como Direito da Personalidade

A codificação de 2002, reguladora dos direitos civis no país, estabeleceu os chamados Direitos da personalidade. Trata-se, pois, de direitos privados que, segundo Roberto Scenise Lisboa (2002), destinam-se a individualizar a pessoa e conferir-lhe meios de se desenvolver intelectualmente em sociedade.

A personalidade, no sentido definido por Scenise (2002), seria a capacidade de gozo da pessoa em ser titular de direitos e obrigações projetadas para o mundo exterior, cuja prerrogativa fundamenta-se na própria condição inerente à natureza humana de seu titular, independentemente do grau de discernimento que tenha atingido.

O professor Carlos Alberto Bittar afirma que os direitos da personalidade são as prerrogativas previstas no ordenamento jurídico para a defesa de valores inatos ao homem, reconhecidos à pessoa humana, em conformidade com a definição:

> Consideram-se como da personalidade os direitos reconhecidos à pessoa humana tomada em si mesma e em suas projeções na

> sociedade, previstos no ordenamento jurídico exatamente para a defesa de valores inatos do homem, como a vida, a higidez física, a intimidade, a honra, a intelectualidade e outros tantos (BITTAR, 2004, p. 1)

Os direitos da personalidade encontram-se inseridos nos chamados Direitos da Pessoa, estes últimos referentes à posição do ser humano na sociedade, compreendendo os relativos aos estados individual, familiar e político. Bittar (2004) afirma que os direitos da personalidade vêm ganhando espaço nas codificações, embora ocupem posição autônoma e distinta na relação dos direitos privados, mediante linhas divisórias mais nítidas, graças à doutrina e à jurisprudência.

Dentro dessa perspectiva, encontra o Direito de Autor o seu lugar na classificação dos chamados Direitos da Personalidade. Aqui, não se pode olvidar o chamado direito moral de autor, que se traduz na relação subjetiva do criador com sua obra, ligação essa de natureza pessoal e eterna.

Significa dizer que a obra, enquanto resultado da inteligência, da criatividade e da originalidade de seu autor, passa a integrar a sua própria personalidade. Segundo o professor Bittar (2004), esse elemento moral que liga o autor à sua obra é a expressão do espírito criador da pessoa, mediante os reflexos da personalidade do homem em sua própria criação intelectual.

Assim sendo, os aspectos intrínsecos ao Direito de Autor evidenciariam, desde logo, o reconhecimento de um direito pessoal, chamado pela doutrina como direito moral de autor, o qual constituiria a sua própria base e justificaria o exercício paralelo de direitos patrimoniais atribuídos ao titular. A inserção do Direito de Autor entre os direitos da personalidade justificaria-se, na opinião de Bittar, tendo em vista o aspecto moral da vinculação entre o autor e sua obra:

> Os bens jurídicos tutelados nesse âmbito são, pois, de natureza incorpórea, ou imaterial, ou intelectual, destinando-se a proteção jurídica a preservar a integridade da obra resultante e os liames que de sua relação com o autor advêm, na defesa da personalidade do titular. A *ratio legis* é, assim, em última análise, a do resguardo

> à personalidade do homem-criador de obras estéticas. (BITTAR, 2004, p. 143-144)

Não obstante, a natureza moral da ligação entre autor e obra, que justifica a caracterização do Direito Autoral como personalíssimo, possui o autor prerrogativas de caráter econômico, possibilitando-lhe explorar comercialmente o seu produto. Tal possibilidade leva ao reconhecimento de um caráter patrimonial ao Direito de Autor que, todavia, em nada descaracteriza a sua natureza moral. É o que afirma o professor Carlos Alberto Bittar, a quem mais uma vez se recorre:

> Os direitos respeitantes ao liame pessoal entre autor e obra são, assim, inseridos, pela doutrina, entre os direitos da personalidade, embora, por força do poder de exploração econômica da criação, decorram proventos, classificáveis sob o a rubrica de direitos patrimoniais, portanto, direitos de cunho real. (BITTAR, 2004, p. 145)

Certamente, o Direito de Autor incide sobre produtos do intelecto, sob o ângulo do relacionamento criativo entre criador e obra. Trata-se, outrossim, de direito da personalidade, tendo em vista esse inegável vínculo moral, descrito por Bittar (2004) como o elo espiritual entre o autor e sua concepção intelectual plasmada no mundo exterior sob forma estética.

O autoralista Antônio Chaves advoga a tese do Direito de Autor como extensão personalista do próprio criador intelectual, ao afirmar que "não passa, pois, a obra, de um prolongamento da personalidade do autor, uma vez que tal personalidade não pode ser separada do produto de seu talento criador." (CHAVES, 1987, p. 12)

Também o jurista Roberto Scenise Lisboa (2002) classifica o direito moral de autor como uma emanação do direito da personalidade. Ele atribui a autoria desse conceito ao francês Bertand e ao alemão Otto Von Gierre, que, inspirados nas ideias expostas por Kant, teriam concebido o Direito de Autor como inseparável da atividade criadora do homem, constituindo, tanto em suas faculdades pessoais quanto nas patrimoniais, uma emanação da personalidade sob cuja proteção se encontrariam.

Importante ressaltar que, de modo geral, os direitos da personalidade terminam com a morte de seu titular, tendo em vista a sua natureza personalíssima. Tal regra, entretanto, comporta exceções, como as representadas pelo direito à imagem, bem como ao corpo e suas partes, relativamente aos quais subsistem efeitos após a morte, podendo os referidos interesses serem defendidos pelos herdeiros ou representantes legais.

No que se refere ao Direito de Autor enquanto Direito da Personalidade, também poder-se-á defender a extensão de direitos *post mortem*, principalmente quanto a seus aspectos morais, já que o vínculo subjetivo entre o criador e sua obra é permanente, tendo caráter e efeitos jurídicos de proteção *in aeternum*. Pode, portanto, o direito moral de autor ser defendido a qualquer tempo, tendo em vista o reconhecimento das garantias legais da indisponibilidade e da vitaliciedade.

Por fim, muitos doutrinadores, na práxis classificatória dos direitos da personalidade, referem-se aos direitos intelectuais ou morais de autor como sendo, sob o ponto de vista axiológico, uma subdivisão daquele. Nesse sentido, destaca-se a opinião do jurista Roberto Scenise Lisboa (2002), ao classificar e ordenar os por ele denominados "direitos morais da personalidade" em três grandes grupos: direito à identidade, direito à honra e direito às criações intelectuais.

1.4 O Direito de Autor como Direito de Propriedade Intelectual

O instituto da criação intelectual, por sua relevância jurídica, econômica e social, tem merecido cada vez mais a atenção da doutrina, da jurisprudência e da legislação brasileiras. Ao longo da segunda metade do século XX, a matéria foi sendo disciplinada por meio das chamadas leis especiais, que levaram à compreensão da propriedade intelectual como área autônoma da ciência jurídica.

Destarte, a chamada propriedade intelectual abarca as criações do espírito resultantes em obras de diversos gêneros, como as literárias e artísticas, bem como as de utilização industrial. De maneira genérica, Carlos Alberto Bittar (2003) conceitua os direitos intelectuais como aqueles referentes às relações entre a pessoa e as coisas (bens) imateriais que cria e traz à lume.

O Direito de Propriedade intelectual visa proteger a relação criativa entre o idealizador e o bem imaterial resultante de sua idealização, qualquer que seja a natureza desse último. João da Gama Cerqueira, citado por Bruno Jorge Hammes (2002, p. 18), define o Direito de Propriedade Intelectual simplesmente como o "conjunto dos direitos resultantes das concepções da inteligência".

Consequentemente, o Direito de Propriedade Intelectual abrange não só o Direito de Autor, mas também a propriedade sobre inventos de uso industrial, ambos enquanto manifestações da inteligência humana.

Aliás, o chamado Direito de Propriedade Industrial, que inclui as prerrogativas de exploração econômica sobre marcas, patentes, desenhos e inventos para uso na indústria[1], desenvolveu-se juridicamente antes mesmo do próprio Direito de Autor. Já no século XV, o direito italiano estabeleceria a primeira legislação sobre patentes, devido ao reconhecimento da necessidade de se assegurar uma proteção eficaz para o criador de invenções industriais[2].

Certamente, o caráter econômico da exploração de inventos industriais foi o primeiro a despertar a atenção do legislador, que se viu compelido a buscar alternativas de proteção para os direitos patrimoniais dos criadores desses tipos de bens. Quanto ao Direito de Autor, só mais tarde, quando da difusão da impressão

1 Mais informações sobre a propriedade industrial e o conceito de cada uma das modalidades de obras registráveis podem ser obtidas na obra de Newton Silveira denominada *Curso de Propriedade Industrial* (SILVEIRA, 1987)

2 Segundo Bruno Jorge Hammes, as primeiras codificações de patentes são atribuídas ao direito veneziano (1474) e ao inglês (1624) (*statute of monopols*). Essas codificações teriam acabado com o privilégio de concessão de direitos e criavam regras critérios para a atribuição das patentes, que só poderiam ser concedidas ao próprio inventor, desde que sua invenção fosse nova e possibilitasse o uso industrial. (HAMMES, 2002, p. 8-9)

mecânica de originais no século XVII[3], é que se viu a comunidade jurídica premida a despertar para a necessidade de proteção relativas aos textos e outros escritos.

A essa divisão clássica da Propriedade Intelectual em Direito de Autor e Direito de Propriedade Industrial, ainda acrescenta Bruno Jorge Hammes (2002) uma terceira modalidade. Seria o chamado Direito Antitruste, que trata da repressão ao abuso do poder econômico. Tal inserção se justificaria para a legítima defesa do autor e/ou do inventor contra a concorrência desleal[4].

De fato, a partir da década de 1960, foram editadas diversas leis que buscam garantir a livre competição de mercado, reprimindo propagandas enganosas e combatendo a formação de trustes e cartéis, dentre outros. Trata-se de uma série de medidas regulatórias do comércio, da indústria e do mercado em geral, também perfeitamente aplicáveis à proteção da atividade de criação autoral e industrial.

Todavia, dada a especificidade da Propriedade Intelectual, voltada muito mais para à proteção da criação de bens imateriais do que propriamente à repressão de abusos econômicos, mais prudente seria talvez incluir o Direito Antitruste na seara do Direito Empresarial, sem prejuízo de sua aplicabilidade recorrente à questões de natureza autoral ou de criação industrial.

Algumas características básicas distinguem o Direito de Propriedade Intelectual das demais áreas do conhecimento humano, podendo tais características serem resumidas em quatro critérios elementares de identificação da natureza intelectual de uma obra, quais sejam, os critérios da imaterialidade, da exteriorização, da criatividade e o da pessoalidade.

Entre os critérios ora estipulados não há se falar em ordem, hierarquia ou prioridade, mas, sim, em co-existência e complementaridade, mediante a eleição de todos eles enquanto requisi-

---

[3] A invenção da impressão gráfica é atribuída à criação dos tipos móveis por Gutemberg no século XV, mas a difusão dessa técnica só veio a ocorrer e, consequentemente, a atrair a atenção do Direito muito tempo depois.

[4] Sobre o assunto, a obra do professor Delmanto é referência (DELMANTO. *Crimes da Concorrência Desleal*, 1975).

tos essenciais para o enquadramento de uma determinada obra como objeto de proteção intelectual.

A imaterialidade, como critério de identificação no campo da Propriedade Intelectual, faz parte da essência das próprias obras a serem protegidas. Tanto o Direito de Autor quanto o de Propriedade Industrial visam à proteção do patrimônio intelectual de seus titulares, ou seja, estabelecer garantias sobre as ideias materializadas por seus criadores. Trata de um direito sobre bens que são, por sua própria natureza, imateriais.

Assim sendo, a garantia do direito intelectual autoral não se encontra fundamentada no objeto livro ou no objeto CD, bem como não se firma, no campo industrial, propriamente sobre o produto enquanto objeto. Esses são apenas suportes materiais que abrigam uma essência imaterial passível de proteção. No primeiro caso, essa essência é a própria manifestação artística criativa, ou seja, o texto do livro ou as músicas que compõem o CD. Já no segundo caso, o objeto de proteção é a fórmula e/ou a técnica inventiva.

O direito à proteção intelectual encontra-se na própria arte ou técnica inventiva, que contribui para o aprimoramento da sociedade, seja sob o ponto de vista cultural e artístico ou sob o aspecto industrial e econômico. Por essa razão, na Propriedade Intelectual, ao contrário da propriedade material regulada pelo Direito Civil[5], não se exige a materialização em um objeto tangível para a atribuição das devidas garantias legais.

A música, por exemplo, é uma obra eminentemente imaterial, visto que se propaga no ar e é captada apenas pelo sentido da audição. Não precisará, portanto, estar gravada em um CD ou registrada em uma partitura para merecer a proteção autoral. Necessitará ter sido exteriorizada, ou seja, ter saído do campo das meras ideias para o campo da realidade fática, em atendimento ao princípio da exteriorização.

---

5 Aqui, a referência é ao Direito das Coisas, incluindo a posse, a propriedade e os direitos reais, conforme tratado pelo Código Civil brasileiro (Lei n. 10.406, de 10 de janeiro de 2002).

Outrossim, o critério da exteriorização se mostra complementar à compreensão do critério da imaterialidade. Se não há necessidade de estar a criação envolta em um suporte material para receber a proteção intelectual, é preciso pelo menos que tenha sido manifestada de alguma forma, pois não recai proteção intelectual sobre obras existentes apenas no pensamento de seus criadores.

Essa exteriorização, por mais simples, possui o condão de trazer a obra ao mundo material, onde será apreciada pelas pessoas. Ainda que a exteriorização tenha sido realizada dos modos mais sutis, por exemplo, apenas por meio da formatação escrita do projeto ou pela recitação oral de um poema, ou ainda pelo simples cantarolar de uma letra de música, tais atitudes dão às respectivas obras o atributo da existência fática, visto poderem ser testemunhadas por quem os ouviu ou, ainda, provadas por meio do papel escrito que abriga o projeto.

Atente-se aqui para a diferenciação que está sendo estabelecida entre materialidade e exterioridade. A primeira exige um suporte físico para sua concreção. A segunda não exige formato material, mas apenas a manifestação exterior, que pode ser inclusive oral, embora essa se constitua como um frágil meio de prova. A materialidade não é requisito da obra protegida como Propriedade Intelectual. Já a exteriorização, por sua vez, necessita ocorrer para a existência de tal obra na prática e, consequentemente, para que mereça a proteção legal específica.

No tocante ao critério da criatividade, também não resta dúvida quanto à sua exigibilidade. As obras intelectuais precisam ser dotadas de elementos que a distingam de materiais ou produtos de uso meramente comum. Trata-se aqui de determinar a necessidade da criatividade, originalidade e da inventividade da mente do criador, como requisito de decisivos reflexos na conformação da obra, de modo que ela se torne diferente, nova, original e única.

Assim sendo, de acordo com o critério da criatividade, não pode ser reconhecida a propriedade intelectual sobre objetos e obras de uso comum, tais como os formulários em branco, no campo do Direito de Autor, ou utensílios domésticos já popularizados como os talheres[6], na Propriedade Industrial, porque, em sua forma, tais objetos nada apresentam de original ou criativo.

Por fim, o critério da pessoalidade busca garantir a individualização da criação intelectual. Tanto as obras autorais quanto as de natureza industrial possuem caráter personalíssimo, ou seja, são atribuídas à singularidade de pensamento e da personalidade de um único e determinado idealizador. Mesmo quando se trata de coautoria ou outra forma de associação de criadores, cada um deles certamente possui a sua parcela de contribuição pessoal e distintiva para a configuração do resultado final, merecendo individualmente os créditos pelo que lhe coube criar dentro da divisão colaborativa.

6 A não ser, obviamente, que tais talheres tenham sido objeto de significativas inovações, cuja técnica melhore seu manuseio e sua utilidade prática, situação em que essa inventividade pode levar ao registro da versão melhorada dos mesmos como "modelos de utilidade", conforme a lei de Propriedade Industrial (Lei n. 9.279, de 1996).

QUADRO ESQUEMÁTICO – CAPÍTULO 1

- Direito de Propriedade Intelectual
  - Direito de Autor
    - Obras Artísticas
    - Obras Culturais
  - Direito de Propriedade Industrial
    - Marcas
    - Patentes
    - Desenhos Industriais

- Direito de Autor
  - Direito Público
    - Previsão Constitucional
  - Direito Privado
    - Direito da Personalidade (Direito Moral de autor)
    - Direito de Propriedade Intelectual

CAPÍTULO 2

O SISTEMA AUTORAL

"Nada mais belo do que a criação espiritual. Se fosse possível, devia ser pago em mirra, incenso e ouro."
Manuel Gonçalves Cerejeira

2.1 Conceito

Considerado como espécie do gênero Propriedade Intelectual, o Direito de Autor busca resguardar a subjetividade do vínculo do criador com sua obra, bem como possibilitar-lhe a obtenção de frutos econômicos derivados da exploração comercial da mesma.

Diferentemente da propriedade industrial, que visa proteger as obras imateriais cuja destinação são a indústria e o comércio, o Direito de Autor ampara a criação intelectual de cunho estético, ou seja, aquela que se presta ao embelezamento e aprimoramento da sociedade sob o ponto de vista plástico e artístico.

Nesse sentido, Carlos Alberto Bittar define o Direito de Autor como o "ramo do Direito Privado que regula as relações jurídicas advindas da criação e utilização econômica de obras intelectuais estéticas e compreendidas na literatura, nas artes e nas ciências." (BITTAR, 2003, p. 8)

Tomando-se, como ponto de partida, o conceito de Bruno Jorge Hammes (2002) que define a propriedade intelectual como o conjunto de direitos resultantes das concepções da inteligência, poder-se-ia dizer que toda vez que essa inteligência exterioriza-se sob a forma de arte e cultura, então teremos o chamado Direito de Autor.

Para o mestre Antônio Chaves, trata-se de um direito especial, de regulamentação específica, incompatível tanto com o caráter demasiadamente amplo e genérico dos direitos da personalidade quanto com os estreitos limites da propriedade material ou patrimonial:

> Podemos defini-lo como o conjunto de prerrogativas que a lei reconhece a todo criador intelectual sobre suas produções literárias, artísticas ou científicas, de alguma originalidade: de ordem extrapecuniária, em princípio, sem limitação de tempo; e de ordem patrimonial, ao autor, durante toda a sua vida, com o acréscimo, para os sucessores indicados na lei, do prazo por ela fixado. (CHAVES, 1987, p. 17)

Trata-se, pois, o Direito Autoral, de um conjunto de privilégios de natureza ao mesmo tempo pessoal e patrimonial, cuja aquisição originária está vinculada diretamente ao exercício da criatividade artística, científica ou literária. Em resumo, é o conjunto de direitos resultantes das concepções da inteligência materializadas sob a forma de arte ou cultura.

Interessante notar que a doutrina refere-se ao Direito de Autor sempre na forma plural, não como um único direito, mas como um conjunto, verdadeiro conglomerado de prerrogativas, o que evidencia instantaneamente a dualidade natural entre os direitos morais e patrimoniais que marcam a sua essência.

Trata-se, assim, de uma conjugação de possibilidades de toda ordem – não apenas de natureza privada, mediante leis especiais, mas amplamente amparada na própria Constituição Federal – que ao formarem um todo ordenado e distinto, garantem a necessária proteção a todos os direitos dos compositores, argumentistas, literatos, diretores de arte, coreógrafos e demais autores intelectuais.

Outro ponto interessante é a correlação direta entre o Direito Autoral e o campo das artes e da cultura, aqui compreendidas como o terreno da criatividade estética e plástica que permite a elaboração de obras destinadas à apreciação social.

Tais obras possuem valor subjetivo e patrimonial próprio, cuja aquilatação não se mede pela utilidade prática ou pelo preço dos elementos físicos componentes, mas, sim, pela expressividade e genialidade da mensagem que subjetivamente revelam, por meio de formas, cores, traços, sons, gestos e demais elementos de representação humana.

Outrossim, assume o Direito de Autor o importante papel jurídico de proteger o belo e o sensível, plástico e esteticamente materializados em forma de obras recheadas de personalismo e sensações, de estados de espírito e de vivências pessoais profundas, capazes de suscitar em seus interlocutores reações de identificação, de contemplação e de análises sensoriais e reflexivas.

Cada vez mais essa espécie de produção intelectual será merecedora de proteção específica, na medida em que cada dia mais puder satisfazer os anseios profundos de saciação do prazer estético dos sentidos, mediante a linguagem que fala diretamente à alma do ser humano. O Direito lá estará para regular os impasses decorrentes da utilização desse tipo de criação, a fim de garantir o conforto e a segurança de que necessitam os autores para continuar criando, bem como objetivando assegurar, consequentemente, o direito universal do ser humano de ter acesso a tudo o que é belo.

2.2 Evolução histórica

2.2.1 O surgimento do Direito de autor no Mundo

Ao longo de toda a Antiguidade (cerca de 1500 a.C. ao século IV d.C.), praticamente não se falou em Direito de Autor. Apesar da abundante produção artística que marcou sobretudo o período Clássico (sociedade greco-romana), com a consagração pública de numerosos artistas, a tais obras ainda não era assegurado o *status* de propriedade, muito menos de exclusividade.

Tratava-se, antes, de uma espécie de especial prestação de serviços, na medida em que os criadores, em sua maioria considerados como sujeitos livres e de boa vida, eram remunerados pelos reis e pelas classes abastadas para bem enfeitar, com a sua arte, os palácios, as cerimônias públicas, os templos, os castelos, os salões e as casas dos nobres.

Mesmo os escritos nos papiros romanos ainda não ensejavam debates quando à proteção de seu conteúdo, vez que se tratava de trabalhoso, delicado e individualizado modo de expressão intelectual, cuja circulação era restrita, pela própria dificuldade de difusão social.

Durante a Idade Média (séculos V a XV), era o clero o grande responsável pelos registros escritos e pela difusão da arte, mediante rígidos critérios de consonância religiosa com os interesses da Igreja Católica. Embora a técnica ali já houvesse evoluído, tais compilações e registro literários permaneciam guardados nos mosteiros e demais instituições religiosas. Ainda não se falava também em direitos sobre essa cultura, vez que a mesma não estava disponível para o povo.

A invenção da prensa mecânica tipográfica por Gutemberg[1], em 1450, marca a chegada da Idade Moderna, bem como o momento a partir do qual, aos poucos, os olhares se voltariam para o Direito de Autor. Isso porque, a partir da criação dos tipos móveis, obras até então manuscritas e artesanalmente organizadas passariam a ser impressas em escala cada vez maior, em uma produção que ganhava ares industriais.

Nesse contexto, surgem os primeiros questionamentos acerca da autoria e propriedade sobre os escritos, que ao invés de permanecerem sob a guarda de seus autores, agora circulavam livremente pela sociedade, por meio de cópias gráficas facilmente produzidas em grande quantidade. Foi assim que surgiu o regime de privilégios, um direito de exclusividade garantido pelos monarcas aos impressores, mediante critérios políticos:

> A invenção da máquina impressora, por Gutemberg, possibilitou a reprodução de obras em grande escala. Tornou-se patente a necessidade da proteção contra a reimpressão. Começou-se a conferir um

---

[1] O alemão Johann Gutemberg nasceu em Mainz, por volta do ano de 1400, e foi o responsável pela invenção da impressão tipográfica, a partir do aperfeiçoamento da prensa utilizada para espremer uvas na produção de vinhos. Gutemberg também inventou os chamados tipos móveis, formados por letras de metal. Em 1456 seria impressa a primeira versão tipográfica da Bíblia com tiragem de aproximadamente 600 exemplares.

> privilégio exclusivo. A cidade de Veneza, em 1469, conferiu a Johann von Speyer, que trouxera a arte impressora para Veneza, um direito exclusivo de cinco anos para explorar esta arte. Foram conferidos também privilégios a determinados caracteres e formas de escrita. Os impressores recebiam e, com o evoluir dos tempos, conferiam privilégios aos editores. Pesquisas mais recentes mostram que também autores recebiam privilégios. Conhecem-se privilégios para obras de arte plástica. Do século XVI são conhecidos alguns privilégios para gravuras de Dürer e Zeitblom. (HAMMES, 2002, p. 20)

Com a Reforma Protestante (1517) e, bem mais tarde, o advento da Revolução Francesa (1789), o sistema dos privilégios começaria a ruir, juntamente com o próprio Antigo Regime[2]. Gradativamente, motivados sobretudo pelo pensamento moderno da Renascença[3], os autores tomaram ciência do valor intrínseco de suas respectivas contribuições intelectuais para o desenvolvimento da indústria editorial.

Em 1710, a Inglaterra seria a grande pioneira na regulamentação jurídica do Direito de Autor, a partir da sanção, pela Rainha Ana, da primeira lei escrita sobre o assunto, chamada de *Copyright Act*, que reconhecia o direito de cópia (*copyright*) como medida de proteção à criação artística:

> Coube à Grã-Bretanha, com a célebre lei da Rainha Ana, de 14.04.1710, sancionando o 'copyright', a glória de ter sido a vanguardeira da regulamentação legal da matéria, 'para encorajar a ciência e garantir a propriedade dos livros àqueles que são seus legítimos proprietários'; 'para encorajar os homens instruídos a compor e escrever obras úteis', mediante o reconhecimento de um direito exclusivo de reprodução sobre as obras por eles criadas. (CHAVES, 1987, p. 26)

---

2 O Antigo Regime era a monarquia absolutista vigente no velho mundo até a Revolução Francesa, na qual o soberano concentrava os Poderes Executivo, Legislativo e Judiciário e a sociedade era dividida em três classes sociais: o clero (Primeiro Estado), a nobreza (Segundo Estado) e o Terceiro Estado, que representava a burguesia e os camponeses. Fonte: *Site* Wikipédia. Disponível em: <http://pt.wikipedia.org/wiki/Antigo_Regime>. Acesso em: 28 set. 2006.

3 A Renascença, ou Renascimento, é, em linhas gerais, o movimento humanista que marca a passagem da Idade Média para a Idade Moderna, mediante princípios de valorização do homem e o retorno à cultura clássica.

O *Copyright Act* representava sobretudo a mudança de mentalidade quanto à titularidade dos direitos autorais. Os direitos sobre as obras intelectuais já não eram mais atribuídos ao impressor, ou ao editor, mediante privilégios politicamente concedidos pelos monarcas, mas pertenciam, sim, aos próprios autores, àqueles que realmente tinham investido sua criatividade para idealizar tais criações, motivo pelo qual ninguém além deles poderia autorizar-lhes a reprodução.

Porém, como explica Carlos Alberto Bittar (1999), a institucionalização dessa noção trazida pelo *Copyright Act* só se verificaria mais tarde, com as leis francesas de 1793, que garantiam expressamente ao autor a exclusividade de exploração da obra pelo prazo previsto, após o qual as mesmas cairiam no domínio comum, "como compensação pelo fato de valer-se o criador, em sua elaboração, do acervo cultural da humanidade". (BITTAR, 1999, p. 220)

Em 1886, a realização da Convenção de Berna, na Suíça, seria o grande marco internacional do Direito de Autor. Diversas nações estabeleciam ali diretrizes de aplicação das normas autorais em seus ordenamentos jurídicos, comprometendo-se a refletir, em suas legislações nacionais, as garantias de proteção aos autores naquele momento pactuadas.

Paralelamente a isso, desenvolvia-se também a legislação de Propriedade Industrial. A proteção às marcas, patentes e demais invenções industriais tinha sido objeto da Convenção de Paris, em 1883, formando, em âmbito internacional, as normas gerais do chamado Direito de Propriedade Industrial.

Finalmente, em 1967, durante a Conferência Diplomática de Estocolmo, seria criado o grande organismo mundial de proteção à Propriedade Intelectual, responsável pela organização de diretrizes gerais mundiais tanto sobre o Direito de Autor quanto sobre a Propriedade Industrial. A chamada *World Intellectual Property Organization* (WIPO) é conhecida no Brasil pela sigla OMPI (Organização Mundial da Propriedade Intelectual) e exerce decisivo papel na manutenção e evolução da proteção aos direitos autorais.

2.2.2 O desenvolvimento do direito autoral no Brasil

No Brasil, a história do Direito de Autor é bem mais recente. Durante o período colonial, a imprensa era proibida no país e não havia estímulo à evolução do sistema de impressão gráfica. A legislação era submetida ao ordenamento jurídico português, cuja Constituição, datada de 1838, garantia, mas não especificava, os direitos dos escritores sobre seus textos.

Mesmo após a independência, o regime imperial de D. Pedro II baseava a exclusividade de exploração econômica das obras autorais no antigo sistema de privilégios. Só tinham, portanto, direitos sobre as obras, os editores e impressores, mesmo assim mediante outorga política de prerrogativas. Assim sendo, a Constituição do Império de 1824, enquanto primeira Constituição Federal brasileira, só protegia os direitos do inventor sobre a Propriedade Industrial, não trazendo qualquer referência ao Direito de Autor.

Não obstante, apenas em 1875 seria proposto, por José de Alencar, o primeiro projeto de Lei Autoral, que não chegou sequer a ser votado. Só em 1891 é que a matéria seria enfim regulamentada, por meio da Constituição Federal republicana, a primeira a tratar do assunto, embora ainda precariamente. De fato, nada mais garantia aos autores a Carta Magna de 1891 do que o simples direito de exclusividade de reprodução sobre suas obras. Nada falava, pois, sobre os demais direitos de natureza patrimonial, muito menos sobre os chamados direitos morais de autor. De qualquer forma, como explica Bruno Jorge Hammes, a previsão constitucional autoral em si mesma já representava um grande avanço:

> A Constituição de 24 de fevereiro de 1891 (art. 72, § 26) distingue nitidamente o direito do autor do privilégio dos inventores, dizendo: 'aos autores de obras literárias e artísticas é garantido o direito exclusivo de reproduzi-las, pela imprensa ou por qualquer outro processo mecânico. Os herdeiros dos autores gozarão desse direito pelo tempo que a lei determinar.' (HAMMES, 2002, p. 23)

A primeira lei a tratar da matéria autoral fora do âmbito constitucional foi a de número 496, datada de 1898, tendo sido complementada apenas em 1912. Essa lei garantia aos autores o direito sobre as obras publicadas em países estrangeiros, qualquer que fosse a nacionalidade de seus autores.

Alguns anos mais tarde, a Lei n. 496 seria revogada pelo nascente Código Civil. Datada de 1916, a nova lei civilista regulava o instituto autoral nos artigos 649 a 673. Assim permaneceria dali por diante o Direito de Autor, dentro do campo do próprio Direito Civil, sendo modificado constantemente por leis extravagantes, até que fosse chegada a época de renovação dos códigos, quando se decidiu editar uma lei específica para regular a matéria.

Foi assim que, em 1973, seria editada no Brasil a primeira lei de Direitos Autorais, derrogando por completo os artigos referentes ao assunto no Código Civil. Tratava-se, enfim, de uma compilação das legislações anteriores, em conformidade com as diretrizes da Convenção de Berna e pronta para melhor atender aos anseios dos autores. Com efeito, dois anos mais tarde, em 1975, o próprio texto da Convenção de Berna seria ratificado no Brasil, por meio do Decreto n. 75.699, consolidando, finalmente, uma estrutura jurídica concatenada com as diretrizes internacionais.

A Lei de 1973 representava um grande marco no Direito de Autor. Tutelava não só os direitos dos criadores intelectuais, mas também os dos titulares de direitos conexos, dentre os quais se destacam os artistas intérpretes e executantes. A Lei de 1973 criava o chamado Conselho Nacional de Direito Autoral (CNDA), que seria responsável pela fixação de normas destinadas à unificação dos preços e sistemas de cobrança e distribuição de direitos autorais. Além disso, ficava por meio dela instituído o Escritório Central de Arrecadação e Direitos Autorais, o ECAD, entidade autorizada a cobrar e distribuir direitos autorais patrimonais na área da música. Na lição de Antônio Chaves, em obra do ano de 1987:

> Outros aspectos da nova lei, nessa matéria, são os que se referem à criação de um 'Escritório' central comum de percepção e arrecadação dos direitos de execução pública (art. 115) para evitar a confusão que representa a existência de várias sociedades tratando de receber direitos de autor por diferentes repertórios. Como simples hipótese isto leva a pensar que, em futuro não distante, se chegará à fusão das diversas sociedades em uma única, na função de in-

termediário, com fortes poderes outorgados pelo Estado (solução SADAIC da Argentina). (CHAVES, 1987, p. 43)

A previsão de Chaves (1987) infelizmente não se confirmou, pelo menos a curto prazo, embora, em 1998, uma nova lei de regulamentação autoral tenha vindo a substituir a legislação que tanto o entusiasmara. A nova Lei Autoral, vigente ainda no Brasil, é a de número 9.610, de 19 de fevereiro de 1998. O novo arcabouço legislativo em nada se afasta das linhas enunciadas pelas Convenções Internacionais ratificadas pelo Brasil.

São, ao todo, cento e quinze artigos, dos quais oitenta e nove não passam de reproduções fiéis da lei anterior, a de 1973. Daí conclui-se que pouco modificou o sistema autoral então vigente no país. Com efeito, as maiores inovações da Lei n. 9.610, de 1998, foram a extinção do Conselho Nacional de Direito Autoral – CNDA – e a introdução dos programas de computador (*softwares*) no rol das obras protegidas.

Alguns institutos da lei anterior desaparecem da redação legislativa, como o da licença legal sobre a fotografia, bem como os direitos de arena e de obra sob encomenda. Também foram omitidos os prazos prescricionais.

Felizmente, a Lei n. 9.610/98 também inovou em outros pontos, como na fixação do campo de imunidade da lei, ao enumerar, exemplificativamente, o que merece e o que não faz jus à proteção autoral. Também reorganizou os limites ao exercício das prerrogativas autorais, indicando taxativamente novas e diferentes situações nas quais o autor terá de tolerar o uso de sua obra sem autorização. Por fim, a lei atual também modifica o sistema dos prazos de vigência dos direitos patrimoniais, bem como dá nova redação a alguns aspectos da edição.

2.3 Natureza Jurídica

Como bem explica o professor César Fiuza (2003a), conhecer a natureza jurídica de um determinado instituto é conhecer sua essência. Acrescenta Bruno Jorge Hammes (2002) que a topologia de um instituto jurídico no conjunto das disciplinas é importante para que possa ser compreendido adequadamente.

Com efeito, trata-se aqui do esforço de identificar a origem axiológica do Direito de Autor, na medida em que for estabelecido o seu significado correlacional com determinada área da ciência jurídica. Historicamente, o Direito de Autor já foi associado a diferentes ramos do Direito. Por seus atributos de patrimonialidade, foi considerado Direito de Propriedade e, assim, inserido e codificado como parte do Direito Civil.

Por sua ligação com a Propriedade Industrial, de cunho eminentemente comercial, também houve quem incluísse o Direito de Autor no âmbito do Direito Empresarial. Além disso, seu caráter personalíssimo e suas interfaces internacionais junto aos organismos de Direito Público externo lhe garantem um quê de direitos humanos, sob a óptica do Direito Internacional. Envolve, ainda, o Direito de Autor, o pagamento de tributos, o estabelecimento de relações trabalhistas, algumas noções de Direito do Consumidor, assim como de vários outros campos do saber jurídico, o que impediria a vinculação a apenas um deles.

Outrossim, não está diretamente ligado o Direito Autoral a qualquer dessas grandes áreas do Direito. Por sua especificidade, independência e auto-suficiência, o Direito de Autor constitui, hoje, um ramo autônomo do Direito Privado. Trata-se de uma nova área do conhecimento jurídico, capaz de correlacionar direitos de diferentes naturezas, para a formação de um completo e independente sistema de regulação das prerrogativas de uma específica classe social.

Essa é também a opinião de Carlos Alberto Bittar: "em face de diferentes fatores e de elementos estruturais próprios, vem o Direito de Autor sendo considerado como um Direito especial, *sui generis*, que se não insere dentro das colocações assinaladas, mas, ao revés, reclama a sua consideração como Direito autônomo" (BITTAR, 2003, p. 10)

Como já explicado, o Direito de Autor insere-se, no máximo, no chamado Direito de Propriedade Intelectual, esse novo e autônomo ramo jurídico que visa proteger, na esfera privada do indivíduo, as suas criações intelectuais, sejam elas de cunho estético ou utilitário. Juntamente com a Propriedade Industrial, igualmente autônoma e independente, constituiria o Direito de Autor não apenas um tipo de propriedade, muito menos uma especialidade do Direito Civil, mas, sim, um instituto jurídico individualizado, de natureza privada e inserido no âmbito da grande disciplina da Propriedade Intelectual:

> Internacionalmente é hoje aceito que o direito do autor faz parte de um novo ramo do Direito, que se denomina Direito da Propriedade Intelectual. É constituído este ramo por um conjunto de disciplinas que têm em comum serem resultado de uma atividade intelectual. São os direitos de um inventor de técnicas, de um criador de obra, competidor no mercado contra a deslealdade de concorrentes e de abusos do poder econômico. (HAMMES, 2002, p. 49)

Interessante notar que, internamente, a própria lei reguladora da matéria declara que os direitos autorais reputam-se, para os efeitos legais, bens móveis. (art. 3° da Lei n. 9.610/98). Todavia, tal determinação não possui nem a intenção e nem o poder de classificar ou equiparar o Direito de Autor ao Direito Civil e Constitucional de Propriedade. Ao contrário, o objetivo do legislador é apenas o de garantir aos titulares autorais, além das prerrogativas que lhes são próprias, também o exercício dos atributos da propriedade, relacionados ao uso, fruição e disposição de bens. Tal assertiva é reforçada pelas palavras do advogado e autor literário Plínio Cabral:

> O caráter de bem móvel, no caso, é uma ficção jurídica sem a qual seria impossível praticar os diferentes atos de fruição e gozo dos direitos autorais. Ele não tem movimento próprio nem pode ser conduzido, a não ser no momento em que se considere sua base física. É por isso mesmo um gênero especial que merece estatuto próprio. (CABRAL, 2000, p. 47)

Assim sendo, não busca a lei transformar o Direito de Autor em objeto físico, ou limitá-lo a um direito de propriedade sobre um determinado bem específico. Segundo Plínio Cabral (2000), a equiparação legal como bem móvel não leva o Direito Autoral à perda de sua condição, nem à sua transformação em objeto, pois este último, por definição legal, deve ser suscetível de "movimento próprio ou de remoção por força alheia." (CABRAL, 2000, p. 46).

Esse desejo do legislador de garantir ao Direito de Autor os atributos da propriedade fica, inclusive, evidenciado e expressamente assegurado pela garantia dos direitos patrimoniais enunciada mais adiante, no artigo 28 da lei especial reguladora, ao atribuir ao autor o direito exclusivo de usar, fruir e dispor da obra literária, artística e científica (art. 28 da Lei n. 9.610/98).

2.4 Sistemas Legislativos

2.4.1 Duas correntes

A organização sistemática e jurídica do Direito Autoral no mundo se dá, hoje, por meio de dois sistemas legislativos específicos. O primeiro deles, chamado de sistema individual, está alicerçado nas diretrizes da Convenção de Berna, de 1886, que estabelece uma ampla proteção ao autor, garantindo-lhe exclusividade sobre sua obra, a partir de prerrogativas tanto de ordem moral quanto de ordem patrimonial.

Já a segunda corrente de pensamento e organização jurídica autoral, chamada de sistema comercial, consolidou-se por meio da Convenção de Genebra, de 1953. Tal sistema foi desenvolvido nos Estados Unidos e na Inglaterra, a partir dos princípios legais do *Copyright Act*, da Rainha Ana, e é baseado na ideia de expansão da cultura pelo sistema objetivo de distribuição garantido pelo chamado "direito de cópia" (*Copyright*).

Carlos Alberto Bittar (2003) ainda identifica um terceiro sistema, o sistema coletivo da Rússia e países sob sua égide, no qual o Direito Autoral seria considerado essencial para a expansão da cultura e progresso do socialismo. Como, todavia, semelhante modelo também está ancorado na Convenção de Berna, poder-se-á considerá-lo apenas uma variação do sistema individual.

2.4.2 O sistema Unionista

O sistema individual de proteção aos Direitos Autorais rege, hoje, a grande maioria das nações, principalmente as do mundo ocidental. Também chamado de unionista, exatamente por esse caráter de maciça adesão mundial, o sistema individual teve seus princípios celebrados e codificados durante a Convenção Internacional para a proteção das Obras Literárias e Artísticas, realizada em Berna, na Suíça, em 9 de setembro de 1886. Nas palavras de Eliane Abrão:

> Como precedeu à Primeira Grande Guerra, o que equivale a dizer que foi anterior à própria formação da Liga das Nações, embrião da ONU, chamou-se inicialmente essa Convenção de sistema da 'União de Berna', representando cada país unionista uma espontânea adesão ao feixe de proteções jurídicas elencadas. Até então, os tratados e convenções internacionais tinham caráter eminentemente político ou militar, sendo Berna a pioneira a tratar de um assunto especificamente jurídico. (ABRÃO, 2002, p. 43)

Com efeito, por meio da Convenção de Berna, os países unionistas comprometeram-se a criar e/ou regulamentar, em seus territórios nacionais, legislações especiais que obedecessem aos princípios ali acordados. O principal deles é o respeito não só aos direitos patrimoniais de autor, mas também e principalmente aos direitos morais, enquanto garantia de manutenção da vontade do autor e de sua ligação intrínseca, subjetiva e personalíssima com a obra criada.

Outro importante princípio expresso pela Convenção de Berna é a dispensabilidade de qualquer formalidade como garantia de proteção autoral, o que significa dizer que a autoria parte de uma mera presunção legal, não estando o seu reconhecimento vinculado a qualquer registro ou outro tipo de formalidade jurídica.

A Convenção de Berna, regida pela Organização Mundial da Propriedade Intelectual (OMPI), enquanto organismo das Nações Unidas (ONU), não contou, até 1° de março de 1989, com a adesão da nação americana. Os Estados Unidos da América, influenciados pelos princípios mercantis originários do *Copyright Act*, não reconheciam, até então, a garantia dos direitos morais, liderando um sistema independente – o já mencionado sistema comercial – ancorado exatamente na formalidade do registro como meio de reconhecimento da autoria intelectual. A autora Eliane Abrão explica mais detalhadamente a diferença entre os dois sistemas:

> Enquanto Berna garante a qualquer nacional de qualquer país proteção à obra desde o instante em que é concebida, não importando esteja ou não publicada, posto que lhe atribui uma proteção de caráter moral, independentemente de menção de reserva, registro ou depósito, Genebra, ao invés, só garante a proteção aos nacionais de outros estados sob duas condições: estar a obra publicada, em qualquer país signatário, e estar identificada sob a formalidade mínima de menção de reserva do símbolo © acrescida do nome do titular e do ano de publicação da obra. (ABRÃO, 2002, p. 47)

No Brasil, tanto a Convenção de Berna, responsável pelo sistema unionista ou individual, quanto a Convenção de Genebra, criadora do sistema comercial, foram ratificadas por meio de decretos legislativos específicos, no ano de 1975. No entanto, o sistema autoral brasileiro é absolutamente unionista. A atual lei brasileira reguladora da matéria, de número 9.610, de 1998, chamada de Lei de Direitos Autorais (conhecida pelas iniciais LDA), reflete claramente os princípios da Convenção de Berna, limitando-se, inclusive, em muitos pontos, a apenas reproduzir as normas ali contidas.

Conforme orientação da Convenção de Berna, além dos direitos dos autores, a LDA prevê também o direito dos titulares conexos, incluindo nessa categoria os artistas intérpretes e executantes. De fato, como explica Eliane Abrão, "a tentativa de regulamentar os direitos dos artistas (atores e cantores) em nível internacional iniciou-se nos primórdios do século XX com a participação da OIT (Organização Internacional do Trabalho) constituída em 1919". (ABRÃO, 2002, p. 47)

Posteriormente, o direito dos artistas intérpretes e executantes acabou por se tornar objeto de uma convenção própria, resultante da Conferência Diplomática de Roma, organizada em 1961 pela Unesco, OIT e membros da União de Berna. O texto da Convenção de Roma, ratificado no Brasil por meio do Decreto

n. 25.696, de 1948, garante proteção não só aos artistas intérpretes e executantes, mas também aos produtores de fonogramas e organismos de radiodifusão.

2.4.3 O copyright

Diante da discordância, principalmente, tanto à garantia de informalidade e quanto ao reconhecimento dos direitos morais de autor, o governo norte-americano liderou, nos anos 50, a redação de uma nova convenção paralela à Convenção de Berna para regular os direitos autorais em seu território. A Convenção Internacional de Genebra, do ano de 1952, foi revista pela última vez na cidade de Paris, em 1971, mesma ocasião da revisão à Convenção de Berna.

Também administrada pela ONU, a Convenção de Genebra, diversamente de Berna, não fica a cargo da OMPI, mas está sob a responsabilidade de outro organismo institucional, a Organização das Nações Unidas para a Educação, a Ciência e a Cultura (Unesco).

A grande maioria dos países signatários da Convenção de Berna aderiu também à Convenção de Genebra, essa última igualmente chamada de Convenção Universal dos Direitos de Autor. Todos buscavam a proteção de suas obras também no território americano, bem como o respeito às suas legislações nacionais pelos Estados Unidos da América.

Segundo Eliane Abrão (2002), a Convenção de Genebra tem como grande diferencial o princípio da formalidade mínima indispensável. Tal princípio considera protegida qualquer obra desde que a primeira publicação consentida traga impressa o símbolo ©, que equivale à expressão *Copyright*, acompanhado do nome do titular do direito de autor, seguido da indicação do ano da primeira publicação.

Interessante notar que esse sistema não considera o cumprimento de quaisquer outras exigências internas estipuladas pelos países signatários, condicionando a proteção unicamente ao cumprimento da formalidade de aposição do símbolo próprio, com a indicação de autoria e data de publicação.

Bruno Jorge Hammes (2002) explica que em geral a indicação do símbolo do *Copyright* faz prova contra o violador, sujeitando-o à indenização de danos. Existe, todavia, na legislação americana, uma série de exceções, nas quais a indicação do símbolo não é exigida, como em publicações de obras do governo. Além disso, em vários casos, a omissão do símbolo não torna, necessariamente, inválido o direito de autor.

> Hammes (2002) ainda ressalta que todas essas regras valem para os titulares de direito de autor americanos e a eles equiparados (por exemplo, domiciliados nos Estados Unidos). 'Para os nacionais, e a eles equiparados, de outros países, signatários da Convenção de Berna, vale o que essa convenção determina, ou seja, nenhuma formalidade pode ser exigida'. (HAMMES, 2002, p. 199-200)

Esse sistema, chamado de comercial ou simplesmente de *Copyright*, remonta ao século XVIII, quando a Rainha Ana assinou, na Inglaterra, o *Copyright Act*. Explica Bruno Jorge Hammes (2002) que naquela época o *Copyright* era um direito dos impressores, só reconhecido aos cidadãos norte-americanos. Em 1909, o *Copyright Act* foi incorporado por legislação maior, chamada de *United States Supreme Court Copyright Practice Rules* ou apenas *United Code*, que passou a regular a matéria autoral.

Nesse contexto, o advento da Convenção de Genebra, em 1952, representou a internacionalização do *Copyright*. As várias nações signatárias, embora adeptas ao sistema unionista, reconheciam o sistema americano, compromentendo-se a respeitá-lo em situações que ensejassem sua aplicabilidade.

Em 1976, o *Copyright* foi modificado pela Lei n. 94.553, que embora mantivesse a necessidade do cumprimento das formalidades para a proteção autoral, determinava que as mesmas já não constituiriam condições essenciais para a garantia dos direitos dos autores. Tratava-se de um importante passo no sentido de abertura do sistema comercial, capacitando os Estados Unidos a se aproximarem do sistema unionista.

Finalmente, no dia 1° de março de 1989, os Estados Unidos aderiram à Convenção de Berna. Embora não tenha revogado o sistema comercial, tal adesão representou uma forte intenção americana em abolir as formalidades como requisito para a proteção ao Direito de Autor. Alguns aspectos do direito moral unionista também acabaram por serem aceitos no sistema americano. Aos poucos, o *Copyright* vem perdendo a sua força, como explica o autor Bruno Jorge Hammes:

> É verdade que a adaptação foi a mínima necessária. A Convenção de Berna é aplicável, embora esta aplicação continue dependendo de algumas interpretações complicadas (e discutíveis). É inegável, entretanto, que a Convenção Universal cumpriu sua função. Com o tempo talvez se torne desnecessária. (HAMMES, 2002, p. 199)

Diante da difusão mundial dos Direitos Humanos, enquanto garantia dos direitos da personalidade e da proteção à intelectualidade artística, os Estados Unidos parecem não ter opção. Restringir o sistema jurídico do país a uma legislação que não prevê a ligação moral entre a obra e seu criador implica em desconsiderar o aspecto pessoal e subjetivo da criação autoral, elemento fundamental em sua essência, inclusive necessário para sua evolução legislativa.

Da mesma forma, parece sem sentido vincular a proteção dos direitos de autor ao cumprimento de meras formalidades legais. A flexibilização do *Copyright* é cada dia mais evidente, e obviamente necessária. O fato é que resta à nação americana duas únicas opções: ou aceita e efetivamente passa a respeitar e praticar a proteção legislativa do sistema unionista, ou corre o risco de permanecer ilhada, em um sistema jurídico próprio que pouco se comunica com o resto do mundo.

2.4.4 Os acordos comerciais internacionais

A vertente patrimonial do Direito de Autor tem gerado, desde sempre, movimentos internacionais no sentido da tutela de interesses para a sua exploração comercial. Tanto é assim que, a partir de 1979, paralelamente às convenções internacionais já mencionadas, o assunto passaria a ser debatido pela Organização Mundial do Comércio (OMC), enquanto organismo da ONU responsável pela administração do Acordo Geral sobre Tarifas e Comércio, também chamado de GATT (*General Agreement on Tariffs and Trade*).

De fato, na virada das décadas de 1970 e 1980, o GATT iniciou discussões envolvendo a relação entre propriedade intelectual e comércio internacional. Como explica Eliane Abrão (2002), o mote dos debates foi "a necessidade de igualar métodos de ação, de punição e de proteção entre países de sistemas jurídicos diferentes, o que era evitado por Berna e Genebra", (ABRÃO, 2002, p. 49).

Segundo a autora, essa "falha" de Berna e Genebra, cuja preocupação maior sempre foi o respeito às legislações internas e a soberania de seus Estados-Membros, teria motivado as discussões em foro de natureza comercial representado pela OMC, transformando os direitos de natureza intelectual em mercadoria de alto valor comercial.

Ao lado do GATT, responsável pela regulação do comércio internacional de bens materiais, a criação do chamado Acordo TRIP's (*Agreement on Trade-Related Aspects of Intellectual Property Rights*) pela OMC, em 1986, apontava para a intenção daquele organismo em regular também o comércio internacional sobre bens imateriais.

Esse tratado é conhecido no Brasil também pela sigla ADPIC, cuja tradução é Acordo sobre Direito de Propriedade Intelectual relacionado ao Comércio. Sua grande contribuição ao Direito de Autor foi a determinação da aplicabilidade dos princípios básicos do comércio anteriormente praticados pelo GATT às convenções e acordos internacionais em matéria de propriedade intelectual.

Explica Eliane Abrão (2002) que, em matéria de direitos de autor e conexos, a grande novidade trazida por TRIP's foi "o reconhecimento dos programas dev computador como obras literárias, alcançando a proteção mínima de 50 anos, que era buscada há muitos anos pela indústria da Informática". (ABRÃO, 2002, p. 51)

Quadro Esquemático – Capítulo 2

Evolução histórica do Direito de Autor

- No Mundo
  - Invenção da Prensa Mecânica Gutemberg – 1450
  - Copyright Act – Inglaterra – 1710
  - Convenção de Berna – Suíça – 1886
  - Conferência Diplomática de Estocolmo Criação da OMPI – 1967
- No Brasil
  - Constituição Federal 1891 (Primeira sobre o assunto)
  - Lei 496 de 1828 – Pioneira (garante direitos internacionais)
  - Código civil de 1916 – regula a matéria
  - Lei 5.988/73 – Primeira Lei autoral após a Constituição Federal
  - Decreto 75.699/75 – ratifica a Convenção de Berna no Brasil
  - Lei 9.610/98 – atual lei autoral

Sistemas autorais

- copyright
  - EUA
  - Conveção de Genebra – 1952
- Unionista
  - Europa e América do Sul
  - Convenção de Berna – 1886

CAPÍTULO 3

OBRA AUTORAL E SEUS ATRIBUTOS

> *"Onde houver criatividade, originalidade, aí estará, sempre solícito e solerte, o direito do autor, procurando dignificar e salvaguardar o trabalho do criador e do artista, a fim de que dele possam auferir meios de subsistência para continuar produzindo cada vez mais e melhor."*
>
> Antônio Chaves

3.1 Objeto da proteção autoral

A determinação jurídica do objeto se traduz na identificação do bem, sujeito ou entidade sobre o qual recai a proteção legal. Como explica Antônio Chaves (1987), o objeto do Direito de Autor é o produto da criação intelectual, isto é, a obra, excluída a proteção às meras ideias, não contempladas pelo sistema monopolístico do Direito de Autor. Aurélio Buarque de Holanda (2004) conceitua obra como efeito do trabalho ou da ação. Na opinião de Bruno Jorge Hammes (2002), são protegidas pelo Direito de Autor as obras resultantes do trabalho intelectual, pessoal, exteriorizadas de alguma forma.

Com efeito, pode-se concluir que o Direito de Autor possui, como principal objeto, a proteção à obra pessoal, criativa, exteriorizada e de natureza imaterial, cuja essência é de caráter artístico e/ou literário.

Tratou a própria Lei Autoral, em seu artigo 5º, de conceituar os tipos de criações. Falou da obra em coautoria, como aquela idealizada em comum, por dois ou mais autores. Tratou da obra anônima e pseudônima, referindo-se à primeira como a que não apresenta indicação do nome do autor e à segunda como aquela cujo autor se oculta sob nome suposto.

A obra inédita é definida como a que não haja sido objeto de publicação e a póstuma, como a publicada após a morte do autor. Obra originária é a criação primígena e derivada a que, constituindo criação intelectual nova, resulta da transformação de obra originária.

Por sua vez, coletiva, na definição legal, é a obra criada por iniciativa, organização e responsabilidade de uma pessoa física ou jurídica, que a publica sob seu nome ou marca, constituída pela participação de diferentes autores, cujas contribuições se fundem em uma criação autônoma.

Finalmente, audiovisual é a obra resultante da fixação de imagens com ou sem som, que tenha a finalidade de criar, por meio de sua reprodução, a impressão de movimento, independentemente dos processos de sua captação, do suporte usado inicial ou posteriormente para fixá-lo, bem como dos meios utilizados para sua veiculação.

Não obstante, as definições legais dos diversos tipos de obra, a chamada LDA (Lei de Direitos Autorais n. 9.610, de 1998) também tratou de apresentar, apenas exemplificativamente, a relação das obras merecedoras de proteção pelo Direito de Autor. Assim, tornaram-se protegidas, por meio do artigo 7º, as seguintes obras:

> I – os textos de obras literárias, artísticas ou científicas;
> II – as conferências, alocuções, sermões e outras obras da mesma natureza;
> III – as obras dramáticas e dramático-musicais;
> IV – as obras coreográficas e pantomímicas, cuja execução cênica se fixe por escrito ou por outra qualquer forma;
> V – as composições musicais, tenham ou não letra;
> VI – as obras audiovisuais, sonorizadas ou não, inclusive as cinematográficas;
> VII – as obras fotográficas e as produzidas por qualquer processo análogo ao da fotografia;
> VIII – as obras de desenho, pintura, gravura, escultura, litografia e arte cinética;

> IX – as ilustrações, cartas geográficas e outras obras da mesma natureza;
> X – os projetos, esboços e obras plásticas concernentes à geografia, engenharia, topografia, arquitetura, paisagismo, cenografia e ciência;
> XI – as adaptações, traduções e outras transformações de obras originais, apresentadas como criação intelectual nova;
> XII – os programas de computador;
> XIII – as coletâneas ou compilações, antologias, enciclopédias, dicionários, bases de dados e outras obras, que, por sua seleção, organização ou disposição de seu conteúdo, constituam uma criação intelectual.

Ao elencar as obras sobre as quais recai a proteção autoral, não pretendeu o legislador estabelecer rol taxativo. O próprio *caput* do mencionado artigo 7° determina que são obras intelectuais protegidas as criações do espírito, expressas por qualquer meio ou fixadas em qualquer suporte, tangível ou intangível, conhecido ou que se invente no futuro. Trata-se aqui de dizer que a enumeração constante da LDA é de caráter simplesmente exemplificativo, podendo ser considerada autoral qualquer obra que apresente as características identificadoras da espécie, independentemente de previsão legal expressa.

Além da determinação das obras expressamente protegidas, ocupou-se a Lei Autoral de descrever o que definitivamente não é objeto de garantia dessa natureza. Novamente aqui, a LDA teve por objetivo apenas citar exemplos de situações nas quais a ausência de originalidade ou da devida exteriorização impedem a proteção autoral. Claramente não há, na enumeração de obras constante do artigo 8° da LDA, qualquer intenção do legislador em esgotar a matéria. Assim sendo, a título de conhecimento, não são asseguradas, pela Lei Autoral, as seguintes obras:

> I – as ideias, procedimentos normativos, sistemas, métodos, projetos ou conceitos matemáticos como tais;
> II – os esquemas, planos ou regras para realizar atos mentais, jogos ou negócios;
> III – os formulários em branco para serem preenchidos por qualquer tipo de informação, científica ou não, e suas instruções;
> IV – os textos de tratados ou convenções, leis, decretos, regulamentos, decisões judiciais e demais atos oficiais;
> V – as informações de uso comum tais como calendários, agendas, cadastros ou legendas;

> VI – os nomes e títulos isolados;
>
> VII – o aproveitamento industrial ou comercial das ideias contidas nas obras.

Sobre o campo das ideias, não há que se falar em proteção se as mesmas não tiverem sido, de alguma forma, exteriorizadas. De fato, não se pode assegurar garantias legais ao que ainda não pertence ao domínio real. O próprio sentido da proteção requer a existência fática do objeto, mesmo que sob formas sutis.

É exatamente o contrário do que acontece com os textos legais. Esses existem e possuem autoria própria – em geral do proponente da lei – mas, devido à condição de interesse público e necessidade de livre circulação imposta aos mesmos, entendeu por bem o legislador eximir esse tipo de obra da proteção autoral. Defende-se aqui, por analogia, semelhante entendimento para justificar a ausência de proteção autoral sobre decisões judiciais e pareceres do Ministério Público e outros órgãos de administração da Justiça.

Quanto às informações de uso comum, importante ressaltar a impossibilidade de proteção autoral justificada pela falta do elemento criativo. Se, todavia, tais informações forem utilizadas enquanto matéria-prima para construção de obra maior, sob cunho estético, então recairá proteção autoral sobre essa criação final. Assim, pode-se dizer que a divisão do tempo em anos, meses e dias não tem autor, mas que será considerado criador aquele que bem organizar essas datas por meio de um criativo e esteticamente original calendário.

Os nomes e títulos, por sua vez, possuem proteção apenas no contexto da obra, como parte componente da mesma, e não isoladamente. Significa dizer que se um título for original, terá sua exclusividade garantida pelo Direito de Autor, assim como qualquer outra parte distintiva da referida obra. Se, todavia, não se tratar de elemento diferencial, ou seja, se o título for uma expressão de uso comum, não merecerá nenhum tipo de proteção, já que não é fruto da criatividade de seu autor.

Interessante a perspicácia do legislador ao falar do aproveitamento industrial das ideias contidas nas criações, que não é e nem pode ser proibido pela lei. Obviamente, não pode pretender o autor impedir que o destinatário da obra autoral execute as fórmulas, receitas, dicas, conselhos e sugestões claramente transmitidas pelos textos, imagens, sons ou gestos que compõem sua criação, pois, nesse caso, todo o trabalho de divulgação e/ou execução pública da obra não faria o menor sentido. O que não poderá, certamente, o interlocutor é copiar a obra em sua essência, no formato em que foi pensada e exteriorizada, nada havendo de ilegal em se inspirar nas ideias ali contidas para fins de produção da indústria e do comércio.

Por fim, no que se refere ao domínio das ciências, por força do § 3º do mencionado artigo 8º da LDA, a proteção autoral abrange apenas a forma literária ou artística utilizada para expressar eventuais conceitos e fórmulas, não alcançando o conteúdo científico ou técnico da obra, que está fora do campo de ação do Direito de Autor.

3.2 Critérios de enquadramento

Além dos já abordados critérios gerais de identificação da obra como objeto da propriedade intelectual, pode-se apontar outros, mais específicos para o reconhecimento da obra autoral. Quanto aos primeiros requisitos, quais sejam, a imaterialidade, a exteriorização, a criatividade e a pessoalidade, não resta dúvida. Se os mesmos se aplicam ao gênero Propriedade Intelectual, certamente também recaem sobre o Direito de Autor, enquanto espécie daquela.

Há que se falar, portanto, dos elementos que aqui distinguem as obras de natureza especificamente autoral. Bruno Jorge Hammes (2002) fala em pelo menos mais dois outros critérios. Trata-se dos critérios da ação humana e da estrutura mínima.

Quanto ao critério da ação humana, Hammes (2002) explica que obviamente a Propriedade Intelectual só recai sobre obras produzidas pela ação do homem, cuja mente racional é dotada da necessária criatividade e cuja personalidade única o distingue dos seus semelhantes.

A observação é pertinente, vez que, embora possa parecer um tanto excêntrico, já se suscitou debate jurídico sobre criação de obras de arte por primatas. Obviamente que os mesmos não possuem qualquer tipo de direitos intelectuais, muito menos seus donos ou proprietários. Não há, portanto, que se falar sobre proteção autoral ou industrial de obras – por mais belas ou originais que sejam – produzidas por animais, enquanto seres não dotados de intelectualidade.

Além disso, mesmo criada por um ser humano, uma palavra isolada jamais pode constituir uma obra literária. A obra literária supõe a existência de uma estrutura formada por um conjunto de palavras. Trata-se do critério da estrutura mínima. A obra autoral é sempre um todo, um conjunto, constituído por partes que lhe garantem a complexidade própria de sua essência.

Assim, é a articulação de palavras, de imagens, de gestos, de sons, de traços ou de quaisquer outros elementos de expressão humana que constituem uma obra autoral, composta por uma estrutura mínima, aqui entendidos como elementos previamente articulados segundo a criatividade de seu autor.

Em complementação aos critérios elencados por Bruno Jorge Hammes, destaca-se o princípio da moralidade autoral como reconhecidamente relevante para a caracterização do objeto artístico ou literário. O critério da moralidade, não obstante a referência deontológica que o nome pode sugerir, visa, essencialmente, reconhecer a necessidade da existência do vínculo moral entre o criador intelectual e sua criação.

Sem essa ligação de caráter afetivo, ou seja, sem essa identificação da personalidade do próprio ser que cria com o objeto por ele criado, não há que se falar em Direito Autoral, pelo menos não na visão trazida pela Convenção de Berna e adotada pela Legislação brasileira.

Interessante notar que a moralidade não só caracteriza o Direito de Autor, mas também é um elemento distintivo entre esse e a Propriedade Industrial. Isso porque, se no Direito de Autor o vínculo moral é evidente e inquestionável, na Propriedade Industrial ele parece não existir.

De fato, no que se refere às invenções, cuja titularidade pode ser transferida a qualquer momento, inexiste esse vínculo de natureza subjetiva entre o inventor e o invento. A relação assemelha-se à da propriedade material. Será necessário, inclusive, o registro do invento no órgão público competente[1] para o reconhecimento da autoria e a garantia dos direitos econômicos de exploração, mediante a atribuição dos devidos créditos[2].

Vale lembrar que a proteção autoral recai normalmente sobre o aspecto externo das obras, ou seja, sobre sua forma plástica e estética, entendida como o objeto no qual se materializou aquela manifestação artística ou literária. Nesse sentido, Antônio Chaves (1987) afirma que é "pois para proteger cada ilustração particular, cada história em quadrinhos, cada filme, cada jingle, que há de ser reconhecido o direito do autor: o que a lei protege é a criação da obra, desde que dotada de alguma originalidade". (CHAVES, 1987, p. 191)

Conclusivamente, o mestre Carlos Alberto Bittar bem resume os critérios de enquadramento da obra autoral. Afirma ele que para a integração ao respectivo sistema, a criação deve consubstanciar-se em uma concepção, sendo esta definida como a ideação plasmada sobre determinada forma.

Significa dizer que será essencial para o enquadramento autoral a existência de uma obra imaterial, de caráter estético, criativa e de alguma maneira exteriorizada. Nas palavras de Bittar: "A obra protegida em seu contexto é aquela que constitui exteriorização de uma determinada expressão intelectual, inserida no mundo fático em forma ideada e materializada pelo autor." (BITTAR, 2003, p. 23)

3.3 O NASCIMENTO DO DIREITO DE AUTOR E SEU REGISTRO

O Direito de Autor nasce junto com a exteriorização da obra. Antes dessa manifestação exterior, não há ainda direitos a serem

---

1 Esse órgão é o Instituto Nacional de Propriedade Industrial (INPI), uma autarquia federal com sede no Rio de Janeiro <www.inpi.gov.br>.

2 Ao contrário do Direito de Autor, na Propriedade Industrial a chamada LPI (Lei de Propriedade Industrial n. 9.279, de 1996) exige o registro do invento como condição de reconhecimento de sua autoria. Vale, portanto, para as obras de criação industrial, o slogan já popularizado: "quem não registra, não é dono."

preservados, simplesmente porque a criação ainda não possui existência real. Uma vez, porém, que o objeto autoral ganha expressão no mundo, ainda que por meio de uma simples execução, recitação ou rascunho, então será considerado autor aquele que deu ensejo a essa exteriorização, recaindo sobre sua obra toda a proteção da lei.

Diferentemente dos direitos da personalidade, intrínsecos e naturais ao ser humano, o Direito de Autor surge de um ato voluntário de seu titular: a criação artística ou literária. Se não se propuser a criar e exteriorizar a obra estética, jamais será o indivíduo titular autoral. Daí a especificidade de aplicação da lei a um seleto grupo social, que dedica sua vida, ou pelo menos parte do seu tempo, às criações do espírito, com o objetivo de aprimoramento cultural e embelezamento da sociedade.

Dizer que o Direito de Autor surge a partir da própria exteriorização da criação significa afirmar que não há necessidade de qualquer registro para a aquisição de direitos. Com efeito, não precisa o autor de nenhum documento público ou particular que lhe resguarde a condição de criador. Basta que crie e será presumido autor. Nesse sentido, quem pretenda provar autoria diversa é que deverá provar, em juízo, a anterioridade sobre a obra.

Como se vê, o Direito de Autor brasileiro, ancorado na Convenção de Berna, não estabelece a necessidade de qualquer tipo de formalização para aquisição de autoria. Tais formalidades ficam reservadas ao campo da propriedade industrial, principalmente para evitar a concorrência desleal, dado o caráter comercial da exploração das marcas, patentes e outros inventos.

O próprio texto do artigo 18 da Lei Autoral encerra a questão ao afirmar categoricamente que a proteção dos direitos a que se refere a lei independe de registro. Nem sempre, porém, foi assim, como explica Bruno Jorge Hammes:

> No Brasil, bem como em muitos países, o direito de autor se origina, existe plenamente, com a criação da obra. Não há necessidade de qualquer outra formalidade da qual possa depender o direito. Nem sempre foi assim no Brasil. A primeira Lei Autoral (Lei n. 496/1898) fazia depender o direito de um registro. Este tinha que ser feito dentro de dois anos após a publicação da obra sob pena

> de se abrir mão dele. Nos Estados Unidos, até há poucos anos, eram imprescindíveis o registro e outras formalidades. Sem elas, o autor não teria nenhuma proteção contra quem utilizasse a obra. (HAMMES, 2002, p. 59)

Não obstante, o caráter de informalidade do Direito Autoral exerce o registro importante função. Trata-se de uma garantia aos interesses do autor. Embora não tenha o poder de constituir autoria, o registro é um significativo meio de prova contra eventuais usurpadores. Assim, caso seja questionado em sua condição de autor, o titular poderá apresentar o registro como documento capaz de vincular a sua autoria a uma determinada data, obrigando que a outra parte prove a anterioridade de uso.

De fato, quem primeiro manifestou a obra no mundo provavelmente a criou. Não existem criações idênticas e simultâneas. Mesmo que tratem de um mesmo assunto, por uma mesma óptica e sob as mesmas influências, dois autores certamente nunca exteriorizarão sua expressão artística ou literária por meio de obras exatamente iguais. Haverá sempre gestos, traços, palavras, sons, expressões ou outros elementos distintivos. Quem tardiamente, portanto, se apresente como autor não fará jus a esse título, se provada a existência anterior da obra pelas mãos de outrem.

Contitui-se, porém, o registro, como meio de prova relativo. Significa que não poderá garantir a autoria de maneira absoluta. Será levado em consideração junto aos demais elementos fáticos de um eventual processo para a determinação de titularidade. Terá o mesmo valor probante de uma testemunha, ou de outro documento qualquer.

Fica a cargo do artigo 19 da Lei de Direitos Autorais a garantia ao autor da faculdade de registrar a sua obra, mediante solicitação aos órgãos competentes, conforme também era previsto na lei anterior (artigo 17, § 1°, da Lei n. 5.988/73). Trata-se do único momento em que a Lei Autoral atual remete à lei antecedente, mantendo em vigor o seu artigo 17, que trata do registro das obras autorais.

Conforme a natureza da obra intelectual, ela poderá, assim, ser registrada em diferentes órgãos. Praticamente todos eles estão sediados no Rio de Janeiro, talvez pela relevância da cidade no desenvolvimento da arte e da cultura no país. Assim sendo, as partituras musicais, com ou sem letra, deverão ser registradas na Escola de Música da UFRJ (Universidade Federal do Rio de Janeiro). Já os livros, revistas, poesias, discursos, roteiros e demais textos escritos poderão ser registrados no Escritório de Direitos Autorais da Fundação Biblioteca Nacional (EDA-FBN).

Por sua vez, a Escola de Belas Artes da UFRJ registra as obras de desenho, pintura, gravura, escultura e litografia, sendo responsável também pelo registro das obras fotográficas e das produzidas por qualquer processo análogo, desde que, pela escolha de seu objeto e pelas condições de sua execução, possam ser consideradas criações artísticas. O referido órgão realiza, ainda, o registro de obras de arte aplicada, quando seu valor artístico puder ser dissociado do caráter industrial do objeto a que estiverem sobrepostas.

As obras cinematográficas e demais criações audiovisuais ficam a cargo da Coordenação de Atividades Audiovisuais (CAV) e o registro dos programas de computador (*softwares*) deverá ser feito no Instituto Nacional da Propriedade Industrial (INPI).

Por fim, os projetos, esboços e obras plásticas concernentes à geografia, topografia, engenharia, arquitetura, cenografia e ciência deverão ser registrados no Conselho Federal de Engenharia, Arquitetura e Agronomia (CONFEA), o único de todos os órgãos citados cuja sede não fica no Rio de Janeiro, mas, sim, em Brasília, no Distrito Federal.

Pode acontecer, dada a acumulação de intervenientes, que surjam dois órgãos com competência simultânea para o registro da obra autoral. Nessa hipótese, determina o § 1º do artigo 17 da Lei n. 5.988/73 que se registre a obra no órgão com a qual a mesma tiver maior afinidade.

Para além dos órgãos oficiais de registro, muitos autores relatam interessantes iniciativas para a proteção de sua propriedade intelectual, igualmente válidas enquanto meio de prova relativo. A maioria delas refere-se às letras e partituras musicais, roteiros, argumentos cinematográficos, poesias e demais textos. O registro de tais escritos em cartório comum, de títulos e documentos, garante a fé pública e atribui uma determinada data às referidas criações.

Outra iniciativa é o uso dos correios, por meio de envio de carta a si mesmo, contendo o documento a ser protegido. Nesse caso, o lacre da correspondência, desde que inviolado, bem como o carimbo do correio, atestando a data de recebimento, também podem ser considerados para fins de prova de anterioridade de uso autoral.

3.4 A AUTORIA

O autor, nos termos do artigo 11 da Lei Autoral, é a pessoa física criadora de obra literária e artística. O parágrafo único do mesmo artigo afirma que a proteção concedida ao autor poderá aplicar-se às pessoas jurídicas, em casos específicos.

Não há dúvidas de que apenas o homem, enquanto ser intelectualizado e de existência física, é que pode criar. As pessoas jurídicas, embora possuam alguns dos atributos jurídicos inerentes ao ser humano, tais como nome e patrimônio, não são dotadas, por si mesmas, de criatividade e expressão artística.

Hector Della Costa, citado por Antônio Chaves (1987, p. 56), afirma que a peculiar significação de sujeito em Direito de Autor encontra-se, antes de mais nada, em que somente pode ser tal a pessoa física. Chaves (1987) completa ao afirmar que o Direito Autoral não reside em conteúdo especial quanto à mera capacidade, ou seja, quanto ao gozo ou exercício de direitos subjetivos, mas, sim, em sua verdadeira aptidão para produzir os objetivos deste direito, que são as obras.

Com relação à pessoa jurídica, a própria lei lhe prevê a possibilidade de ser titular de direitos autorais por atribuição, ou seja, de maneira derivada. Segundo Carlos Alberto Bittar (2003), prospera no ordenamento jurídico a teoria realista de concepção da pessoa jurídica, que a reconhece como uma espécie de ator no cenário jurídico, portanto, suscetível de ser titular de direitos e obrigações na vida privada:

> Originariamente, o título jurídico que sustenta o Direito em causa é a criação, mas pode ocorrer, ainda, a assunção, por terceiros, de certos direitos, por vias derivadas, a saber, por lei (vínculo sucessório) ou por vontade do autor (vínculo contratual). (BITTAR, 2003, p. 32)

Outra importante regra de proteção à autoria é a responsável pelo nascimento de sua presunção legal. Em seu artigo 13, a LDA determina que considerar-se-á autor da obra intelectual, se não houver prova em contrário, aquele que, por uma das modalidades de identificação existentes, tiver indicada ou anunciada essa qualidade na sua utilização. Tal dispositivo leva à compreensão da atribuição de autoria a quem primeiro se anunciar enquanto tal.

Obviamente trata-se, aqui, de presunção relativa, ou seja, de uma pressuposição capaz de comportar, a qualquer momento, prova em contrário. Mais uma vez, fica evidente a desnecessidade do registro autoral, mas também novamente reforça-se a sua conveniência, exatamente para fins de garantir e comprovar a presunção ora destacada.

Quanto à capacidade para ser autor, não se restringe a mesma à chamada capacidade de fato, ou seja, àquele poder efetivo que capacita o ser para a prática plena dos atos da vida civil. Ao contrário, podem criar – e serão reconhecidos como autores – mesmo aqueles não dotados de idade mínima legal, ou não considerados no perfeito gozo de sua sanidade ou, ainda, os que não preencham outros requisitos necessários à capacidade de fato.

Em matéria autoral, fala-se, portanto, não em capacidade de fato, mas em capacidade de Direito, ou seja, aquela correspondente ao potencial de exercício de direitos inerente a todo ser humano. Afirma Antônio Chaves (1987) que "adquire-se a capacidade de ser titular do Direito de Autor em decorrência do fato material da criação. Daí resulta que o autor aquisita a capacidade jurídica, com relação à obra intelectual por ele criada, em qualquer idade" (CHAVES, 1987, p. 60). Acerca de suas palavras, o autor apresenta pungente exemplo:

> A demonstração mais comovente, todavia, de que as belezas da inteligência e da criação independem das circunstâncias materiais que rodeiam o seu autor, de que a capacidade artística é completamente diferente da capacidade jurídica, foi noticiada pela imprensa de 4.12.1970: um irlandês, considerado retardado mental, incapaz de controlar qualquer parte de seu corpo exceto seu pé esquerdo, conseguiu utilizando-se deste, escrever um livro que, segundo alguns especialistas, é uma das mais belas obras de literatura contemporânea. (CHAVES, 1987, p. 59)

3.5 Obras criadas por mais de um autor

Quando uma obra é produzida por dois ou mais autores, automaticamente fala-se em coautoria. A definição do instituto e atribuição de direitos e responsabilidades a cada um dos envolvidos está regulada nos artigos 15 a 17 da Lei Autoral. Conforme o artigo 15, a coautoria da obra é atribuída àqueles em cujo nome, pseudônimo ou sinal convencional a mesma for utilizada.

Na concepção de Brunno Jorge Hammes (2002), a coautoria nada mais é do que a paternidade interdependente de dois ou mais autores de uma obra em colaboração. Segundo a LDA, não é considerado coautor quem apenas atualiza ou revê a obra, como também não é coautor o cônjuge ou quem apenas adquire a obra por meio de cessão.

A Lei Autoral também define algumas coautorias obrigatórias. É o caso da obra audiovisual, na qual serão coautores, necessariamente, os autores do argumento literário, da trilha sonora e o diretor (art. 16). Também são considerados coautores de desenhos animados os autores dos desenhos originários em papel ou outra forma de representação gráfica (art. 16, parágrafo único).

Com o desenvolvimento da doutrina referente à matéria, a partir de um trabalho de profunda hermenêutica jurídica, dispuseram-se os autoralistas a classificar as diversas obras em coautoria, por meio de diferentes nomenclaturas que podem ser organizadas conforme doravante exposto.

3.5.1 Obras em coautoria (propriamente ditas)

Para Carlos Alberto Bittar (2003), as obras em coautoria são aquelas realizadas em comum, por dois ou mais autores e, portanto, mediante conjugação simultânea de esforços, podendo advir, em função do resultado final produzido, diferentes situações. A primeira delas é a divisibilidade absoluta entre as diferentes participações. Nessa modalidade, cada qual conserva a sua individualidade e a sua independência, já que sua contribuição para a obra possui início, meio e fim. É o que ocorre com as coletâneas de artigos.

A segunda das situações advindas da coautoria seria a divisibilidade relativa. Nesse caso, embora individualizadas, as criações juntam-se intimamente para formar a obra final, que inclusive só faz sentido a partir da presença de todas as contribuições. Cada uma delas é destacável, mas a sua ausência desconfigura a obra em sua essência. Tal situação é recorrente nas composições musicais, nas quais muitas vezes letra e melodia podem pertencer a autores diferentes.

A terceira e última possível consequência da coautoria seria a fusão das contribuições pessoais na obra resultante, aqui de maneira indivisível. Nesse caso, embora tenha havido diversas contribuições, todas elas se fundiram em um único todo, que é a criação final. É o que se verifica nas obras escritas ou compostas em comum, tais como artigos, livros e composições musicais em parcerias.

Interessante notar que, para Bittar (2003), a obra em coautoria é sinônimo da obra em colaboração. Para ele, a coautoria pode dar-se em diferentes graus, mediantes esforços criativos de autoria, ou mera contribuição individualizada para integrar obra maior. Nesse último caso, mediante a divisibilidade absoluta das obras, entende o autor que instala-se verdadeiro condomínio, em que cada qual terá direito à parte ideal no conjunto, suprindo-se, pois, na forma indicada, as dissensões.

Nesse sentido, o § 2º do artigo 15 da Lei Autoral garante ao coautor cuja contribuição possa ser utilizada separadamente todas as faculdades inerentes à sua criação como obra individual, vedada, porém, utilização que possa acarretar prejuízo à exploração comum da obra. Caso a obra seja, todavia, indivisível, nenhum dos coautores poderá publicá-la sem o consentimento dos demais e qualquer divergência tem que ser decidida por manifestação de vontade de todos os coautores, por maioria.

3.5.2 Obras em Colaboração

O professor Antônio Chaves (1987) fala das obras em colaboração apartadas das obras em coautoria. Estabelece, para isso, interessante e útil critério, distinto do já apresentado. Não pretende o autor classificar as obras autorais dessa natureza quanto ao grau de divisibilidade, mas, sim, quanto à profundidade da contribuição de cada coautor.

Com efeito, ressalta Chaves (1987) que, em uma obra em coautoria, muitas vezes a contribuição de cada pessoa não é de molde a colocá-las todas em pé de igualdade diante do resultado, não passando a maioria das participações de meros auxílios, realizados como espécies de prestações de serviços que, por mais valiosas e relevantes que sejam, não se equiparam ao trabalho do autor ou dos autores principais. Falaria-se, então, mais propriamente em colaboração, ao invés de coautoria, muito embora reconheça Antônio Chaves (1987) que, na prática, e mesmo na doutrina, se confundam os dois conceitos.

Com efeito, a diferença entre os dois tipos de obra estaria no grau de contribuição de cada participante, já que enquanto na coautoria a contribuição de todos manteria uma proporção, se não idêntica, bastante semelhante, na colaboração considerar-se-ia cotas menores e maiores de contribuição de cada um com relação ao todo.

Com relação à dissidência na obra em colaboração, entende Chaves (1987) que naquilo em que as contribuições individuais não puderem ser dividas, as decisões devem ser tomadas por maioria, e, na falta desta, pelo juiz a requerimento de qualquer dos interessados. Segundo o autor, o colaborador dissidente pode, não obstante a decisão contrária ao seu modo de ver, eximir-se da contribuição para as despesas de reprodução, renunciando à sua parte nos lucros, bem como pode vedar a inscrição de seu nome na obra.

Já com relação àquelas parcelas de contribuição que puderem ser de alguma forma individualizadas e destacadas da obra em colaboração, aconselha Chaves (1987) a aplicabilidade, para definir os direitos sobre essa produção pessoal, do que se preceitua para as obras em coautoria divisível.

3.5.3 Obras Coletivas

Diferentemente das demais apresentadas é a obra coletiva. Na classificação de Carlos Alberto Bittar (2003), trata-se da obra em cuja realização ingressam várias pessoas, cabendo a organização à pessoal natural ou jurídica, que em seu nome a utiliza posteriormente. Essa definição está na própria Lei de Direitos Autorais, no artigo 5º, VIII, "h". Segundo Bittar (2003),

> os esforços dos elaboradores são reunidos e remunerados pela pessoa coletiva, a quem compete à coordenação de suas atividades, às quais se fundem, ao depois, no resultado objetivado, daí porque se lhe reconhecem direitos originários plenos sobre a obra resultante. (BITTAR, 2003, p. 39).

Concorda com tal definição o autor Antônio Chaves (1987), em cuja opinião, por serem absolutamente destacáveis, as partes da obra coletiva podem ser livremente usadas por seus autores:

> Teremos então obra formada por partes divisíveis, em que não há dúvida ser cada um o criador único de sua parcela, distinta do conjunto, podendo assim ser por ele livremente utilizada, independentemente do consentimento dos autores de outra ou outras partes do conjunto, ressalvadas as cláusulas contratuais. (CHAVES, 1987, p. 96)

Ao falar da obra coletiva, por sua vez, Bruno Jorge Hammes (2002) cita a situação de quem cria um trabalho destinado a construir parte de obra maior, por exemplo, uma enciclopédia, um compêndio, uma coletânea ou uma compilação. O autor explica que como esse tipo de obra maior é considerada uma obra intelectual independente, o seu autor é o coordenador ou organizador. Na opinião de Hammes (2002), os autores de trabalhos selecionados têm apenas direitos sobre suas próprias criações, não se tornando coautores da coletânea, ainda que o trabalho tenha sido elaborado para integrar a referida obra coletiva.

3.5.4 Obras Compostas

Quanto à chamada obra composta, que para Carlos Alberto Bittar (2003) é sinônimo de obra derivada, os autores também não parecem divergir. Trata-se da obra na qual não há concurso para realização, mas, sim, a reunião de obras preexistentes e já acabadas. Como explica Bittar,

> nas obras derivadas, há, pois, convergência de direitos próprios em cada uma, ou seja, os das obras originárias e o da obra dela decorrente, de sorte que cada titular exerce direitos sobre sua criação, seguindo cada qual seus próprios destinos. (BITTAR, 2003, p. 39)

De fato, como explica Chaves,

> bem se percebe que o conceito da obra composta é contraposto ao da obra em colaboração: não há, como nesta, concurso de vontades para a criação de uma obra, mas aproveitamento de uma anterior para a formação de outra independente. (CHAVES, 1987, p. 104)

O efeito prático da classificação de uma obra como composta é que, enquanto nas demais obras produzidas por mais de um autor a propriedade será dos próprios autores individualmente, mediante exercício conjunto de direitos, na obra composta tal propriedade será apenas do autor que a houver realizado, sem prejuízo da reserva dos direitos de autores da obra preexistente.

3.6 Obras sem autor

Obviamente não há obra sem alguém que a tenha criado. O que aqui generalizou-se sob a classificação de obras sem autor nada mais são do que aquelas cuja autoria não pode ser identificada, seja porque encontra-se oculta ou desconhecida, seja porque foi apresentada por meio de um outro nome, apelido ou sinal que não permite a identificação exata do respectivo autor.

No primeiro caso, temos a chamada obra anônima. Trata-se da obra cujo autor é inteiramente desconhecido, vez que tal obra não carrega em si nenhuma menção de autoria. Segundo Antônio Chaves, "anônimo é aquele que não declina o seu nome, que não assina o que escreve. É também o escrito sem indicação do nome, pseudônimo ou sinal indicativo do autor" (CHAVES, 1987, p. 77). Assim, serão consideradas anônimas as obras intelectuais divulgadas sem essas indicações, permanecendo nessa condição enquanto seu autor não se manifestar ou não for descoberta a sua identidade.

No segundo caso, trata-se da obra pseudônima, como aquela em que a verdadeira identidade do autor está disfarçada sob um falso nome, um apelido ou outro tipo de sinal gráfico. Conforme a Lei Autoral, configura-se na obra cujo autor se oculta sob nome suposto, não se lhe possibilitando a identificação (art. 2º, VI). Também as obras intelectuais anônimas permanecerão nessa condição enquanto não for descoberta a verdadeira identidade dos seus respectivos autores.

A caracterização de uma obra como anônima ou pseudônima leva à grave consequência da impossibilidade de exercício de direitos por quem as criou. Se não se conhece o autor ou não se pode precisar quem é ele, impossível que se lhe respeite os direitos de autoria. Significa dizer que as obras anônimas e pseudônimas podem ser livremente representada, executadas, publicadas ou de qualquer utilizadas, sem o consentimento de seu autor, vez que esse não pode ser identificado. (art. 40, LDA)

Trata-se, todavia, de uma utilização de risco. Isso porque, a qualquer momento, dando-se a conhecer, o autor recobra todos os seus direitos sobre a sua obra, obviamente não de forma retroativa, mas daquele momento em diante, em toda a sua plenitude. Tal é a intenção do legislador, no parágrafo único do artigo 40 da LDA, como explica também Antônio Chaves:

> Dando-se o autor a conhecer, retirando, assim, a obra do anonimato, a maior consequência, para o futuro, na observação de Henri Desbois, é colocar as coisas no mesmo estado que resultaria se o autor tivesse desde a origem indicado o seu nome: retirar-se-á o representante, e daí por diante aquele que ele substituía gozará pessoalmente seus direitos relativos às suas obras, abandonando-se o critério da data da publicação para cálculo da duração do monopólio para seguir-se o critério comum. (CHAVES, 1987, p. 79)

Outrossim, não fará jus o autor aos lucros auferidos por outrem durante o período do anonimato ou do uso sob pseudônimo não identificável. Todavia, uma vez revelada a sua identidade, o autor recobra os seus direitos sobre sua criação e passa a exercê-los não apenas nos aspectos morais, exigindo a atribuição de paternidade, mas também nos aspectos patrimonais, voltando a ser o único titular dos direitos de exploração econômica da obra.

3.7 O AUTOR FANTASMA E AS OBRAS EM TRANSE

A expressão "autor fantasma", derivada do inglês *ghostwritter* presta-se a denominar a figura do autor que cria em nome de outra pessoa. Na verdade, trata-se de autor que produz a obra como se outra pessoa fosse, já prevendo que apenas essa outra apresentar-se-á permanentemente como autora, utilizando-se de todas as prerrogativas da autoria. É o que ocorre, por exemplo, com alguns autores de discursos previamente encomendados. Tais discursos acabam sendo proferidos pelo encomendante, muitas vezes uma autoridade pública, como se tivesse sido de sua autoria. Trata-se, corriqueiramente, do trabalho de assessores ou subordinados, cujos salários inclusive dependem da realização desse tipo de atividade.

Pouco conclui a doutrina a respeito dessa situação. Bruno Jorge Hammes (2002) sugere que sejam consideradas obras sob encomenda, mas admite que o senso comum não tem reconhecido qualquer direito a esses autores fantasmas. Ao fim, conclui o jurista que o melhor seria considerá-los como escritores cuja obra aparecem sob nome estranho.

De fato, parece altamente incongruente que um autor escreva mediante atribuição de autoria a outrem. Trata-se de verdadeira violação ao princípio da indisponibilidade dos direitos morais de autor. O encomendante, nesse caso, faz verdadeira apropriação da criação literária de outrem, tomando-a para si em comportamento muito semelhante ao do plagiador, com a importante diferença de que, nesse caso, ele conta com a anuência do autor original.

O fenômeno ocorre, todavia, na prática, e precisa ser de alguma forma explicado, já que, com a crescente especialização do trabalho, a incidência de casos tende apenas a aumentar. Poderia-se pensar em uma espécie de contrato particular, verbal ou escrito, entre o encomendante e o autor original, por meio do qual esse último cedesse, em meio a todos os direitos patrimoniais, o direito de utilização da obra em nome próprio ao primeiro.

Não se trata da solução ideal, vez que os vícios decorrentes de uma leitura míope da lei jamais poderão convalidar-se por meio de uma simples justificação. Antes disso, a explicação acima decorre de uma mera tentativa de compreender o que se passa em um mundo onde quem cria pode estar, na prática, alienando sua própria condição de autor.

Quanto às obras realizadas em estado de transe, também há que se determinar a sua autoria. Aqui, o estado de transe pode ser considerado como toda e qualquer alteração de consciência, tal como sonolência, êxtase, *stress*, bem como o mais comumente citado fenômeno da mediunidade, instituto próprio da doutrina filosófica e religiosa espírita[3].

Independentemente das influências exteriores que venha a ter sofrido, sejam elas de que natureza forem, será considerado autor quem exteriorizar a obra, não havendo possibilidade de atribuição a outrem. Nesse sentido, interessante fenômeno tem-se verificado a partir da propagação da referida doutrina espírita kardecista.

Na maioria das vezes, semelhante pensamento filosófico atribui a autoria de suas obras a dois autores, sendo um deles o médium e, o outro, o espírito que teria ditado a mensagem. Aos olhos do Direito, até pouco tempo, apenas a figura do médium, enquanto ser humano e cidadão, era aceita e reconhecida como autor.

Recentemente, porém, têm-se registrado poucos e ainda raros casos de aceitação, como prova, pelos tribunais, das chamadas cartas psicografas[4], ou seja, mensagens de espíritos transcritas por médiuns[5]. Tal fenômeno, no mínimo curioso, pode estar sinalizando mudanças com relação a esse tipo específico de autoria.

---

3 O espiritismo é a doutrina filosófica e religiosa surgida na França, em meados do século XIX, baseada em princípios e leis revelados pelos espíritos superiores e codificados por meio das obras de seu criador, o professor francês conhecido sob o pseudônimo de Allan Kardec (1804-1869).

4 Mais informações a esse respeito podem ser encontradas na obra *A Psicografia ante os Tribunais*, do autor Miguel Timponi. (TIMPONI, 1978)

5 Cita-se aqui, a título de exemplo, o famoso caso julgado pelo Tribunal do Júri de Goiás no dia 2 de junho de 1980, sob a presidência do Exmo Juiz

3.8 A CRIAÇÃO AUTORAL NA RELAÇÃO DE TRABALHO

Ante o sempre recorrente questionamento sobre os direitos autorais referentes às obras criadas sob regime de trabalho, a LDA não se posicionou. A omissão, todavia, é considerada, por si mesma, um grande avanço, já que a lei anterior, número 5.988 de 1973, dispunha, em seu artigo 36, que se a obra intelectual fosse produzida em cumprimento a dever funcional, contrato de trabalho ou por meio de prestação de serviços, os direitos de autor, salvo convenção em contrário, pertenceriam a ambas as partes.

A doutrina moderna defende, todavia, que os direitos de autor só a ele pertencem, independentemente de sua submissão a um contrato ou outra forma de vínculo laboral. Bruno Jorge Hammes afirma que "o fato de o criador estar em uma situação de relação de contrato de trabalho ou ser funcionário público ou prestador de serviços não muda a natureza da criação intelectual. O autor é ele, e a ele deve caber o direito de autor". (HAMMES, 2002, p. 137).

Na prática do mercado, todavia, a pressão econômica sobre os subordinados e empregados leva a uma realidade bem diferente. Infelizmente, o fruto do trabalho autoral acaba pertencendo unicamente ao empregador, quer seja porque está fornecendo a matéria-prima e infra-estrutura, quer seja porque está remunerando o criador, muitas vezes inclusive para essa específica finalidade.

Na opinião de Bruno Jorge Hammes (2002), essa relação será mais frágil quanto maior for o grau de dependência do empregado com o empregador. Ele afirma que essa debilidade pode ser medida pela remuneração, pela não-participação nos riscos eco-

---

Geraldo Deusimar Alencar, da 1ª. Vara Criminal, em que o réu José Divino Nunes foi inocentado da acusação de homicídio doloso contra o amigo Maurício Garcez Henrique, crime esse ocorrido em 8 de maio de 1976. Para a absolvição, foi aceita como prova uma carta do já falecido pai da vítima, José Henrique, obtida por meio de psicografia do médium Chico Xavier, que afirmava a inocência do rapaz. Dentre várias outras veiculações pela imprensa, o caso foi exibido no programa "Linha Direta Justiça" da Rede Globo de Televisão, no dia 4 de novembro de 2004 às 22h45.

nômicos e, principalmente, pelo condicionamento do trabalho às ordens diretas do empregador. "Essa subordinação pode variar de uma submissão total até uma dependência quase imperceptível." (HAMMES, 2002, p. 137)

Independentemente da existência de subordinação ou não, o salário pago ao empregado nada mais pode representar do que a remuneração pelo uso patrimonial da obra. Ele passaria, assim, a não ter o direito de explorar economicamente sua criação, haja vista que alienou a sua patrimonialidade ao empregador, que irá comercializá-la no mercado mediante o pagamento de um salário mensal ao empregado. Como explica Antônio Chaves, têm-se aí uma clara distinção entre os direitos morais de quem criou e os direitos patrimoniais de quem está pagando pela obra:

> Apartam-se, então, nitidamente, dois campos: aquele de quem encomendou ou custeou a obra, que obtém a cessão da parte patrimonial do direito para a finalidade especificamente convencionada, dispensada a autorização, que é implícita, para o aproveitamento normal e imediato, sem cogitar de outra retribuição, a não ser a combinada; e o do criador material da obra, seu 'pai' intelectual, que conserva todos os direitos morais decorrentes da paternidade. (CHAVES, 1987, p. 146)

Como se vê, essa indenização de natureza patrimonial não tem o poder de desfazer a ligação subjetiva do autor com sua criação, o que significa dizer que não se rompe o vínculo de natureza moral que é da própria essência do Direito de Autor. Em decorrência disso, o direito de ver reconhecida a autoria da obra continua pertencendo a quem a criou. Tal prerrogativa de natureza moral é, por sua natureza, indisponível, em nenhuma hipótese podendo ser objeto de cessão ao empregador ou a quem quer que seja.

Assim sendo, na opinião de Carlos Alberto Bittar (2003), a vinculação laboral do criador com o encomendante em nada altera os princípios e orientações de natureza autoral, preservando-se ao criador, no regime unionista, os direitos morais sobre sua criação e transferindo-se, "por força da remuneração do trabalho intelectual, direitos patrimoniais correspondentes à utilização consentânea com a finalidade de sua atividade". (BITTAR, 2003, p. 42)

Bittar (2003) ainda afirma que essa transferência patrimonial se deve ao fato de o criador ser remunerado exatamente para o objetivo final visado pelo empregador, ao qual se relaciona por vínculo de subordinação. Esta é, também, a opinião de Antônio Chaves:

> Chega-se, pois, à conclusão de que, da mesma forma que nas demais obras, nas sob encomenda, ou sob relação de emprego, podem e devem ser admitidas a intransmissibilidade dos atributos morais e a transmissibilidade dos pecuniários, sem qualquer ofensa ao interesse do empresário, aos princípios do direito de autor e às vantagens para as partes intervenientes, em consonância, aliás, com o espírito das legislações internas e das convenções internacionais, que partem sempre do reconhecimento dos direitos que competem ao autor pelo simples fato da criação da obra. (CHAVES, 1987, p. 123)

Sobre a legislação internacional, Chaves (1987) afirma que se percorrendo os dispositivos das grandes convenções, não se encontram alusões às obras criadas sob vínculo de contrato de trabalho, o que levaria à conclusão de que também a elas se aplicariam os princípios de garantia aos autores.

Por fim, especificamente no que concerne à obra resultante da prestação de serviços e, como tal, proveniente de uma relação de trabalho autônoma entre as partes, entende Carlos Alberto Bittar (2003) que, caracterizada a independência e autonomia do autor com relação ao conteúdo da obra, além dos direitos morais a que faz jus, o autor terá de negociar junto ao encomendante os direitos patrimoniais, cuja transferência total ou parcial não será presumida, mas, ao contrário, dependerá dos termos do ajuste escrito e assinado entre as partes.

Quadro Esquemático – Capítulo 3

Obra Autoral

- **Objeto**
  - Obras de arte e cultura
  - art. 7º da Lei 9.610/98
- **Critérios de enquadramento**
  - imaterialidade
  - exteriorização
  - criatividade
  - pessoalidade
  - ação humana
  - estrutura mínima
- **Autoria**
  - pessoa física (originalmente)
  - pessoa jurídica (de modo derivado)
  - autor anônimo/pseudônimo (adquire direitos ao reaparecer)
- **Registro**
  - Facultativo (direito nasce com a obra)
  - cada arte tem seu órgão
- **Nas relações de trabalho**
  - Direitos morais: do autor (empregado)
  - Direitos patrimoniais: do empregador

CAPÍTULO 4

O CONTEÚDO DO DIREITO DE AUTOR

"A riqueza de uma nação mede-se não pela sua extensão territorial, pelos seus recursos hídricos ou minerários, e sim pela criatividade de seus filhos, que pode fazer de uma terra de abrolhos uma potência."
Antônio Chaves

4.1 Dualismo autoral

Evidencia-se o Direito de Autor por seu caráter dúplice, enquanto direito ao mesmo tempo pessoal e patrimonial. Trata-se da doutrina mundialmente predominante, ancorada na Convenção de Berna e que inspira a maioria das legislações nacionais.

Por sua própria natureza, compõe-se o Direito de Autor de dois elementos fundamentais diferentes. Por um lado, abriga prerrogativas de natureza moral, como proteção da essência da obra e própria da personalidade do autor nela refletida. Por outro, fala-se em direito de ordem patrimonial, enquanto monopólio de utilização econômica temporário, relativo e limitado, que possibilita ao autor explorar sua obra no mercado. Nas palavras de Antônio Chaves:

> Distinguem-se, no Direito de Autor, duas esferas de atribuições: de um lado, as que pertencem ao denominado direito moral, que con-

> siste no direito ao reconhecimento à paternidade da obra, no direito de inédito, no direito à integridade da sua criação, no de modificar a obra, de acabá-la, de opor-se a que outrem a modifique, etc.; de outro, as de natureza patrimonial, que se cifram na prerrogativa exclusiva de retirar da sua produção todos os benefícios que ela possa proporcionar, principalmente pela publicação, reprodução, representação, execução, tradução, recitação, adaptação, arranjos, dramatização, adaptação ao cinema, à radiofusão, à televisão, etc. (CHAVES, 1987, p. 17)

Na opinião de Carlos Alberto Bittar (2003), o aspecto moral seria a expressão do espírito criador da pessoa, como emanação da própria personalidade do homem na condição de autor de obra intelectual estética. Já o elemento patrimonial consubstanciaria-se na retribuição econômica da produção intelectual, definida por Bittar (2003) como sendo a participação do autor nos proventos que da obra de engenho possam advir, em sua comunicação pública.

Com efeito, os direitos morais representam essa ligação subjetiva, pessoal e afetiva do autor com sua criação, na medida em que essa representa a própria extensão de sua personalidade. Para além desse vínculo particular com sua obra, tem o autor também o direito de explorá-la no mercado, de auferir lucros com a sua utilização, o que configura os chamados direitos patrimoniais.

Devidamente entrelaçados, os direitos morais e patrimoniais de autor – ambos utilizados no plural, dada a sua multiplicidade – garantem ao criador as necessárias prerrogativas para a tutela, defesa e difusão de sua obra, criando um conjunto coordenado e lógico de princípios intrinsecamente relacionados e harmônicos, que constituem a própria essência do Direito Autoral.

Segundo Carlos Alberto Bittar (2003), esses dois direitos, ao integrarem-se, unirem-se e completarem-se, determinam a própria unidade do Direito de Autor. Nesse sentido, Bittar ressalta que "como aspectos de uma mesma entidade são, por natureza, incindíveis. As duas partes combinam-se em um sistema binário, de correlação e interferência, imprimindo feição especial ao Direito de Autor". (BITTAR, 1999, p. 34)

4.2 Direitos morais de autor

4.2.1 Conceito

Ainda no século XVIII, ao discorrer sobre a emergente problemática que envolvia a cessão de direitos para a edição gráfica, já assegurava o filósofo Immanuel Kant (1995) a existência do direito moral de autor. Mesmo que ainda não sob essa denominação, já admitia Kant o caráter personalíssimo e indisponível da condição de autor, atribuída a quem criou a obra. Ao discorrer sobre os direitos que pertenciam historicamente ao autor e ao editor, Kant evidencia esta compreensão:

> Aqueles que consideram a edição de um livro como uso da propriedade em um exemplar e que queiram, todavia, limitar tal uso com a manutenção de certos direitos do autor ou do editor instituído, de modo que seja então proibido reproduzir o livro, não poderão jamais alcançar seus objetivos. De fato, a propriedade do autor sobre seus pensamentos (quando, contudo se admita que segundo direitos externos se dê uma certa propriedade) permanece com ele, mesmo havendo a reprodução. (KANT, 1995, p. 77)

Para Bruno Jorge Hammes (2002), o direito moral de autor é o que protege o criador nas suas relações pessoais e ideais (de espírito) com a obra. Para ele, tal direito nada diz sobre a moralidade (ética) do autor, ou seja, não se destina a tecer juízos de valor sobre sua condição de respeito como pessoa. Ao contrário, visa essa garantia legal proteger a moralidade da ligação entre criador e obra, possibilitando aos autores, em qualquer tempo, requerer a proteção do direito em favor de seus legítimos interesses de ordem não-patrimonial.

O direito moral de autor assume, portanto, esse caráter de proteção da subjetividade do criador intelectual, mediante a conservação e o respeito à sua personalidade criativa, cuja expressão máxima evidencia-se na respectiva obra de arte. São direitos personalíssimos, inerentes à própria condição de autor, o que lhes garante o *status* de direito fundamental.

A própria Convenção de Berna garante, por meio de seu artigo 6-bis, que independentemente dos direitos patrimoniais do autor, e mesmo após a cessão desses, o autor conserva o direito de reivindicar a paternidade da obra e de se opor a qualquer deformação, mutilação ou outra modificação de seu conteúdo, repudiando qualquer atentado à mesma, que possam prejudicar a sua honra ou a sua reputação.

Como explica Bruno Jorge Hammes, com base na Convenção de Berna, as legislações de cada país signatário enumeram maior ou menor número de prerrogativas do direito moral. Nem sempre, porém, na opinião de Hammes, o reconhecimento de grande quantidade de direitos morais significa uma melhor proteção: "é preferível que o legislador preveja um certo número limitado de direitos morais, mas viáveis, do que um grande número de direitos que diluem a proteção." (HAMMES, 2002, p. 71)

4.2.2 Características

O artigo 27 da Lei Autoral define, como atributos dos direitos morais de autor, a inalienabilidade e a irrenunciabilidade. Trata-se de propriedades ou mesmo condições de realização dos direitos morais, capazes de distinguí-los dos direitos patrimoniais e de lhes determinar a natureza.

O caráter de inalienabilidade do direito moral de autor justifica-se ante a impossibilidade de sua disposição. Isso porque é impossível ao autor desfazer-se de sua condição, seja gratuita ou onerosamente. Não pode simplesmente alienar a outrem a sua qualidade de autor. Assim, sobre a chamada paternidade autoral, não se fala em venda, ou doação ou qualquer outra espécie de negócio jurídico.

Outrossim, o direito moral de autor é intrínseco à personalidade do mesmo e tal vínculo não é passível de transferência a terceiros. Uma vez autor, suportará o seu titular os ônus e também as prerrogativas dessa condição até o fim de seus dias. Ao alienar a materialidade da sua obra, não estará alienando senão o seu suporte físico, mantendo consigo a condição de autor, que terá de ser respeitada por onde quer que essa obra circule.

Coaduna-se também à essência autoral, a irrenunciabilidade dos direitos morais de autor. Trata-se, aqui, da impossibilidade fática e jurídica de o autor voluntariamente desistir de sua condição de criador. De fato, se não pode o autor alienar a terceiros essa condição, também não pode renunciar a ela, mesmo que tal ato não seja em benefício de outrem. Isso porque o vínculo que une autor e obra é eterno e se não pode ficar à mercê de terceiros, também não pode ser destruído voluntariamente pelo próprio criador.

A doutrina ainda enumera outras características dos chamados direitos morais de autor. As mais recorrentes são: a pessoalidade, a perpetuidade, a imprescritibilidade e a impenhorabilidade. Todas elas decorrem, de alguma maneira, dos dois grandes atributos já mencionados.

A pessoalidade é da própria essência do direito moral, já que esse protege exatamente o vínculo individual, subjetivo e único entre autor e obra. A perpetuidade indica que tal vínculo é permanente, não se esgotando nem mesmo com a morte do próprio autor. Já a imprescritibilidade, derivada desse caráter eterno do vínculo moral, é a reafirmação quanto à possibilidade de sua defesa jurídica a qualquer tempo.

Quanto à impenhorabilidade, também decorre do caráter personalíssimo dos direitos morais de autor, uma vez que tais direitos, se não podem ser transferidos economicamente e nem mesmo mensurados, também obviamente não se prestarão a garantir ou compensar nenhum tipo de dívida.

Por fim, sobre a proteção dos direitos morais após a morte do autor, preceitua o § 2º do artigo 24 da Lei Autoral que os herdeiros cuidarão de sua manutenção durante o período em que gozarem da prerrogativa da exclusividade na exploração econômica da obra. Após esse prazo, quando a obra cai no chamado domínio público, passa a competir ao Estado a defesa da integridade e autoria da obra.

4.2.3 Classificação

Em classificação sustentada por parte da doutrina do Direito Privado, os direitos da personalidade dividem-se em direitos essenciais e direitos derivados ou adquiridos. Nesse sentido, a maioria dos doutrinadores entende que o direito moral de autor integraria o segundo grupo, na medida em que seria um direito derivado da própria personalidade de seus autores, ou, ainda, um direito adquirido a partir da criação artística.

Outros autores, dentre os quais, Carlos Alberto Bittar (2003), entendem que o direito moral de autor é um direito essencial, já que existe potencialmente como atributo da personalidade do criador intelectual. Nesse caso, a criação propriamente dita seria apenas a manifestação necessária para o exercício desse direito.

Para Bittar (2003), os direitos de personalidade podem ser divididos em dois grupos: os próprios da pessoa humana em si e os referentes às suas projeções para o mundo exterior. Neste último, estariam os direitos morais de autor. Trataria-se, ainda, de um direito de personalidade extrínseco, uma vez que a obra não pertence ao *corpus* do autor, mas, ao contrário, é considerada uma extensão dele.

A intenção da lei observada na supracitada classificação seria, em última análise, a do resguardo à personalidade do homem criador de obras estéticas. O fato é que, ao contrário da maioria dos direitos personalíssimos, no caso das prerrogativas morais de autor, subsistem seus efeitos *post mortem*, mediante seu caráter *in aeternum* e sua tutela específica.

Como já mencionado, embora personalíssimos, tais direitos são transmissíveis aos herdeiros durante o prazo de proteção conferido aos direitos materiais, após o qual passam a ser tutelados pelo Estado. Assim sendo, configuram-se os direitos morais de autor, por sua semelhança conceitual, como direitos da personalidade, embora, por suas diferenças e especificidades, possam ser considerados como direitos pessoais de caráter especial.

4.2.4 Direito de paternidade

Trata-se aqui do mais importante dos direitos morais de autor. Denomina-se, pois, como direito de paternidade, a conjugação de duas especiais prerrogativas conferidas pela condição de autor: o direito de reivindicar a autoria da obra e o direito de ter o nome ligado a ela.

Regulado pelos incisos I e II do artigo 24 da Lei Autoral, o direito de paternidade, como apelidado pela doutrina, garante ao criador a prerrogativa de ter reconhecida e conhecida por todos a sua qualidade de autor. Nesse sentido, o seu titular pode, a qualquer momento e em qualquer lugar, anunciar-se como autor, reivindicando a paternidade sobre sua criação. Não obstante, pode ainda exigir que seu nome seja indicado e expressamente mencionado na obra.

A referência a semelhante direito como sendo o principal entre aqueles de aspecto moral parte do pressuposto de que todas as demais prerrogativas só poderão ser exercidas mediante o reconhecimento da autoria da obra. Assim, a paternidade é requisito essencial para o respeito aos demais direitos morais.

Interessante notar que, assim como os direitos morais ao ineditismo e à integridade, a seguir abordados, também o direito de paternidade é transmissível aos herdeiros do autor, que o poderão exercer em seu nome durante o prazo legal dos direitos patrimonais, garantindo, assim, o respeito à autoria e à memória do criador falecido.

4.2.5 Direito ao ineditismo

Configura-se o ineditismo como o direito de não divulgar a obra. Significa dizer que quem cria não necessariamente quer e precisa dar publicidade à sua criação. Há que se respeitar sempre a vontade do autor nesse sentido, já que, como o único titular de todos os direitos sobre a obra, ele é que deve decidir se a quer publicizar ou não.

O direito ao ineditismo, enunciado pelo inciso III do artigo 24 da LDA, dura enquanto assim determinar a vontade do autor, esgotando-se, todavia, quando da primeira publicação da obra, mediante o devido e expresso consentimento de seu criador.

A respeito do assunto, faz-se mister tecer considerações sobre as chamadas obras póstumas. Como prerrogativa transmissível *post mortem*, em caso de sucessão, o direito ao inedistismo passa a ser exercido pelos herdeiros, que legalmente ganham o poder de decidir sobre a publicação ou não de determinada obra, mesmo que essa seja encontrada ou descoberta após a morte do autor original.

Eticamente, contudo, deve-se sempre considerar a vontade do autor. Ante o seu silêncio, decidem os herdeiros. Se, todavia, era da vontade expressa do titular original que se mantivesse inédita a criação, a recomendação é de que tal determinação seja acatada, sob pena de se ferir a moralidade da relação entre autor e obra.

4.2.6 Direito à integridade

Intitula-se como direito de integridade à prerrogativa do autor de se opor a modificações ou mutilações à sua obra. Determina o inciso IV do artigo 24 da LDA que se constitui como direito moral de autor o de assegurar a integridade da obra, opondo-se a quaisquer modificações ou à prática de atos que, de qualquer forma, possam prejudicá-la ou atingi-lo, como autor, em sua reputação ou honra.

O objetivo da lei, nesse caso, é o de garantir a conservação da obra em todos os seus aspectos, mantendo a sua inteireza, coerência e originalidade. Com efeito, ninguém pode modificar a obra sem autorização do autor. Qualquer alteração, substituição, edição ou remodelação em seu conteúdo torna-a diferente do originalmente pensado, e, com isso, a multila, ferindo-lhe a integridade.

Não se trata aqui de um impedimento absoluto para que se modifique a obra. Ao contrário, coaduna-se uma garantia de respeito à vontade do autor no que pertine a essas modificações. Uma vez autorizada pelo titular, a alteração do original dá origem a uma nova obra, que ganha vida própria, sem, com isso, ferir a integridade daquela que lhe deu origem.

4.2.7 Direito de modificação

Em seu inciso V, o artigo 24 garante ao autor o direito moral de modificação. Tal direito faz-se evidente, não suscitando maiores dúvidas. Como legítimo titular da obra, o único autorizado legalmente a modificá-la a qualquer momento é o próprio autor.

Com efeito, se não fosse permitido ao autor a possibilidade de alterar a sua criação quantas vezes quiser, eventuais trabalhos de atualização e revitalização certamente ficariam comprometidos. Assim, a estipulação legal do direito de modificação parece ter partido da intenção do legislador de garantir expressamente a exclusividade do autor sobre quaisquer alterações em seu original.

Interessante notar que, juntamente com os direitos de arrependimento e de acesso doravante abordados, o direito de modificação não se transmite aos herdeiros após a morte do autor. Trata-se, na verdade, de direitos só passíveis de exercício pelo criador pessoalmente, em vida, vez que derivam da sua vontade pessoal, cujos desígnios não podem ser advinhados e nem representados por terceiros. No que diz respeito, portanto, aos direitos de modificação, arrependimento e acesso, esses se esgotam com a morte do autor.

4.2.8 Direito de arrependimento

Interessante direito moral é garantido ao autor por meio do inciso VI do artigo 24 da LDA. Estabelece a lei a possibilidade do titular autoral retirar de circulação determinada obra ou de suspender qualquer forma de utilização já autorizada, quando tal circulação ou utilização implicarem em afronta à sua reputação e imagem.

Refere-se o dispositivo legal aos casos em que o autor por algum motivo arrependeu-se de ter divulgado sua obra. Nada mais justo do que garantir a esse criador a possibilidade de recolher os exemplares ou unidades da sua obra em circulação, para que não continuem a representar publicamente os traços de uma personalidade artística já ultrapassada, superada ou evoluída.

Obviamente tal arrependimento não pode lesar os interesses de quem patrimonialmente tenha investido na divulgação da obra. Empresas ou pessoas físicas envolvidas no processo de produção e comercialização de originais e cópias deverão ser previamente indenizadas, como ressarcimento pelo tempo e dinheiro que investiram. Assim editores, produtores fonográficos, produtores executivos, distribuidores, locadoras, expositores, exibidores e outros profissionais ligados ao comércio das artes estão no rol das pessoas que deverão ser recompensadas, em caso de arrependimento do autor.

Tendo em vista a implicação nesse alto grau de despesas de ordem econômica, o direito de arrependimento não é fácil de ser exercido na prática. Mesmo quando se fala de exemplar único, como no caso das artes plásticas, a raridade e o reconhecimento artístico da obra podem contribuir para uma rápida circulação física e supervalorização econômica, que exigirão do autor tempo para a localização, além de dinheiro e paciência para obter a devolução.

Um clássico exemplo de exercício do direito de arrependimento parece ser o motivo que levou a apresentadora Maria da Graça Meneghel (Xuxa) a retirar do mercado, no final da década de 1980, todos os exemplares disponíveis de um filme erótico por ela estrelado, que trazia cenas sensuais da artista com um menino de 10 anos de idade[1].

Mediante as devidas indenizações, Xuxa determinou o recolhimento de todos os exemplares do filme à venda ou sob locação, restando apenas em circulação os exemplares de uso particular, adquiridos pelos fãs antes do arrependimento da artista.

Acredita-se que o motivo do recolhimento tenha sido a incompatibilidade ética do filme com sua nova atividade, já que, a

---

1 O filme "Amor Estranho Amor", de 1982, conta a história de um menino que morava em um centro de entretenimento noturno com sua mãe (interpretada por Vera Fischer) e que teve sua primeira relação sexual com uma recém-chegada, a garota de programa Tamara (personagem de Xuxa). O filme não é considerados pelos críticos de cinema como pornográfico, mas apresenta cenas de forte erotismo.

esse tempo, a apresentadora, já nacionalmente conhecida, atuava na animação de programas infantis.

Xuxa não era autora do filme, mas, na condição de atriz, utilizou-se dos benefícios do chamado Direito Conexo, um dispositivo da própria Lei Autoral que determina a extensão, aos artistas intérpretes e executantes, das mesmas prerrogativas garantidas aos autores.

A Lei Autoral menciona afrontas à honra e à reputação como motivos para o arrependimento do autor. Todavia, como acertadamente pondera Bruno Jorge Hammes (2003), os motivos que levam a tal exercício de direitos não precisam ser necessariamente os definidos na lei, podendo simplesmente tratar-se de uma evolução do pensamento artístico, cultural ou do comportamento pessoal e profissional do autor:

> A razão do arrependimento parece irrelevante. Não ha necessidade de uma afronta. Os motivos podem ser os mais diversos. Talvez a obra não corresponda mais ao modo de pensar do autor em virtude de formação ulterior. Não é preciso que o autor indique as razões de seu arrependimento. Isso se justifica pela experiência histórica. (HAMMES, 2002, p. 77)

4.2.9 Direito de acesso

O último direito moral, legalmente estabelecido pelo artigo 24 (inciso VII), é uma inovação introduzida no ordenamento jurídico pela Lei n. 9.610/98. O referido dispositivo garante ao autor o direito moral de ter acesso a exemplar único e raro de sua obra, quando se encontre legitimamente em poder de outrem, para o fim de, por meio de processo fotográfico ou audiovisual, preservar sua memória.

A lei claramente autoriza o autor a reivindicar a entrada em residência ou em outro espaço privado pertencente àquele que for o atual detentor da obra, para pessoalmente fotografá-la ou filmá-la, de modo a guardar-lhe o registro. Trata-se de uma extensão à garantia de preservação da obra, caso o autor não tenha tido esse cuidado antes de alienar a sua materialidade.

É bem verdade que esse acesso não poderá se dar de qualquer maneira. Há que ser respeitado o princípio constitucional do direito de propriedade, bem como o da inviolabilidade do domicílio. A própria Lei Autoral afirma, no mencionado inciso VII do artigo 24, que o acesso deve-se fazer de forma a causar o menor inconveniente possível ao detentor da obra, garantindo ao mesmo, em todo caso, a devida indenização por qualquer dano ou prejuízo que lhe seja, eventualmente, causado.

O autor não deverá, portanto, impor a sua presença de maneira indesejada no ambiente privado do detentor da obra. Deve, ao contrário, negociar com este último o melhor momento e as mais adequadas condições para promover o mencionado registro. O possuidor da obra materializada não poderá, por sua vez, veementemente opor-se a tal acesso, vez que o mesmo se fez legalmente assegurado.

Importante ressaltar que tal dispositivo refere-se apenas a exemplares únicos e raros, tais como normalmente o são as obras de artes plásticas. Não há que se falar em direito de acesso para obras materializadas sob diversos exemplares, tais como livros e discos musicais (CDs).

Outro apontamento importante diz respeito ao uso posterior do registro autoral feito mediante o exercício do direito de acesso. Tal uso restringe-se ao arquivamento e manuseio pessoal das cópias, imagens e/ou fotos pelo autor em sua esfera privada, jamais podendo ensejar a exploração comercial dos referidos materiais.

4.2.10 Outros direitos morais

Quanto aos direitos morais de autor apresentados, Carlos Alberto Bittar (2003) estabelece, entre eles, uma interessante divisão. Na opinião do jurista, classificam-se como "anteriores" os direitos de paternidade e ineditismo, já que sua defesa se faz antes mesmo de ser divulgada a obra.

Já no grupo dos "posteriores", estariam classificados os demais direitos morais, quais sejam, os direitos de integridade, arrependimento e modificação. Bittar não se refere ao direito de acesso, mas esse certamente também estaria incluído nesse último grupo.

Além dos direitos morais propriamente ditos, já apresentados, a Lei Autoral também faz referência, em outros momentos, ao aspecto moral da relação do autor com a obra. Poderíamos chamar esses enunciados de direitos morais específicos, já que visam garantir a preservação do vínculo subjetivo entre criador e criação em algumas modalidades específicas de obras autorais.

É o caso, por exemplo, do direito de repudiar paternidade de obra arquitetônica alterada, descrito no artigo 26 da LDA. Determina o referido dispositivo legal que se o projeto arquitetônico for alterado durante a execução ou após a conclusão da construção, sem o consentimento de seu autor, este poderá renegar-lhe a autoria.

Não se trata aqui de autorização legal para a renúncia aos direitos morais, até porque esses são, por natureza, irrenunciáveis. Trata-se, ao contrário, do respeito à integridade da obra, já que as modificações não-autorizadas pelo arquiteto mudam a natureza de sua criação, desobrigando-lhe ao reconhecimento de autoria do projeto.

Outro direito moral específico seria o direito de corrigir edições sucessivas, disposto no artigo 66 da LDA, como sendo a prerrogativa do autor literário de realizar as emendas e alterações que bem lhe aprouver em cada edição do livro. Verifica-se, nesse caso, a ocorrência de uma especificação do direito de modificação, aqui aplicado especialmente às relações editoriais, nas quais eventuais desentendimentos poderiam resultar na inobservância dos direitos morais pelo editor.

Por fim, também como prerrogativa moral específica, destaca-se o direito de opor-se ao espetáculo mal ensaiado e sua respectiva fiscalização. Em observância ao artigo 70 da Lei Autoral, pode o autor teatral opor-se à representação ou execução que não seja suficientemente ensaiada, vez que tal situação configuraria-se como utilização não-autorizada de sua obra. Pode, ainda, referido autor, fiscalizar a montagem do espetáculo, tendo, para isso, livre acesso durante as representações ou execuções, ao local onde se realizam.

4.3 Direitos Patrimoniais de Autor

4.3.1 Conceito

Nem só de sua ligação afetiva com a obra vive o autor, que merece não apenas ser recompensado pelo seu esforço criativo, mas precisa, antes de tudo, sobreviver. Assim, sendo, ao lado dos direitos morais sobre a criação, tem também o criador direitos patrimoniais. Trata-se da possibilidade legal reconhecida ao autor de explorar economicamente sua obra, em caráter exclusivo, de modo a obter dela proveito pecuniário.

O direito patrimonial de autor é reconhecido desde os primeiros tempos do desenvolvimento autoral. Isso porque a força do liberalismo vigente à época de sua criação impingiam à propriedade o poder de dominação social e *status*. Nesse sentido, o Direito de Autor emergiu como propriedade de caráter especial, não mais sobre bens físicos, mas agora sobre bens imateriais, na medida em que se descobriu que poderiam ser tão valiosos quanto os primeiros.

O titular de direitos patrimoniais passou, então, a ser dissociado da figura do autor. Uma vez feita a cessão dos direitos dessa natureza, o criador, embora mantivesse consigo os direitos morais, transferia ao novo titular todas ou algumas das possibilidades de exploração econômica sobre obra no mercado, cabendo a esse último os lucros provenientes dos negócios realizados. Immanuel Kant (1995) já falava da figura do editor – certamente o primeiro grande empresário do Direito Autoral – explicando, à maneira de seu tempo, essa diferença entre a titularidade de direitos:

> O editor, de fato, administra, em seu próprio nome, o instrumento mudo da transmissão de um discurso do autor ao público; mas levar o mencionado discurso do autor ao público por meio da impressão, mostrando-se como aquele através do qual o autor fala, ele só pode fazer em nome do outro. (KANT, 1995, p. 78-79)

Regulados nos artigos 28 a 45 da Lei Autoral, os direitos patrimoniais são definidos por Bruno Jorge Hammes (2002) como prerrogativas de caráter econômico que possibilitam ao autor auferir lucros da sua obra. Sob esse aspecto, a exclusividade na exploração comercial, enquanto característica do direito patrimonial de autor, decorre de sua própria natureza de direito de propriedade. Só mediante a autorização expressa e específica de seu titular é que semelhante direito poderá ser explorado por terceiros. Nas palavras de Hammes:

> De maneira genérica, a obra pertence ao autor. É dele. Consequentemente, tem todos os direitos decorrentes de um direito de propriedade. Pode utilizá-la com exclusividade, pode permitir ou não permitir que outros a utilizem. A sua vontade determina o que acontece com a obra, quem e como a utilizará. Qualquer utilização depende de sua autorização. (HAMMES, 2002, p. 81)

Interessante notar que o artigo 4º da LDA dispõe sobre a chamada interpretação favorável ao autor, ao expressamente definir que se interpretam restritivamente os negócios jurídicos sobre os direitos autorais. Por esse dispositivo, a lei delimita o uso do direito patrimonial de autor, tornando-o uma propriedade de caráter especial, na medida em que seu titular só pode exercê-lo dentro dos limites estabelecidos pelos instrumentos jurídicos que lhe deram origem.

Vale ressaltar que a interpretação é a operação lógica e cognitiva que dá vida aos negócios jurídicos e, como tal, deve ater-se sempre à vontade dos envolvidos e ao princípio de da justiça social, ancorado na boa-fé e no equilíbrio entre as partes. Com efeito, Plínio Cabral (2003) explica que a própria palavra restringir, derivada do latim *restrictu*, indica que a interpretação deve manter-se dentro de certos limites, especialmente no que tange a seus resultados:

> Em direito autoral os negócios jurídicos interpretam-se restritivamente. Quando alguém compra um livro, assiste a uma ópera, vê um filme, adquiriu apenas um direito limitado de fruir, gozar e apreciar o trabalho do artista contido nos instrumentos de materialização do pensamento criador. No caso, o direito de propriedade ou posse não lhe autoriza a reproduzir e comercializar a obra de arte que adquiriu para seu lazer pessoal. A propriedade, que é um direito constitucional absoluto, nesse caso sofre as limitações impostas pela legislação autoral. (CABRAL, 2003, p. 16)

Por fim, quanto à denominação dos direitos patrimoniais de autor, cabe a ressalva quanto ao uso da palavra *royalty*. O dicionário Aurélio da Língua Portuguesa define o vocábulo como sendo a "importância cobrada pelo proprietário de uma patente de produto, processo de produção, marca ou pelo autor de uma obra, para permitir seu uso ou comercialização". (HOLANDA, 2004, p. 1777)

De origem anglo-saxônica, o termo *royalty* – ou no plural *royalties*, como é mais conhecido – é amplamente utilizado no sistema do *Copyright* americano para designar os proventos obtidos por meio da exploração comercial de obra autoral. Segundo Nehemias Gueiros Jr., trata-se dos "direitos econômicos gerados para os criadores intelectuais (autores, artistas, intérpretes e produtores musicais) pela utilização da obra com finalidade lucrativa." (GUEIROS JR., 1999, p. 139).

Convém salientar que a definição do termo e sua aplicabilidade surgiram no contexto da Convenção de Genebra, longe dos princípios e da lógica jurídica unionista. Tanto a denominação quanto o significado dos chamados *royalties* mostram-se totalmente coerentes com o sistema comercial americano de exploração autoral, caracterizado pelo formalismo do registro e pela negação dos direitos de ordem moral.

Nesse sentido, parece imprudente a aplicação direta do termo aos direitos patrimoniais no sistema individual unionista de Berna, vez que, em tal sistema, a própria exclusividade na cobrança de proventos está atrelada ao vínculo moral entre autor e obra. Tratar-se-ia, portanto, de uma importação linguística inadequada, mediante descontextualizada e incoerente apropriação de significância.

4.3.2 Características

A própria Constituição Federal brasileira garante, em seu artigo 5°, XXII, o direito de propriedade, que é conceituado pelo Código Civil como a faculdade de usar, gozar e dispor da coisa, bem como o direito de reavê-la do poder de quem quer que injustamente a possua ou detenha (CC, art. 1.228). Assim sendo, o direito de propriedade abrange a prerrogativa de explorar a coisa economicamente, mediante venda, doação ou qualquer outra modalidade de negócio jurídico, além do direito de colher os seus frutos.

Configura-se como ampla garantia, abrangendo todo direito de conteúdo patrimonial e econômico, ou seja, tudo que possa ser convertido em dinheiro. Nesse contexto, a propriedade autoral, entendida como direito real, garante ao seu titular o direito de usar, gozar e dispor do objeto que contém a obra artística ou literária. Significa dizer que o quadro, o livro, o CD, o VT, a fotografia ou qualquer outra forma de materialização da obra autoral passam a ser considerados como bens de seu titular, passíveis de negociação mercadológica, sem que isso afete a natureza do vínculo pessoal de autoria.

No Estado democrático de Direito, não mais prevalece a concepção do direito de propriedade como direito absoluto. A utilização e o desfrute de um bem devem ser feitos de acordo com a conveniência social da utilização da coisa. Também a obra autoral deve buscar essa finalidade. Daí o dever de cuidado e conservação que recai sobre o possuidor do objeto autoral.

Em verdade, tal possuidor tem em mãos uma obra estética que foi criada para a admiração e o aprimoramento social, como um bem cultural da comunidade em que o indivíduo está inserido. Cabe a ele assegurar a memória da arte, como garantia de preservação da cultura de seu país.

No que se refere à divisão de bens decorrente do regime de matrimônio, os direitos patrimoniais de autor são incomunicáveis por força de lei. Com efeito, o artigo 39 da LDA determina que os direitos patrimoniais do autor, excetuados os rendimentos resultantes de sua exploração, não se comunicam, salvo pacto antenupcial em contrário.

Semelhante assertiva legal busca esclarecer que, exceto nos casos de estipulação contratual anterior ao casamento, o patrimônio do autor, por ser resultado de seu esforço criativo individual, não é objeto da divisão de bens entre os cônjuges. Quanto aos rendimentos desse patrimônio intelectual, esses, sim, podem ser divididos, em regime de meação[2].

A propriedade privada deve ser respeitada pelos particulares e também pelo Estado. Está sob domínio absoluto de seu titular e só poderá sofrer interferência estatal sob o amparo na lei. Assim, ao Estado só será lícito intervir na propriedade que não esteja cumprindo seu papel social. Nesse sentido, a obra autoral não é passível de intervenção do Estado, vez que, enquanto propriedade especial, já carrega função social em si mesma.

Também tendo em vista esse caráter de propriedade especial, não pode o Direito de Autor ser objeto de desapropriação. Essa é entedida como o ato pelo qual o Estado toma para si bens de particulares, por razões de utilidade pública ou de interesse social, mediante o pagamento de justa e prévia indenização. A desapropriação só pode se dar nas hipóteses constitucionalmente previstas.

4.3.3 Princípios de direitos patrimoniais

Não há dúvida de que a propriedade patrimonial intelectual originariamente pertence ao seu autor. Só ele poderá decidir quando, onde e como explorar a sua criação. Poderá fazê-lo pessoalmente, ou poderá ceder todos ou alguns desses direitos patrimoniais para que outro os explore.

Como princípio geral do direito patrimonial, além da interpretação restritiva dos negócios realizados, pode-se apontar a independência das formas de utilização das obras intelectuais. Trata-se da orientação contida no artigo 31 da LDA, que garante ao autor o direito de explorar individualmente cada um dos direitos patrimoniais que ele possui sobre a obra. Dessa maneira, sobre um mesmo objeto autoral, o titular pode auferir lucros de diversas fontes, na medida em que diferentes usos forem autorizados.

---

2 Meação, na concepção jurídica do termo, é o princípio do Direito de Família que atribui a cada um dos cônjuges o direito à metade ideal dos bens comuns do casal.

A título de exemplo da independência das formas de utilização, poder-se-ia citar os direitos patrimoniais sobre um texto. Seu autor poderia cedê-los para a edição de um livro, ao mesmo tempo que poderia tranferi-los para a elaboração de um roteiro de cinema ou para adaptação para o teatro, sem que nenhuma dessas cessões interferisse diretamente na outra. Bastaria que o autor fornecesse autorizações individuais, que em seu próprio corpo especificariam as respectivas finalidades da transferência de cada um dos direitos.

Assim sendo, a exclusividade no uso patrimonial autoral terá que ser previamente acordada entre as partes, tanto no que diz respeito àquela determinada categoria de arte quanto em seu aspecto geral. Para que o interessado seja o único a explorar uma obra no cinema, no teatro, na música ou em outra vertente de manifestação artística, deverá negociar um preço junto ao autor, que certamente será menor do que a remuneração pela cessão em caráter de exclusividade geral, ou seja, em todas as modalidades artísticas.

Outro importante princípio é o da exigibilidade da forma escrita para as transferências de direitos, estipulado no artigo 50 da Lei Autoral. Assim, não é possível a realização de cessões patrimonais por via de acordos verbais. A intenção do legislador, nesse caso, é de garantir a lisura dos negócios autorais, cujo teor poderá ser facilmente comprovado por meio da pactuação registrada no papel.

No instrumento escrito que possibilitará a exploração comercial da obra autoral por terceiros, também será necessária a enunciação expressa dos direitos cedidos e suas condições, bem como a exclusão dos modos não-previstos. Significa dizer que não só será preciso especificar a que modalidade de arte se presta o negócio jurídico, mas também em que condições o mesmo se dará, tudo mediante expressa autorização do autor.

Independentemente dos motivos, caso o pacto escrito não traga a especificação quanto à modalidade de utilização, a transferência autoral entender-se-á, por força do artigo 49, VI, da LDA, como limitada apenas a uma única modalidade de arte, que, segundo a Lei Autoral, será aquela considerada indispensável ao cumprimento da finalidade do contrato.

A presunção de onerosidade do contrato, fixada no artigo 50 da LDA, é outra garantia autoral importante. Por meio dela, entende-se que, em regra, os negócios autorais envolvem remuneração ao autor, não se podendo considerar gratuito o pacto que simplesmente não tenha mencionado valores. Ao contrário, tal acordo será considerado oneroso e seu valor, se não puder ser negociado entre as partes, será fixado em juízo. Para que seja, portanto, considerada gratuita uma cessão autoral, tal condição deverá expressamente constar do documento escrito.

Para todos os efeitos, a transferência de direitos autorais firmada no país só possui eficácia dentro do território nacional, conforme o artigo 49, IV, da LDA. Se não tiver sido pactuada a exploração internacional da obra, o máximo de abrangência que a mesma poderá ter são os limites territoriais do país. O dispositivo visa garantir os direito de tradução e adaptação de obras estrangeiras, bem como das obras nacionais em outros territórios.

Por fim, quanto ao prazo de exploração comercial, poderia-se falar de um princípio de limitação do uso patrimonial no tempo. A transferência desse tipo de direitos sempre se dá mediante a determinação de um prazo, mesmo que tal período seja todo o tempo de vida do seu novo titular. Nesse caso, diz-se que a cessão se operou de forma definitiva, porque o autor não poderá recobrar os direitos patrimoniais sobre sua obra.

Com a morte, todavia, do titular autoral derivado, ou seja, daquele que obteve autorização do autor para explorar economicamente a obra, entende-se esgotado também o pacto autoral, com a cessação das prerrogativas nele contidas. Tal entendimento pode buscar amparo na própria lógica de interpretação autoral restritiva, bem como na função social do contrato e nas garantias civis e constitucionais de propriedade.

Na hipótese de não haver estipulação de prazo por escrito entre as partes, em atendimento ao artigo 49, III, o pacto não deverá durar mais do que 5 anos, enquanto período máximo de tempo para a exploração comercial da obra. Esse limite visa determinar um marco legal de respeito ao princípio da delimitação temporal no Direito de Autor.

Tendo em vista os princípios reguladores da exploração econômica autoral, toda e qualquer autorização do autor para utilização de sua obra, segundo o artigo 30 da LDA, deverá sempre especificar o local de exercício dos direitos e o tempo pelo qual os mesmos ficarão alienados ao novo titular. Também deverá claramente constar a natureza onerosa ou gratuita da transação, ou seja, se o autor fará jus a alguma espécie de contrapartida pelo negócio, mediante a especificação do valor do pagamento e de sua forma.

Por fim, há que se ressaltar que a transferência dos direitos patrimoniais não implica em renúncia ou lesão a qualquer dos direitos morais. O autor continua sendo considerado enquanto tal e tem direito de paternidade e integridade sobre sua obra. Apenas não lhe pertence mais o direito de explorá-la no mercado, sob uma, algumas ou todas as suas modalidades de uso.

O artigo 37 da LDA também não deixa dúvidas quanto à diferença entre a aquisição da materialidade da obra e a aquisição dos direitos patrimoniais. Pelo texto da lei, quem adquire o original de uma obra, ou apenas um exemplar, não contrai qualquer dos direitos patrimoniais do autor. Outrossim, quem compra, por exemplo, um CD, só tem o direito de utilizar a sua materialidade na esfera privada, ou seja, de escutar as músicas, não adquirindo, com isso, o direito de autorizar novas utilizações, tais como regravações, traduções ou mesmo execuções públicas.

4.3.4 As formas de aproveitamento econômico

São incontáveis as formas de economicamente explorar uma obra autoral. Com efeito, quanto mais se aprimora a técnica e desenvolve-se a tecnologia, mais surgem novos modos de utilização das criações artísticas e culturais. Seja por meio de novas máquinas para a produção e disseminação das obras, seja por meio de novas formas de transmissão das mesmas, ou, ainda, por meio mesmo de criativas soluções de uso ainda não-pensadas, o autor descobre, dia-a-dia, novos canais de publicização de sua obra.

Como explica Bruno Jorge Hammes (2002), o que as legislações fazem é tentar arrolar, de maneira exemplificativa, as formas mais comuns de utilização. Isso porque, segundo o jurista, "querer enumerar exaustivamente os modos de utilização é praticamente impossível. Seria também se expor a uma desatualização constante". (HAMMES, 2002, p. 81)

Assim sendo, a Lei Autoral brasileira prevê, como principais, mas não os únicos modos de explorar a obra autoral, aqueles constantes do artigo 29, quais sejam, a reprodução total ou parcial, a edição, a adaptação e outras transformações, a tradução, a inclusão de fonogramas em obras audiovisuais, a distribuição por qualquer sistema existente, a inclusão em base de dados, e, ainda, a exploração mediante o que a lei genericamente designou de utilização direta ou indireta.

Por sua vez, essa chamada utilização direta ou indireta (art. 29, VIII) inclui, como submodalidades, a representação (recitação, declamação), a execução musical, o emprego de alto-falante, a radiodifusão sonora ou televisiva, a sonorização ambiente, a exibição audiovisual e cinematográfica, o emprego de satélites e sistemas ópticos e a exposição de artes plásticas.

Não obstante, a extensa enumeração dos diversos modos de utilização patrimonial da obra autoral, a LDA, no inciso X do artigo 29, ainda dispõe sobre a necessidade de prévia e expressa autorização do autor para uso da obra por meio de quaisquer modalidades de utilização existentes ou que venham a ser inventadas no futuro. A intenção do legislador parece ter sido a de ressaltar exatamente o caráter exemplificativo da enumeração apresentada, garantindo, de modo geral, a proteção patrimonial de todo e qualquer uso da obra autoral.

No que pertine às adaptações e arranjos musicais, percebe-se que, assim como qualquer outra forma de modificação da obra, as mesmas só podem ser realizadas mediante prévia e expressa autorização do autor original. As obras que derivam de tais transformações, por sua vez, tornam-se independentes, e passam a compor o patrimônio intelectual de quem as idealizou.

Sobre as traduções, observa-se que as mesmas não só precisam ser autorizadas, mas também geram direitos autorais posteriores a quem as realizar. Isso porque a tradução não é uma cópia mecânica, mas, sim, um trabalho intelectual intenso de busca de significados e de adaptações de linguagem e conteúdo em diferentes contextos culturais.

Por isso, poder-se-ia atribuir ao tradutor o *status* de coautor daquela versão traduzida, obviamente que em conjunto com o autor do texto original. Segundo Eliane Abrão, "não existe tradução ou versão literal, palavra por palavra em idioma distinto, porque a frase, o modo de construir as ideias, de expressar o pensamento, varia de idioma para idioma, de cultura para cultura". (ABRÃO, 2002, p. 83)

A respeito da inclusão de fonogramas em obras audiovisuais, fala-se aqui do chamado direito de sincronização. O autor da trilha sonora de um determinado filme deverá receber específica remuneração pela incorporação de sua música ao audiovisual. Entende-se, pois, que esse pagamento não se confunde com os direitos patrimoniais a que esse autor fará jus posteriormente, como consequência de cada exibição do filme.

De fato, mediante o princípio da independência de usos autorais, pode-se vislumbrar nessa hipótese dois usos distintos. O primeiro seria a própria inserção da música no filme, ao que se chama direito de sincronização. Já o segundo, configurado pela exibição do filme nas salas de cinema, corresponderia a outro direito específico e só posteriormente exercido, que é o direito patrimonial de execução pública.

Quanto à distribuição, seja diretamente, ou mediante sistemas de informação e comunicação, a mesma corresponde a um tipo específico de uso patrimonial. Assim, as distribuidoras serão obrigadas a obter, junto aos autores ou titulares patrimoniais, licenças para entregar suas obras ao mercado, seja por meio de exemplares físicos, ou por meio de transmissão via cabo, satélite, fibra óptica, ondas ou outros sistemas.

Por fim, acerca das utilizações diretas ou indiretas, é importante ressaltar que quando a LDA fala em emprego de alto-falantes, bem como em transmissões em locais de frequência coletiva ou ainda em sonorização ambiental, fica evidente o caráter público de tais usos patrimoniais sobre a música. Certamente que essas utilizações, assim como todas as demais, dependem de autorização específica dos autores, o que hoje se faz por meio do regime associativo de proteção autoral, como será explicado mais adiante.

4.3.5 Direito de Sequência

Regulado pelo artigo 38 da Lei Autoral, o chamado Direito de Sequência garante ao autor a possibilidade, irrenunciável e inalienável, de receber um percentual de, no mínimo, 5% sobre cada aumento de preço verificado na revenda de sua obra. Esse direito vale para obras únicas e raras, como as pinturas e esculturas, além dos manuscritos originais.

Visa tal dispositivo garantir a participação do autor nos lucros que sobrevierem à primeira alienação de sua obra. De fato, a premissa justifica-se pela realidade fática, já que muitas obras únicas e raras só se valorizam após várias revendas, não sendo justo que ao autor sejam negados esses rendimentos posteriores sobre sua criação intelectual.

A questão é que, na prática, é muito difícil ao autor o exercício desse direito. As revendas normalmente se fazem longe de seu alcance, tendo o criador, a essa altura, muitas vezes já perdido completamente o contato com a sua obra. É de fato impossível ao autor estar em todas as feiras, exposições e demais mercados de circulação e comercialização da arte.

Nesse sentido, Bruno Jorge Hammes explica que é "praticamente inviável o autor acompanhar as alienações particulares. É verdade que as obras de grande valor geralmente não se alienam sem certa publicidade" (HAMMES, 2002, p. 87). O jurista explica que, na Alemanha, a lei só aplica o disposto nas vendas feitas por comerciantes ou leiloeiros.

Mesmo durantes essas seções públicas de alienação das obras de arte, o direito de sequência encontra outra barreira para ser efetivado, que está no próprio modo como a lei estruturou o instituto. Pela leitura do artigo 38 da LDA, depreende-se que o percentual de 5% deve ser calculado sobre a valorização das obras e não apenas sobre o preço final das mesmas.

Assim sendo, a base de cálculo não será apenas o novo preço do quadro valorizado, mas, sim, a diferença entre este e o preço anteriormente praticado. Trata-se de uma subtração matemática, que tem por intenção determinar o quanto a obra ficou mais cara, e, portanto, mais valorizada. O problema é que raramente se tem acesso aos reais valores anteriormente praticados, mesmo durante leilões ou vendas diretas por meio de curadores de arte, os denominados *marchants*.

O Direito de Sequência nasceu na Europa, sob a expressão *droit de suit*. Bruno Jorge Hammes explica que, ao contrário do Brasil, onde não houve implementação na prática, nos países europeus, notadamente na Alemanha, a tal prerrogativa prospera, pois que baseada em método de cálculo bem mais simples:

> O nosso sistema se distingue do alemão, que dá ao autor o direito de receber 5% sobre o produto de cada revenda. Não há necessidade de fazer cálculos de aumento, mais-valia e outros fatores restringentes. Nossa lei não estabelece mais um teto mínimo. A lei alemã só obriga ao pagamento do direito de sequência quando o valor da venda alcança ao menos cem marcos. (HAMMES, 2002, p. 87)

Mister se faz ainda ressaltar que, embora não tenha logrado êxito na prática, o Instituto brasileiro do Direito de Sequência prevê, inclusive, mecanismos de tutela próprios. Segundo o parágrafo único do artigo 38, quando o autor não percebe o seu direito de sequência no ato da revenda, o vendedor ou o leiloeiro passam a ser considerados depositários da quantia devida.

4.3.6 Domínio Público

Ao contrário dos direitos morais, que são eternos, os direitos patrimoniais possuem caráter temporário, sendo a sua duração fixada pela própria Lei Autoral. Por constituírem-se as obras protegidas em patrimônio cultural do país, parece justo que em algum momento, após a morte do autor, a sociedade possa livremente dispor das mesmas, de modo a perpetuar a sua existência, desde que respeitados os direitos morais dos respectivos criadores.

A Lei Autoral tratou da questão em seus artigos 41 a 45, criando as regras gerais do chamado domínio público. Segundo o artigo 41, os direitos patrimoniais do autor perduram por 70 anos contados do dia 1° de janeiro do ano subsequente ao de seu falecimento, obedecida a ordem sucessória da lei civil[3].

Assim sendo, até 70 anos após a morte de seu autor, as obras de arte e cultura continuam protegidas, inclusive sob a perspectiva da exclusividade patrimonial, cujo exercício *post mortem* é de responsabilidade dos herdeiros legais do autor. Esse prazo, uniformizado pela lei, findará sempre no último dia do ano, vez que se inicia, impreterivelmente primeiro dia do ano seguinte ao da morte do autor. Passado esse período, a obra cai no chamado domínio público, ou seja, passa a pertencer à coletividade, não havendo restrição ao seu uso comercial, como explica Bruno Jorge Hammes:

> Domínio público significa que já não há um titular exclusivo da obra. Todos e cada um podem utilizá-la sem depender de autorização de um titular e sem ter que pagar algo pela utilização. Domínio público não deve ser confundido com propriedade pública pertencente ao estado. (HAMMES, 2002, p. 129)

Mesmo que se trate de obras encontradas após a morte do autor, o prazo de proteção dos direitos patrimoniais será o mesmo das demais obras. Além disso, se o autor não tiver nenhum tipo de herdeiro, então a sua morte representará a passagem direta das obras que produziu para o domínio público.

---

3 Segundo o artigo 1.829 do Código Civil, a ordem da vocação hereditária contempla primeiros os descendentes (filhos), na ausência dos quais serão chamados a herdar os ascendentes (pais), que também não existindo permitirão a transmissão do direito ao cônjuge, se casado o *de cujus* (falecido). Os últimos herdeiros na ordem sucessória são os colaterais (irmãos, tios, primos, etc.), na sua ausência, então os bens serão integrados ao patrimônio do Estado.

No que se refere aos direitos dos titulares conexos, dentre os quais se destacam os artistas intérpretes e executantes, o prazo de proteção da lei, determinado pelo artigo 96, também é de 70 anos, contados não da morte do autor, mas, sim, da primeira fixação, representação ou execução pública da obra.

Outra situação específica é a das obras em coautoria. Quando não puder ser individualizada a participação de cada autor, dispõe a Lei Autoral (art. 42) que o prazo de 70 anos de proteção só será contado após a morte do último deles.

No caso das obras audiovisuais e fotográficas, por força do artigo 44 da LDA, o prazo não se conta da morte dos autores, mas, sim, do dia 1° de janeiro do ano seguinte ao da primeira divulgação. Importante ressaltar que, não obstante a coautoria obrigatória do audiovisual, trata-se de obra cujas participações são divisíveis (art. 85 LDA), motivo pelo qual essa forma de arte não segue a regra geral de domínio público das obras em coautoria, prevista no artigo 42.

Importante exceção também diz respeito às obras anônimas ou pseudônimas. Determina o artigo 42 da LDA que nesses casos, o prazo de proteção às mesmas é menor do que os 70 anos contados da morte do autor. Ao contrário, nessas situações, os 70 anos de proteção contam-se do dia 1° de janeiro do ano seguinte ao da primeira publicação a que se teve acesso, durando, portanto, o tempo estimado de vida de seu próprio titular.

Mister ressaltar que a regra acima vai de encontro ao artigo 45, II, da Lei Autoral, que considera como de domínio público as obras de autor desconhecido. Parece razoável esse último entendimento, já que não se pode pedir autorização de uso a quem não se deu a conhecer como autor de uma determinada obra. Nesses casos, embora respeitados os direitos morais, seria livre o acesso para exploração patrimonial.

Para evitar o conflito de normas, a única interpretação possível parece ser a de que o prazo de 70 anos contados da primeira publicação serve para proteger não o autor original, mas, sim, o terceiro que se apropriou da obra anônima ou pseudônima para fins de exploração econômica. Assim, como não é o criador, mas apenas aquele que momentaneamente exerce um direito patrimonial, esse terceiro teria duração mais restrita para o exercício de suas prerrogativas. Obviamente que a identificação do autor original interrompe esse prazo, suspendendo imediatamente o uso derivado.

Outra consideração importante diz respeito ao antigo prazo de proteção patrimonial. Com efeito, até 1998, quando a LDA entrou em vigor, a matéria era regulada pela Lei n. 5.988, de 1973. Por ela, os direitos patrimoniais perduravam por toda a vida do autor e por toda a vida do filho, pai, ou do cônjuge que viessem a herdar os direitos. Por sua vez, antes de 1973, era o próprio Código Civil (1916) que estipulava que os herdeiros e sucessores do autor gozariam de seus direitos pelo tempo de 60 anos, a contar do dia do falecimento desse último.

Como se vê, até 1998, outros eram os prazos para o exercício dos direitos patrimoniais. Assim, caso a obra tenha sido produzida antes desse ano, as mencionadas regras terão que ser observadas para o cômputo do período de proteção patrimonial, em respeito aos princípios jurídicos do direito adquirido[4] e da irretroatividade das leis[5]. Já as obras produzidas após 1998 seguirão o prazo normal da LDA, de 70 anos contados do primeiro dia do ano seguinte ao da morte do autor.

Por fim, quando se fala em domínio público, há que se referir ao folclore[6], diferenciando os dois conceitos, sob o ponto de vista jurídico. Enquanto conjunto de obras de manifestação popular e autoria desconhecida, o folclore constitui um grande acervo cultural de propriedade intelectual de toda a nação, compondo o

---

[4] O Direito Adquirido é uma garantia fundamental prevista no artigo 5º, XXXVI, da Constituição Federal e reforçada pelo artigo 6º e seu § 2º da Lei de Introdução ao Código Civil, por meio do qual considera-se adquirido o direito cujo começo do exercício tenha termo pré-fixo.

[5] A irretroatividade das leis está disciplinada no artigo 5º, XL, da Constituição Federal, e é considerada como uns dos princípios norteadores de todo o sistema legislativo civil brasileiro.

[6] No novo Dicionário Aurélio da Língua Portuguesa, o folclore é definido como o conjunto das tradições, conhecimentos ou crenças populares expressas em provérbios, contos ou canções. (HOLANDA, 2004, p. 916)

patrimônio cultural brasileiro, cuja responsabilidade de preservação compete ao Estado.

O folclore não pode ser encarado apenas como conjunto de meras obras caídas em domínio público e, portanto, passíveis de exploração por qualquer pessoa. Ao contrário, as mesmas precisam ser preservadas, não podendo sofrer modificações em sua essência, nem devendo ser utilizadas para fins que não tragam benefícios à cultura do país.

Trata-se de obras coletivas, que pertencem não a um ou outro autor, mas a todos os brasileiros. Nesse sentido, o direito da nação brasileira ao seu folclore é, inclusive, oponível perante outros países e seus nacionais, de modo a não permitir a apropriação externa de tais elementos, por interesses estrangeiros, como princípio de garantia da sua preservação interna, para a formação das gerações futuras.

Quadro Esquemático – Capítulo 4

- Dualismo autoral
  - Direitos morais (eternos)
    - Paternidade
    - Ineditismo
    - Integridade
    - Modificação
    - Arrependimento
    - Acesso
  - P.S.: rol taxativo
  - Direitos Patrimoniais (duram 70 anos após a morte do autor) ↓ Domínio Público
    - Reprodução total ou parcial
    - edição
    - adaptação
    - tradução
    - sincronização
    - inclusão em banco de dados
    - distribuição
    - uso direto ou indireto
    - qualquer outra utilização
    - Direito de sequência
  - P.S.: rol exemplificativo

CAPÍTULO 5

LIMITES AO DIREITO DE AUTOR

"A matéria-prima do Direito de Autor é, com efeito, mais preciosa do que o petróleo, o ouro ou os brilhantes: a criatividade, extraordinário e misterioso atributo de que a natureza dotou ao homem."
Antônio Chaves

Embora possa, à primeira vista, parecer, o Direito de Autor não é absoluto. Especialmente o exercício dos direitos patrimoniais comporta exceções. Há, assim, determinadas situações em que o autor é obrigado a tolerar o uso de sua obra independentemente de autorização, tendo em vista direitos e interesses maiores. Trata-se de casos específicos, elencados pela lei, como limites ao exercício autoral.

Tais limites são enumerados exaustivamente pelos artigos 46 a 48 da LDA. Promovem o esgotamento da matéria. Significa que nenhuma outra exceção poderá ser alegada, a não ser aquelas previstas nos mencionados artigos. Na opinião de Bruno Jorge Hammes, "como disposições excepcionais, as limitações devem ser interpretadas restritivamente. Só permitem atos expressamente previstos". (HAMMES, 2002, p. 92)

5.1 Justificativa

O objetivo de estabelecer limites ao Direito de Autor parece ser exatamente o de favorecer o acesso da comunidade às obras autorais. Sem dúvida, é do próprio interesse do autor tornar-se conhecido, mediante a divulgação de sua obra, motivo pelo qual não pode se fechar, tolhendo toda e qualquer aproximação com o público.

Tais limites justificam-se, basicamente, por três motivos. O primeiro deles é o direito da sociedade à informação, que, como direito coletivo de natureza constitucional, sobrepõe-se a todo e qualquer interesse privado. Assim, quando o Direito de Autor se presta ao serviço de informar a sociedade, terá de acatar a divulgação de seu objeto protegido sem necessidade de prévio consentimento.

A segunda razão fundamenta-se na necessidade de desenvolvimento da educação, como garantia da própria ordem social e cultural do país. Não pode, pois, o exercício autoral impor regras que dificultem a aprendizagem e a divulgação da cultura do país.

O terceiro e último motivo para limitar-se o Direito de Autor são os usos técnicos e judiciais. Toda vez que o Direito de Autor esbarra nos pressupostos necessários ao funcionamento do comércio e administração da Justiça, há que se conciliar interesses para que, nem autor, nem os demais envolvidos, saiam prejudicados.

Cada uma dessas fundamentações deu origem a diferentes limites autorais, organizados e elencados pela Lei n. 9.610, de 1998. No âmbito internacional, a própria Convenção de Berna, em seu artigo 9º, reserva aos países signatários o direito de permitir certas reproduções, desde que não causem prejuízos ao autor. Passar-se-á então a explicar, um a um, esses limites.

5.2 O direito à informação

Nas alíneas “a” e “b” do artigo 46, I, o legislador brasileiro tratou do respeito autoral ao direito à informação. De fato, percebe-se que uma obra autoral pode estar envolvida em notícia ou fato relevante para a sociedade, ou pode inclusive ser o próprio objeto da divulgação. Nesses casos, o direito que a sociedade tem de se manter informada se sobrepõe o direito individual do autor de autorizar ou não a menção, a fixação ou outras formas de uso de sua obra.

Na primeira alínea, procura o legislador deixar claro que o uso posterior de notícias publicadas pela imprensa independe de prévia autorização. Assim sendo, segundo a lei, não constitui ofensa aos direitos autorais a reprodução na imprensa diária ou periódica, de notícia ou de artigo informativo, também publicados em diários ou periódicos, com a menção do nome do autor, se assinados, e da publicação de onde foram transcritos.

Trata-se de uma espécie de citação jornalística. Os veículos de comunicação têm assim a prerrogativa de se referirem a notícias já divulgadas anteriormente, inclusive pelos concorrentes, como forma de esclarecer e informar o seu público. A única exigência, nesse caso, é de que seja devidamente citada a fonte.

Com efeito, aqui vale ressaltar a questão do direito autoral do jornalista. Por força do artigo 36, o direito de utilização econômica dos escritos publicados pela imprensa, diária ou periódica, com exceção dos assinados ou que apresentem sinal de reserva, pertence ao editor, salvo convenção em contrário. Significa que nada receberá o jornalista, além do seu próprio salário, sobre a publicação de textos de sua autoria, sob a forma de reportagens comuns.

Simplificam a questão alguns autoralistas ao afirmar que a notícia é simples informação de interesse geral, isenta de expressão literária e, portanto, não protegida pelo Direito de Autor. Percebe-se, todavia, que a realidade não é bem essa. Os textos jornalísticos de caráter noticioso têm, por trás de si, um repórter ou outra espécie de redator, que por mais isento e imparcial que seja, possui um olhar subjetivo sobre a realidade e uma forma específica e própria de redigir.

Assim sendo, os textos desses redatores, enquanto extensão de suas respectivas personalidades, lhes pertencem moralmente, na medida em que se mostram como a sua forma e estilo de comunicação com o mundo. Mais adequado seria, portanto, dizer, que tais redatores são autores, mas que possuem sobre as reportagens apenas direitos morais, tendo em vista que os patrimoniais foram transferidos ao editor por força de lei e do próprio vínculo empregatício.

Acerca dos artigos assinados, determina o parágrafo único do mesmo artigo 36 que haverá necessidade de autorização para toda e qualquer utilização econômica. Significa que os articulistas e demais críticos que escrevem para jornais e revistas são considerados autores de seus escritos. Por força de lei, a necessária autorização para publicação em diários e periódicos perdurará pelo prazo da periodicidade normal do veículo de comunicação, acrescido de mais 20 dias, a contar de sua publicação, findo o qual recobra o autor o seu direito.

Tal contagem permite afimar que, em um jornal diário, por exemplo, o artigo devidamente autorizado por seu autor poderá ser explorado pelo editor durante o prazo de 21 dias, já que esse número resulta da soma da periodicidade diária (1 dia) mais o prazo de 20 dias. Após esse período, o articulista pode dar ao seu texto o destino que melhor lhe aprouver.

Quanto à segunda alínea do artigo 46, I, determina que não constitui ofensa aos direitos autorais a reprodução em diários ou periódicos, de discursos pronunciados em reuniões públicas de qualquer natureza. Enquanto acontecimento público, o discurso passa, assim, a ser de interesse da sociedade e o papel da imprensa, nesse sentido, é o de ampliar a voz de quem fala.

O autor Ulmer, citado por Bruno Jorge Hammes (2002, p. 98), afirma que essa liberdade de informação sobre discursos públicos exige que se trate de pronunciamentos referentes a assuntos do dia. Além disso, tais discursos devem ser realizados em lugares públicos, ou seja, não reservados apenas a certos círculos de pessoas.

5.3 Os retratos sob encomenda

Segundo o artigo 46, I, "c", da Lei Autoral, não constitui ofensa aos direitos autorais a reprodução de retratos, ou de outra forma de representação da imagem, feitos sob encomenda, quando realizada pelo proprietário do objeto encomendado, não havendo a oposição da pessoa neles representada ou de seus herdeiros.

Esse inciso é totalmente estranho ao espírito da Lei Autoral. Na contramão da garantia aos autores, permite que o encomendante de fotografias possa reproduzi-las livremente, sem a necessidade de autorização do fotógrafo. Ignorado em seus direitos sobre a criação fotográfica, o profissional seria obrigado a permitir cópias sem o seu prévio consentimento. Um disparate, também na opinião de Antônio Chaves:

> Melhor fora que não tivesse sido incluído na lei um dispositivo como esse que só serve para criar dúvidas e confusões, uma vez que sempre e por toda parte tem sido reconhecido ser o negativo de propriedade do fotógrafo, nenhum direito tendo sobre ele a pessoa fotografada ou mesmo a que tenha encomendado a fotografia. (CHAVES, 1987, p. 317)

Para amenizar o prejuízo sofrido pelo autor das fotos, há que se pensar no termo "retrato", mencionado na lei, na acepção do Dicionário Aurélio: "representação da imagem de uma pessoa real, pelo desenho, pintura, gravura, etc., ou pela fotografia." (HOLANDA, 2004, p. 1752)

Assim sendo, por meio de análise interpretativa lógica, faz-se mister reduzir a aplicabilidade do limite relacionado aos retratos sob encomenda apenas à representações de figuras humanas, cujos interesses sobre a fotografia restringem-se ao uso privado, para fins de registro e apreciação. O uso da melhor hermenêutica, nesse caso, visa garantir os direitos do fotógrafo sobre suas criações de uso publicitário, comercial ou meramente estético.

Em todo caso, deve-se sempre respeitar o direito de imagem das pessoas retratadas nas fotografias. O direito que elas têm de autorizar ou não o uso de suas respectivas imagens independe das prerrogativas autorais do fotógrafo. São duas coisas distintas. Assim sendo, é importante ressaltar que qualquer uso posterior sobre tais fotos deve ser devidamente autorizado por ambos, ou seja, tanto pelo fotógrafo, a quem competem os direitos autorais, quanto pelas pessoas fotografadas, enquanto titulares de direito de imagem.

5.4 A adaptação para deficientes visuais

Por força de seu caráter social e humanitário, a adaptação de obras literárias e artísticas para uso exclusivo de deficientes visuais é permitida, independentemente de autorização do autor, como disciplinado no artigo 46, I, "d", da Lei Autoral. A ideia é permitir gratuitamente a transcrição da linguagem das obras autorais para os sistemas compatíveis, de modo que permitam o acesso daqueles que não podem enxergar.

Nesse sentido, o próprio dispositivo legal especifica que, para o cumprimento de sua finalidade, a reprodução deve ser feita sem fins comerciais, mediante o sistema Braille[1] ou outro procedimento, em qualquer suporte adequado a esses destinatários.

5.5 A reprodução para uso particular

A reprodução parcial para o uso particular é permitida pela Lei Autoral. É o que dispõe o artigo 46, II, da LDA, ao afirmar que não constitui ofensa aos direitos de autor a reprodução, em um só exemplar de pequenos trechos, para uso privado do copista, desde que feita por esse, sem intuito de lucro.

Tal dispositivo é ancestral na evolução do Direito de Autor e remete à época em que as cópias eram manuscritas. Com a evolução da tecnologia, a questão tornou-se delicada, vez que as próprias máquinas atuais copiam, de maneira simples e rápida, não só textos inteiros, mas também músicas, imagens e obras audiovisuais.

Assim, dentre outras práticas de pirataria, as reproduções xerográficas de livros inteiros destacam-se como a maior forma de

---

1 O Sistema Braille é um modelo de lógica criado em 1825, na França, por Luís Braille, um brilhante estudante que era deficiente visual e que, com a ajuda de professores e pesquisadores, instituiu a linguagem dos pontos em relevo no papel, como forma de representação das letras do alfabeto, sensível ao tato dos deficientes visuais, possibilitando-lhes, assim, a leitura por meio das mãos.

desrespeito a esse inciso. Isso porque a lei permite apenas cópias de pequenos trechos, o que não autoriza os leitores a simplesmente ignorarem os direitos morais do autor e os direitos patrimoniais da editora, passando a reproduzir o inteiro teor de suas publicações.

A lei infelizmente não limitou o que significa esse pequeno trecho, talvez mediante a expectativa de que o copista utilizasse o bom senso. Não poderá ser considerado, obviamente, como metade da obra, nem sua parte mais significativa e importante. Talvez restrinja-se essa medida a algumas páginas, quem sabe um capítulo ou quantidade assemelhada. A questão é que os usuários da reprodução mecânica continuam não só desconhecendo, mas também desrespeitando essa limitação legal.

Muito já se pensou e continua-se a debater sobre o tema. Os livros de educação parecem ser o grande nó da questão, vez que o alto preço poderia inviabilizar o seu uso no processo de aprendizagem. De todas as soluções apontadas, talvez a mais viável seja a proposição de lei que efetivamente obrigue os estabelecimentos de ensino a manterem, em sua biblioteca, acervo de consulta adequado para atender a todos os alunos.

Assim, nem autores nem editores seriam penalizados, mantendo-se o estímulo às criações e publicações autorais. As instituições educadoras, por sua vez, nada mais fariam do que arcar com o ônus de oferecer o livro enquanto material didático, enquanto verdadeira matéria-prima da prestação de serviço a que se propõem.

5.6 A CITAÇÃO

É livre, de acordo com o artigo 46, III, da LDA, a citação em livros, jornais, revistas ou qualquer outro meio de comunicação, de passagens de qualquer obra, para fins de estudo, crítica ou polêmica, na medida justificada para atingir o seu fim, desde que seja indicado o nome do autor e a origem da obra.

O chamado direito de citação tem como finalidade a disseminação do pensamento dos autores, de modo a apenas ilustrar outras obras, sem ferir-lhes os direitos sobre a criação. Segundo Bruno Jorge Hammes, "quem cria obra científica pode valer-se de ensinamentos de outros que enriquecem os resultados de sua pesquisa. Reproduz em sua obra trechos de obras já publicadas para ilustrar, comparar, analisar as suas próprias assertivas". (HAMMES, 2002, p. 95)

A Lei Autoral não limitou o tamanho da citação, mas convidou à utilização da razão para esse dimensionamento, descrevendo sua extensão como a "medida justificada para atingir ou seu fim". Assim sendo, deve a citação ter caráter meramente ilustrativo, tendo o tamanho estritamente necessário para essa finalidade. Não pode, portanto, ter maior importância do que o próprio objeto principal do texto no qual está inserida.

Mister ressaltar que, embora a lei não tenha se referido à forma de se fazer a citação, a Associação Brasileira de Normas Técnicas[2], conhecida pela sigla ABNT, recomenda que as citações sejam destacadas do texto principal. Pode-se utilizar os recuos, bem como itálicos e fontes de tamanho diferenciado, variando conforme o sistema de normalização adotado. O que precisa ficar claro, em todo caso, é o fato de não se tratar de ideias do próprio autor do trabalho, mas, sim, de um terceiro, a cujo pensamento se recorreu apenas a título exemplificativo ou ilustrativo.

Imprescindível também se faz que seja indicada a origem da citação, com a menção, pelo menos, do nome do autor, do título da publicação original, da editora e do ano. Trata-se da identificação de autoria, como garantia do direito moral do criador e, ao mesmo tempo, reconhecimento do trabalho patrimonial da editora. Identificando-se a origem da citação, fica afastado o risco do plágio, que é exatamente a apropriação indevida de ideias previamente exteriorizadas por outrem.

---

2 Fundada em 1940, a Associação Brasileira de Normas Técnicas (ABNT) é o órgão responsável pela normalização técnica no país. Trata-se de entidade privada, sem fins lucrativos, reconhecida como o único fórum nacional de normalização, por meio da Resolução n. 7 do CONMETRO, de 24.8.1992.

Quanto às obras didáticas, a elas também se aplica, com toda a sua força, o direito de citação. Até pouco tempo, dúvidas ainda restavam, tendo em vista o uso livre de textos de diversas autorias verificado antes de 1998, desde que tivessem finalidade didática. Como explica Bruno Jorge Hammes, "com referência a obras didáticas, havia um entendimento muito amplo de liberdade na vigência do art. 666, I, do Código Civil. Imprimiam-se livros didáticos, selecionando textos literários sem qualquer consulta aos seus autores". (HAMMES, 2002, p. 95)

Com o advento da LDA, todavia, o livro didático passou a submeter-se às mesmas regras dos outros tipos de obras, vez que não foi merecedor de qualquer exceção legal. Já quanto às músicas e obras audiovisuais, ainda pairam dúvidas, sobre a possibilidade das mesmas serem objeto de citação. O entendimento da doutrina parece ser contrário a isso:

> Não é qualquer obra que pode ser enriquecida com conteúdo de outras obras. O direito alemão, prevendo a citação em obra musical, exige que a parte citada possa ser reconhecida por um ouvinte com percepção musical média. Já tivemos decisão no Brasil que não permite a citação de música (talvez por causa da dificuldade de delimitar sua extensão). Não prevê o direito alemão a citação em obra cinematográfica. Pelo princípio de que as limitações se restringem às expressamente previstas, deve concluir-se que não há direito de citação em obra cinematográfica. As partes eventualmente incluídas em filme devem ser autorizadas. (HAMMES, 2002, p. 95)

5.7 As anotações para fins de estudo

Obviamente não pode ser considerada ofensa aos direitos autorais o apanhado de lições em estabelecimentos de ensino, por aqueles a quem elas se dirigem. É o que preleciona o artigo 46, IV, da LDA, que se destina a permitir que os alunos tomem nota e estudem as lições ministradas em sala de aula. Tendo em vista tal dispositivo, estaria autorizada, inclusive, não só o registro por meio da escrita, mas também por meio da gravação sonora ou audiovisual.

Não haveria qualquer violação em tais procedimentos, vez que o próprio dispositivo legal tratou de expressamente vedar a publicação integral ou parcial das referidas lições, se não houver autorização prévia e expressa de quem as ministrou. Assim sendo, não poderia o aluno reunir tais conhecimentos em livro de caráter comercial, assim como não poderia exibir publicamente as imagens ou a gravação de voz com as lições do professor, fazendo sobre as mesmas uso meramente privado e individual.

5.8 A DEMONSTRAÇÃO À CLIENTELA

É permitida também, de maneira gratuita, a utilização de obras literárias e artísticas, além de fonogramas e transmissão de rádio e televisão em estabelecimentos comerciais, exclusivamente para demonstração à clientela, desde que esses estabelecimentos comercializem os suportes ou equipamentos que permitam a sua utilização. Trata-se da execução para fins de demonstrar o conteúdo da obra ao público, enquanto exceção prevista no artigo 46, V, da Lei Autoral.

O referido inciso visa tornar acessível o conteúdo das obras autorais aos seus potenciais compradores, permitindo que eles lhe conheçam o teor antes de fazer a opção de aquisição, em respeito ao próprio Direito do Consumidor. Por esse motivo, as lojas disponibilizam exemplares para o acesso direto. No caso da música, chegam a permitir a audição, por meio de fones de ouvido, de alguns trechos das faixas do CD.

Importante notar, todavia, que não pode o referido dispositivo ser alegado como justificativa para execução pública constante de obras autorais visando atrair a clientela ou tornar o ambiente mais agradável, pois, nesse caso, tratar-se-ia de outra modalidade de uso autoral, a execução ou exibição pública, que depende de previa autorização de seus titulares.

5.9 O RECESSO FAMILIAR E OS FINS EDUCATIVOS

No que pertine à representação teatral e à execução musical, as mesmas não dependem de autorização do autor quando realizadas no recesso familiar ou para fins exclusivamente didáticos nos estabelecimentos de ensino, desde que não haja, em qualquer dos dois casos, intuito de lucro.

A regra do artigo 46, VI, da LDA visa tornar acessível o uso da música e do teatro para a apreciação privada, ou ainda como forma de estímulo à educação. Entende-se como recesso familiar o meio de convivência privada e restrita do indivíduo em seu dia -a-dia, ou seja, o conjunto das pessoas e lugares que representam o seu *habitat.* Tanto nesses ambientes quanto nas instituições de ensino, não se vislumbrará os benefícios dessa exceção se forem promovidos eventos mediante cobrança de ingresso, tais como festas e apresentações artísticas, já que a arrecadação de bilheteria configuraria o lucro.

5.10 O USO JUDICIAL

Também é evidente que a utilização de obras literárias e artísticas para produzir prova judiciária ou administrativa não constitui ofensa ao Direito de Autor. Esse limite, determinado pelo artigo 46, VII, justifica-se pela predominância do interesse público sobre o privado, como forma de contribuir para a adequada administração da Justiça. Assim sendo, a inclusão de obras autorais como prova em processos administrativos, judiciais, bem como em inquéritos policiais não depende da autorização de seu autor.

5.11 A UTILIZAÇÃO DE TRECHOS EM NOVAS OBRAS

Em seu artigo 46, VIII, a Lei Autoral estabelece o que se apelidou na doutrina como regra dos três passos[3]. Isso porque o dispositivo permite a reprodução, em quaisquer obras, de pe-

---

[3] A instituição da chamada "regra dos três passos" decorre da aplicação equivocada, à lei brasileira, do comando contido no artigo 9° da Convenção de Berna, que condiciona o uso livre (*fair use*) à observância do direito de exploração normal da obra por seu autor, de modo que não cause prejuízo injustificado aos seus interesses.

quenos trechos de obras preexistentes, mas, para que isso ocorra, estabelece três condições básicas. A primeira delas é de que a reprodução em si não pode ser o objetivo principal da obra nova. A segunda é de que tal aproveitamento não prejudique a exploração normal da obra reproduzida, e por fim, como terceira condição, a reprodução não deve causar prejuízo injustificado aos legítimos interesses dos autores.

Observa-se que as condições estabelecidas pelo dispositivo são extremamente abrangentes. No que se refere ao objetivo principal da obra nova, sem dúvida que um trecho de outro autor não pode exercer essa função, sob o risco de perda da independência e da própria essência do trabalho. Já sobre a proibição de causar prejuízos à exploração da obra de origem, embora seja justificável, falta-lhe especificação, o que a torna essa exceção bastante ampla e de complexa interpretação.

A terceira condição, porém, é que mais dificulta o cumprimento da regra dos três passos, tendo em vista ser ainda mais abrangente. Como a lei não aponta o que seria considerado prejuízo injustificado aos legítimos interesses dos autores, entende-se que quaisquer alterações, tanto no que se refere a direitos morais quanto patrimoniais, poderiam aí se enquadrar. A própria menção ou citação em uma obra, de trecho de outra preexistente, poderia, por si mesma, ser considerada como prejuízo injustificado ao autor original, vez que poderia representar o aproveitamento de sua criatividade para o lucro de terceiro, cujo trabalho provocaria desvio de interesse do público, e, quiçá, preterição.

Dessa forma, apoiar-se na regra dos três passos como justificativa para utilizar trecho de obra preexistente em obra própria pode representar, para o autor, um risco alto demais para correr. A qualquer momento, ele poderia ser acionado pelo autor original, que por algum motivo sentiu-se prejudicado em seus interesses, ou mesmo na exploração normal de sua obra. Nesses casos, portanto, o mais prudente e seguro é sempre obter a devida autorização, antes de incluir em uma nova criação qualquer parte de um outro trabalho autoral.

5.12 As paráfrases e paródias

Segundo o artigo 47 da LDA, são livres também as paráfrases e paródias, desde que não sejam verdadeiras reproduções da obra originária e não lhe impliquem descrédito. As paráfrases são entendidas como novas versões de um determinado texto, que mudam a forma, mas não lhe altera o significado. Já as paródias são versões humorísticas de uma obra, atribuindo-lhe caráter cômico e divertido.

Trata-se, em ambos os casos, do direito de crítica. O autor, ao dar conhecimento ao público sobre o teor de sua obra, deve estar preparado para receber comentários, críticas e toda sorte de interpretações e opiniões a respeito da mesma.

Essa tolerância não significa, todavia, que o autor será obrigado a conviver com ofensas de todo tipo, com lesões à sua honra, nem tampouco com a divulgação de meras cópias disfarçadas sob pretextos diversos. Assim sendo, a crítica realizada por meio de paráfrases ou paródias deve ser construtiva, fundamentada e, sobretudo, respeitosa, de modo a possibilitar o aprimoramento da obra e não a sua destruição.

5.13 As obras em logradouros públicos

Ainda como limite ao Direito de Autor, o artigo 48 da LDA estabeleceu que as obras situadas permanentemente em logradouros públicos podem ser representadas livremente, por meio de pinturas, desenhos, fotografias e procedimentos audiovisuais.

Entende-se por logradouro público todo e qualquer espaço público, representando por ruas, praças e avenidas. As fachadas, monumentos, fontes ou quaisquer outras obras cuja imagem possa ser vista facilmente por quem transita no espaço público também estarão incluídas nessa exceção.

A representação a que se refere à lei é qualquer forma de registro ou fixação da obra, sob o ponto de vista estético, seja por meio mecânicos ou manuais, tais como fotografias, filmagens, pinturas e ilustrações. Não significa, porém, que está autorizado o seu utilizador a reproduzir essas criações no formato em que foram concebidas. Assim, não é possível que se copie uma fachada, monumento ou painel por meio da construção de outra fachada, outro monumento ou outro painel.

Essa cópia não seria considerada representação, mas, sim, literal reprodução do original, que não pode ser feita sem autorização. O autor Plínio Cabral explica que "a obra posta permanentemente em logradouro público pode ser representada. Mas não pode ser reproduzida em qualquer escala, notadamente se for para fins comerciais, como quase sempre – e abusivamente – acontece". (CABRAL, 2000, p. 98)

Infelizmente, foi omissa a lei no que se refere à possibilidade ou não de utilização posterior, inclusive com caráter comercial, dessa representação legitimamente feita sobre a obra autoral localizada no logradouro público. Entendem alguns autoralistas que tal uso dependeria de autorização, mediante a consideração de que se a lei só autorizou a representação, é porque não autoriza o seu subsequente aproveitamento.

Esse não parece ser, todavia, o melhor entendimento. Se a lei permitiu a representação de obras colocadas em espaços públicos, que sentido teria tal registro ou fixação se não pudesse ser posteriormente utilizado? No que pertine ao uso pessoal, esse é indiscutível. Pode-se representar uma obra para guardar como lembrança. Já quanto ao uso comercial, polêmico por causa de sua finalidade lucrativa, fica ainda a indefinição.

Esboça-se, aqui, a opinião de que seria possível o uso da representação de tais obras mesmo visando o lucro, haja vista que se as mesmas foram dispostas para apreciação pública, é porque seus autores as integraram ao patrimônio da própria sociedade, que pode fazer livre uso de seus bens, desde que os respeite em sua essência. De qualquer maneira, como não se tem consenso a esse respeito, mais uma vez a prudência aconselha que se procure sempre a devida autorização do autor para essas utilizações comerciais.

Quadro Esquemático – Capítulo 5

Limites ao Direito de Autor (exceções legais):

- Direito à Informação
- Retratos sob encomenda
- Adaptação para deficientes visuais
- Reprodução para uso particular (pequenos trechos)
- Citação
- Anotação para fins de estudo
- Demonstração à clientela
- Recesso familiar ou fins educativos (apenas teatro e música)
- Uso judicial
- Utilização de trechos em obras novas (regra dos 3 passos)
- Paráfrases e paródias
- Obras em logradouros públicos (livre representação e não a cópia)

CAPÍTULO 6

DIREITOS CONEXOS AOS DE AUTOR

"A arte é a ideia da obra, a ideia que existe sem matéria."
Aristóteles

6.1 Conceito

Muitos processos de criação artística dependem, para a sua concreção, da participação de outras pessoas, que não o autor. De fato, destaca-se a figura do artista intérprete ou executante como o responsável pela expressão artística da obra idealizada. Trata-se de importantes personagens que atuam para dar vida à obra, para revelar-lhe o caráter de movimento, a partir de gestos e sons repletos de expressão corporal e facial.

Com efeito, os cantores, os atores, os músicos instrumentistas e os bailarinos não são autores, na medida em que baseiam seu trabalho em uma obra artística pré-concebida, mas, por sua vez, possuem participação essencial à própria configuração da obra, já que são os responsáveis pela animação da mesma, ou seja, pela sua expressão estética e artística. Sem eles, a música, o teatro, a dança, os espetáculos circenses e tantas outras manifestações culturais nada seriam além de um conjunto de informações escritas em papel ou outra forma de registro inerte.

Tal categoria possui o chamado Direito Conexo, previsto pela Lei Autoral nos artigos 89 a 100. Trata-se, segundo a própria definição legal, do conjunto de direitos dos artistas intérpretes, executantes, produtores fonográficos e empresas de radiodifusão (art. 89). Como se vê, a LDA reconheceu expressamente os direitos da classe artística, relacionando-a diretamente com a dos autores, vez que os trabalhos de ambos se complementam na realização das obras estéticas dotadas de expressão e movimento.

A palavra "conexo" sugere a ideia de conexão, ou seja, de afinidade, ligação, co-relação entre dois elementos. Assim, os Direitos Conexos estariam diretamente conectados aos Direitos Autorais, sendo-lhes extensão ou complemento. Sua principal função é a de garantir, sempre que cabível, aos chamados titulares de direitos conexos, todas as prerrogativas conferidas aos autores.

A esse respeito, explica Bruno Jorge Hammes (2002) que, inicialmente, os artistas conseguiam assegurar, apenas contratualmente, seus direitos com os organizadores dos espetáculos. O advento da tecnologia, porém, mediante a ampla possibilidade de registrar os espetáculos e reproduzi-los posteriormente, teria os obrigado a lutarem por uma forma de proteção de seu trabalho:

> Desde que se tornou possível fixar as apresentações dos artistas em som e imagem e transmitir mediantes recursos técnicos a locais distintos do lugar de apresentação, especialmente por radiodifusão, tornou-se evidente que os artistas precisavam de uma proteção jurídica que lhes assegurasse o respeito aos interesses morais e patrimoniais, aptos a impedir que suas apresentações fossem reproduzidas sem a devida autorização e remuneração. (HAMMES, 2002, p. 229)

Na esfera internacional, os Direitos Conexos, além de previstos pela Convenção de Berna, também foram objetos de uma conferência própria, que resultou, em 1964, na chamada Convenção de Roma para a Proteção dos Artistas Intérpretes ou Executantes, dos Produtores de Fonogramas e dos Organismos de Radiodifusão. Dentre outras assertivas, tal convenção garantiu aos artistas executantes e intérpretes o direito de serem tratados, dentro de todos os países signatários, como se fossem nacionais.

Interessante notar que a orientação internacional é no sentido de estender a proteção concedida aos artistas intérpretes e executantes também aos produtores fonográficos e às empresas de radiodifusão. Segundo a autora Eliane Abrão (2002), tal equiparação de direitos decorre das próprias leis internacionais, não havendo explicação de natureza jurídica, nem evolução histórica nesse sentido. Teria sido apenas a vontade do legislador internacional.

Na busca hermenêutica dessa intenção do legislador, acredita-se que a única justificativa plausível para a inclusão dessas duas outras categorias na titularidade conexa[1], seria a do destacado papel dos produtores fonográficos e empresas de radiodifusão na propagação das obras artísticas, destinando-se os primeiros a fixá-las e as segundas a reproduzi-las. Como esclarece Eliane Abrão (2002), em qualquer dos casos, fala-se em titularidade e não em autoria.

A própria Convenção de Roma tratou de definir o produtor fonográfico como a pessoa física ou jurídica que, pela primeira vez, fixa os sons de uma execução ou outros sons. Já a radiodifusão, segundo a lei internacional, é toda e qualquer difusão de sons ou de imagens e sons, por meio de ondas radioelétricas destinadas à recepção pelo público. Nota-se, portanto, a necessidade sentida pelo legislador internacional em proteger as execuções públicas realizadas pelas emissoras de rádio e televisão.

Tais orientações foram acatadas pelo legislador brasileiro, que incluiu na LDA dispositivos específicos para cuidar dos direitos de cada uma dessas categorias. Conforme já esboçado, trata-se de prerrogativas temporárias, sempre limitadas a 70 anos de proteção, contados do dia primeiro de janeiro do ano seguinte ao da

---

[1] Em verdade, com todo o respeito que merecem os produtores fonográficos e empresas de radiodifusão, parece tratar-se muito mais de um *lobby* da categoria do que de uma conquista fundamentada na igualdade jurídica de direitos. Com efeito, a grande movimentação de valores decorrente da execução musical bem explicaria a necessidade verificada por esses organismos de se resguardarem também sob a perspectiva autoral.

primeira fixação, para os fonogramas, ou da primeira transmissão, para as empresas de radiodifusão. Com relação aos artistas intérpretes, o prazo acima estipulado conta-se da primeira representação pública realizada (art. 96 da LDA).

6.2 Os artistas intérpretes ou executantes

Os artistas intérpretes ou executantes foram definidos pela Convenção de Roma como os atores, cantores, músicos, dançarinos e outras pessoas que representem, cantem, recitem, declamem, interpretem ou executem, por qualquer forma, obras literárias ou artísticas (art. 2º).

Afirma Eliane Abrão que, "na dificuldade de conceituar as obras dos intérpretes, os especialistas internacionais os situaram na categoria de titulares de direitos conexos, lado a lado com a indústria responsável pela fixação e divulgação de suas interpretações" (ABRÃO, 2002, p. 73).

Na opinião da autora, todavia, essa classificação seria imprópria, vez que, contrariamente aos demais titulares conexos, os artistas intérpretes podem ser considerados verdadeiros autores de suas interpretações e execuções, em nada se diferenciando, por exemplo, dos arranjadores de obra musical, dos tradutores ou dos adaptadores, a quem a lei confere os direitos de autor. Como explica Abrão:

> Não é o caso dos produtores de fonogramas e organismos de radiodifusão, que majoritariamente não são pessoas físicas. Ademais, exercem atividades completamente diferentes da dos artistas, dos quais dependem para a produção e divulgação de suas obras, muito embora também contribuam com aspectos criativos na produção dos suportes. (ABRÃO, 2002, p. 73)

Com efeito, trata-se de categorias distintas de titulares conexos. Esse direito certamente foi reconhecido originariamente para proteger o artista intérprete ou executante, vez que é ele quem dá à obra algo de si, decorrente de seu talento artístico, e, portanto, de sua própria personalidade. Como aduz Bruno Jorge

Hammes, "não é de estranhar que os artistas, conscientes desse fato, se julguem merecedores de um direito sobre o seu desempenho e o reclamem para si." (HAMMES, 2002, p. 228)

No Direito pátrio, as prerrogativas conferidas aos artistas intérpretes ou executantes foram reguladas nos artigos 90 a 92 da LDA. Tem, assim, o artista intérprete ou executante, o direito exclusivo de autorizar ou proibir o uso de suas interpretações, a título oneroso ou gratuito. Pode ele autorizar ou proibir tanto a fixação quanto a reprodução, radiodifusão ou qualquer outra modalidade de utilização de suas interpretações ou execuções.

A própria LDA garante que a proteção aos artistas intérpretes ou executantes estende-se à reprodução de suas vozes e imagens, quando associadas às suas atuações (art. 90, § 2º). Na prática, o que se observa é que o Direito Conexo acaba sendo uma espécie de garantia específica do direito à imagem e à voz, já constitucionalmente e civilmente protegidos. Na LDA, porém, tais prerrogativas estão vinculadas ao exercício artístico e profissional do uso desses direitos da personalidade.

Outrossim, além de possuírem as garantias constitucionais de proteção à voz e à imagem como qualquer brasileiro, os artistas, ao exercerem suas interpretações e execuções, possuem sobre essas, um direito de imagem especial, que é o próprio direito conexo ao de autor. Como explica a autora Eliane Abrão, verifica-se aí uma dupla ordem de proteção à imagem: "uma como cidadãos comuns, outra enquanto intérpretes de um papel. Esta última é protegida pelo direito conexo ao de autor; a primeira por um direito de personalidade." (ABRÃO, 2002, p. 24)

Interessante notar que, por meio do § 1º do artigo 90 da LDA, o legislador confere ao diretor do conjunto a responsabilidade sobre o exercício dos direitos conexos sobre interpretações ou execuções das quais participarem vários artistas. Nesse sentido, quando se trata, por exemplo, do elenco de uma peça de teatro, novela, companhia de dança ou dos componentes de uma banda musical, será o diretor artístico do grupo o responsável por autorizar ou proibir as utilizações posteriores das imagens e vozes de seus integrantes.

No caso do falecimento de qualquer participante de obra audiovisual, concluída ou inacabada, não há que se falar em cancelamento ou impedimento de sua exibição ou de seu aproveitamento econômico. Segundo o parágrafo único do artigo 92 da LDA, não se exigirá sequer autorização adicional, sendo a remuneração prevista para o falecido efetuada a favor do espólio ou dos sucessores, nas condições estabelecidas no contrato, conforme a lei civil.

Quanto aos direitos morais, os artistas intérpretes ou executantes também os têm. Determina o artigo 92 da LDA que aos intérpretes cabem os direitos morais de integridade e paternidade de suas interpretações, inclusive depois da cessão dos direitos patrimoniais, sem prejuízo da redução, compactação, edição ou dublagem da obra de que tenham participado, sob a responsabilidade do produtor, que não poderá desfigurar a interpretação do artista.

Como se observa, não obstante a garantia aos seus direitos morais de autoria e integridade, os titulares conexos são obrigados a aceitar que a fixação de suas interpretações sofra reformulações pertinentes à sua própria extensão ou tradução, desde que realizadas por parte daqueles que lhe detêm a titularidade patrimonial. Excepcionalmente, por força de lei, tais alterações não serão consideradas violações ao direito moral de conservar a obra na íntegra.

Assim como no Direito Autoral, também as prerrogativas morais dos artistas sobre suas interpretações ou execuções não têm limitação no tempo. Nesse sentido, como explica Antônio Chaves, "tal como ao autor, também ao artista intérprete e executante, em determinadas circunstâncias, estende-se a proteção do direito moral depois do seu passamento, em uma extensão do amparo ao próprio direito da personalidade." (CHAVES, 1999, p. 294)

Por força de sua organização e fortalecimento enquanto categoria profissional, os artistas brasileiros obtiveram o sancionamento, em 1978, de lei própria e de decreto, para a devida regulamentação profissional. Tal legislação versa basicamente sobre o registro e sindicalização dos profissionais das artes e dos técnicos em espetáculos de diversão, bem como sobre as regras pertinentes aos respectivos contratos e jornadas de trabalho.

No que pertine ao direito conexo, traz a chamada lei dos artistas uma contradição direta à Lei Autoral. Determina o seu artigo 13 que não será permitida a cessão ou promessa de direitos autorais e conexos decorrentes da prestação de serviços profissionais. Tal disposição vai de encontro ao artigo 49 da Lei Autoral, que afirma que os direitos de autor (e, por extensão, os conexos a ele) podem ser total ou parcialmente transferidos a terceiros.

Bruno Jorge Hammes concorda com a proibição de cessão estipulada pela lei dos artistas, citando a seu favor autores como José Oliveira Ascensão e Eduardo Vieira Manso. Para eles, a cessão representa uma liberdade contratual que acaba por se virar contra o próprio titular, já que, muitas vezes, resultam de imposições ditadas pelas empresas contratantes, obrigando os autores e titulares conexos à transmissão irrefletida de direitos, ou em proporções maiores do que as necessárias para a consecução dos interesses comerciais diretos.

Fica a dúvida sobre qual das duas legislações seria aplicável aos artistas, no que pertine à cessão dos direitos sobre suas representações ou execuções. A lei dos artistas é mais específica, mas, por sua vez, a Lei Autoral é mais recente. Assim, confundem-se também os próprios critérios da temporalidade e especificidade, previstos no Código Civil como regras de determinação da prevalência legal. De fato, afirma o § 1° do artigo 2° da lei de Introdução ao Código Civil[2] que a lei posterior revoga a anterior em duas situações: ou quando seja com ela incompatível (critério temporal) ou quando regule inteiramente a matéria de que tratava a lei anterior (critério da especialidade).

De qualquer maneira, na prática, tendo em vista o seu caráter de maior proteção à titularidade conexa dos intérpretes e executantes, têm-se exigido o respeito à proibição de cessão estabelecida pela lei dos artistas. Como o dispositivo não foi expres-

[2] Decreto-lei n. 4.657 de setembro de 1942, que institui a Lei de Introdução ao Código Civil, conhecida pela sigla LICC.

samente revogado pela Lei Autoral, entende-se que continua em vigor, mormente em função de sua especialidade em relação à Lei Autoral.

6.3 Os produtores fonográficos

Os produtores de fonogramas, como os responsáveis pela gravação e distribuição das composições musicais, configuram-se como empresários que auxiliam na divulgação da obra artística. Juntamente como as empresas de radiodifusão, seriam os grandes propagadores da arte, atividade hoje realizada por meio de uma grande e lucrativa indústria cultural. Nas palavras de Ulmer, citadas por Bruno Jorge Hammes:

> Os produtores de fonogramas e as empresas de radiodifusão estão intimamente ligados às apresentações dos artistas e necessitam de proteção contra a reprodução indevida ou retransmissão não autorizada de suas gravações ou transmissões. O direito de concorrência até certo ponto poderia assegurar tal direito, mas lhe falta a necessária certeza. (HAMMES, 2002, p. 229)

Ressalta-se, porém, que essa ligação entre o produtor fonográfico e os autores e artistas não decorre senão de relações patrimoniais estabelecidas como a finalidade de exploração econômica das obras estéticas. Como explica Eliane Abrão, "a titularidade conexa do produtor de fonogramas deriva de suas atividades de comercializador e de distribuidor de fonogramas e não de organizador de obras coletivas". (ABRÃO, 2002, p. 73-74)

A própria Lei Autoral atribui significado às palavras fonograma e produtor. Nesse sentido, segundo o artigo 5º, IX, da LDA, fonograma é toda fixação de sons de uma execução ou interpretação ou de outros sons, ou de uma representação de sons que não seja uma fixação incluída em uma obra audiovisual (as chamadas trilhas sonoras). Já o produtor, foi definido pelo inciso XI do mesmo artigo como a pessoa física ou jurídica que toma a iniciativa e tem a responsabilidade econômica da primeira fixação do fonograma ou da obra audiovisual, qualquer que seja a natureza do suporte utilizado.

A Convenção de Roma, por sua vez, enquanto instrumento internacional de regulação dos direitos conexos, definiu como publicação o ato de colocar à disposição do público exemplares de um fonograma, em quantidade suficiente. O referido pacto internacional ainda conceitua como sendo reprodução a realização da cópia ou de várias cópias de uma determinada fixação.

A grande prerrogativa do produtor fonográfico, enquanto titular conexo, é o direito exclusivo, expresso no artigo 93 da LDA, de autorizar ou proibir, a título oneroso ou gratuito, a reprodução dos fonogramas por si produzidos, bem como a sua execução pública e distribuição por meio da venda ou locação. A lei ainda garante aos produtores fonográficos a exclusividade sobre quaisquer outras modalidades de utilização, existentes ou que venham a ser inventadas.

Segundo o artigo 94 da Lei Autoral, cabe, ainda, ao produtor fonográfico, perceber dos administradores dos chamados locais de frequência coletiva[3] (art. 68, § 2º, da LDA) os proventos pecuniários resultantes da execução pública dos fonogramas, repartindo-os com os artistas, na forma convencionada entre eles ou suas associações.

Por fim, conforme disposto no artigo 12 da Convenção de Roma, quando um fonograma publicado com fins comerciais ou uma reprodução desse fonograma forem utilizados diretamente pela radiodifusão ou para qualquer comunicação ao público, o utilizador pagará uma remuneração equitativa e única aos artistas intérpretes executantes ou aos produtores de fonogramas ou, ainda, aos dois. No sistema brasileiro, optou-se por recompensar tanto o artista quanto o produtor fonográfico, em proporção idêntica, como será melhor apresentado no próximo capítulo.

---

[3] Segundo o § 3º do artigo 68 da Lei n. 9.610/98, consideram-se locais de frequência coletiva os teatros, cinemas, salões de baile ou concertos, boates, bares, clubes ou associações de qualquer natureza, lojas, estabelecimentos comerciais e industriais, estádios, circos, feiras, restaurantes, hotéis, motéis, clínicas, hospitais, órgãos públicos da administração direta ou indireta, fundacionais e estatais, meios de transporte de passageiros terrestre, marítimo, fluvial ou aéreo, ou onde quer que se representem, executem ou transmitam obras literárias, artísticas ou científicas.

6.4 As empresas de radiodifusão

Em sua concepção legal[4], a radiodifusão foi definida pela LDA como sendo a transmissão sem fio, inclusive por satélites, de sons ou ainda da conjugação entre sons e imagens, bem como a transmissão de suas representações, para fins da recepção pelo público. O conceito abrange ainda a transmissão de sinais codificados, quando os meios de decodificação sejam oferecidos ao público pelo organismo de radiodifusão ou pelo menos mediante o seu consentimento.

Trata-se, aqui, dos direitos sobre as transmissões das emissoras de rádio e TV. Tais empresas são, portanto, titulares de direitos conexos sobre a veiculação de sua programação. Sob essa perspectiva, podem autorizar ou proibir inclusive a retransmissão, entendida esta última, segundo a Convenção de Roma, como a emissão simultânea sobre a emissão de um organismo de radiodifusão, efetuada por outro organismo de radiodifusão.

Importante ressaltar que, para além da titularidade conexa, essas emissoras, no que pertine à criação de novelas, noticiários e demais programas exclusivos, são consideradas verdadeiras autoras, vez enquanto produtoras executivas de tal programação, detém os direitos patrimoniais sobre a mesma. A esse respeito, bem resume essa dupla titularidade a autora Eliane Abrão:

> As empresas de radiodifusão, no entanto, são titulares tanto autorais de seus programas, obras audiovisuais coletivas, em cuja produção se comprometem como qualquer outro produtor, como titulares de direitos conexos de suas emissões e/ou transmissões, entendidas como a difusão de sons, ou de sons e imagens. (ABRÃO, 2002, p. 74)

---

[4] A respeito do conceito de radiodifusão, *vide* também a Lei n. 6.615, de 16 de dezembro de 1978, que dispõe sobre a regulamentação da profissão de Radialista e dá outras providências. Tal lei considera como empresa de radiodifusão aquela que explora serviços de transmissão de programas e mensagens, destinada a ser recebida livre e gratuitamente pelo público em geral, compreendendo a radiodifusão sonora (rádio) e radiodifusão de sons e imagens (televisão).

Com efeito, no que pertine à sua titularidade conexa, as emissoras de rádio e TV possuem, em conformidade com o artigo 95 da Lei Autoral, o direito exclusivo de autorizar ou proibir a retransmissão, fixação e reprodução de suas emissões, bem como a comunicação das mesmas ao público, pela televisão, em locais de frequência coletiva.

Obviamente, tais prerrogativas não obstam à observância do necessário respeito, por parte dessas emissoras, aos direitos dos titulares de bens intelectuais incluídos na programação. Assim sendo, cada parte envolvida recebe a proteção por sua participação na distribuição da obra autoral. Às empresas de radiodifusão cabe a exclusividade apenas sobre suas transmissões.

Nesse sentido, toda e qualquer retransmissão pública da programação de rádio e TV fica condicionada à autorização das respectivas empresas. A disposição legal respeita ao princípio geral da independência de usos da obra autoral, havendo necessidade de autorização e de remuneração específica, a critério dos titulares, para cada uso dado à criação artística original.

Podem ser citados, como exemplos desse tipo de reutilização, a transmissão de jogos esportivos em bares, bem como a exibição de filmes em salas de cinema. Nesse último caso, inclusive, entendem os autores musicais, que os direitos autorais sobre as trilhas sonoras devem ser cobrados em separado, vez que as músicas são criações em si mesmas, independentemente de sua inclusão em obra audiovisual.

Sobre a relação das rádios e TVs com os artistas intérpretes, o artigo 91 da LDA permite a fixação de sons e imagens para múltiplas execuções ou exibições. Determina o mencionado dispositivo que as empresas de radiodifusão poderão realizar fixações de interpretação ou execução de artistas que as tenham permitido para utilização em determinado número de emissões, facultada sua conservação em arquivo público.

Trata-se aqui de dizer que as emissoras de radiodifusão podem gravar diretamente as representações ou execuções de teatro, dança e música com a finalidade de posteriormente as reproduzir por determinado número de vezes, desde que devidamente autorizadas pelos artistas.

Como bem determina o parágrafo único desse mesmo artigo, a reutilização subsequente dessas fixações, tanto no país quanto no exterior, somente será lícita mediante autorização escrita dos titulares de bens intelectuais incluídos no respectivo programa. Assim sendo, sobre cada nova utilização, será devida aos titulares uma remuneração adicional, sob pena de se incorrer em crime de contrafação[5]:

> A captação dessas emissões por outras emissoras, legalizada ou não, mas sem autorização da emissora de origem, configura contrafação – é um ato de pirataria. Deve ser feita com o prévio e expresso consentimento da titular dos direitos conexos, exceção feita à regra do inciso VIII do artigo 46. (ABRÃO, 2002, p. 74)

Observa-se, conclusivamente, que para transmitir obras executadas ao vivo, os organismos de radiodifusão precisarão da autorização tanto de seus autores quanto dos artistas intérpretes e executantes. Já para transmitir fonogramas, deverão ter também a autorização dos produtores fonográficos. Por sua vez, as referidas rádios e TVs possuirão direitos exclusivos sobre as transmissões autorizadas que realizarem, sendo as únicas titulares sobre os direitos de retransmissão de suas programações.

---

5 Segundo o artigo 5º, VII, da Lei n. 9.610 de 1998. Contrafação é a reprodução não-autorizada da obra autoral. Trata-se de violação aos direitos de autor e crime, como será estudado no próximo capítulo.

QUADRO ESQUEMÁTICO – CAPÍTULO 6

- Direitos Conexos (Convenção de Roma 1964)
  - Artistas Intérpretes ou executantes
    - Direito de proibir fixação das representações
    - Proteção à imagem e à voz
    - Lei dos artistas – Lei 6.533/78 (garantias trabalhistas)
  - Produtores Fonográficos
    - detentores dos direitos patrimoniais sobre o fonograma (fixação de sons)
  - Empresas de Radiodifusão
    - Direito sobre transmissões de rádio e TV
    - São autoras de suas programações

CAPÍTULO 7

A TUTELA DOS DIREITOS AUTORAIS

"A literatura e a arte são frutos da atividade intelectual humana. Dando proteção aos autores, o país promove e aumenta seu patrimônio cultural."
Bruno Jorge Hammes

Com assustadora rapidez e precisão, a tecnologia tem ampliado cada vez mais as possibilidades de transmissão, execução, exibição e reprodução das obras autorais. Máquinas modernas e de uso residencial fazem, hoje, rapidamente, gravações e cópias de textos, de sons, de imagens, de fotografias, de músicas e de obras audiovisuais.

Infelizmente, porém, o desenvolvimento da tecnologia não obedeceu aos padrões éticos e legais de conduta esperados dos cidadãos e das instituições. Não há qualquer controle sobre o uso das máquinas, e nem sobre a distribuição das obras que elas produzem. Também não há domínio sobre a circulação de diversos bens intelectuais na rede mundial de computadores (conhecida simplesmente como Internet).

Diante dessa realidade, acuado e desrespeitado em sua prerrogativa de exclusividade sobre a obra artística, o autor teve que lançar mão de todos os recursos jurídicos disponíveis para a defesa de seus direitos. Assim, começou a estabelecer contratos e, mais recentemente, descobriu o recurso da arbitragem. Também buscou no Poder Judiciário a solução dos impasses. Hoje, não só a legislação, mas também a jurisprudência ajudam a sustentar a razão dos autores nas diversas demandas.

Ainda sim, não era o suficiente. Com efeito, parecia humanamente impossível aos autores realizarem sozinhos a gestão de seus direitos. Não podiam estar em todos os lugares para fiscalizar as diversas utilizações de suas obras, nem tampouco tinha meios de divulgar individualmente a sua autoria, exigindo-lhe o devido respeito. Só por meio da associação a outros autores é que se poderia criar um movimento com a força social necessária para manutenção dos direitos.

Esse desafio parece estar sendo vencido pela implantação, gradativa, das associações de gestão coletiva. Outros problemas, porém, continuam tirando o sossego dos autores. Nesse sentido, pelo menos no que se refere aos direitos autorais, o verbo "tutelar" parece ser a arte constante de resistir aos arroubos da tecnologia, refrear a ganância dos usurpadores, ganhar o reconhecimento do Poder Público e dominar a inteligência de suas próprias leis.

7.1 Violações ao Direito de Autor

Muitas são as formas de violação ao Direito de Autor. As mais famosas são aquelas conhecidas pelos nomes de pirataria, contração, reprografia e plágio. Cada uma delas tem especificidades ditadas pela lei, pela doutrina e pela própria jurisprudência.

Toda vez, porém, que uma obra autoral é utilizada sem a autorização do titular – salvo as exceções do artigo 46 – estará se incorrendo em violação ao Direito de Autor. Para isso não importa se a finalidade do uso é lucrativa ou não. O fim comercial apenas agrava o desrespeito aos direitos patrimoniais de autor.

Além disso, toda vez que se omite ou usurpa a autoria de uma obra, lesa-se a moralidade do autor. Igualmente, quando se modifica o seu conteúdo, rouba-se-lhe o direito de integridade. Quem perde em primeiro lugar é sempre o autor. Depois, as empresas que vivem da exploração da arte. Por fim, a própria sociedade, a qual, mediante o desrespeito à sua produção intelectual, tornar-se vítima da incultura.

7.1.1 A pirataria autoral

A pirataria, conforme definição do próprio Dicionário Aurélio da Língua Portuguesa (2004), pode ser concebida como o ato de copiar obra, sem autorização do autor ou sem respeito aos direitos de autoria e cópia, para fins de comercialização ilegal ou para uso pessoal.

Segundo Bruno Jorge Hammes, a OMPI, em seu glossário sobre direitos autorais e conexos, define a pirataria nas esferas do Direito de Autor e dos Direitos Conexos como a "reprodução de obras publicadas ou fonogramas por qualquer meio adequado visando a distribuição ao público e uma reemissão de uma radiodifusão de uma pessoa sem a correspondente autorização". (HAMMES, 2002, p. 203)

Mais clara definição apresenta o autor Henrique Gandelman. Segundo ele, na era do videocassete, é falsa a conclusão de que qualquer cidadão é um produtor cinematográfico, que pode captar e explorar imagens sem qualquer tipo de autorização dos titulares originais. Trata-se, tal comportamento, de ato de pirataria, conforme sua definição:

> Chama-se vulgarmente de pirataria à atividade de copiar ou reproduzir, bem como utilizar indevidamente – isto é, sem a expressa autorização dos respectivos titulares – livros ou outros impressos em geral, gravações de sons e/ou imagens, software de computadores, ou ainda, qualquer outro suporte físico que contenha obras intelectuais legalmente protegidas. (GANDELMAN, 2001, p. 86)

São muitos os motivos que parecem favorecer a prática da pirataria. Sob o ponto de vista jurídico, falta fiscalização e repressão por parte dos agentes públicos. Falta também iniciativa dos autores, no sentido de promoverem as respectivas ações judiciais, que não só punam os responsáveis, mas também sirvam de exemplo para desencorajar novas violações. Por fim, à própria legislação falta eficácia no sentido de coibir a pirataria, seja por causa da brandura das sanções previstas, seja por causa da ausência de regulamentação específica sobre as novas tecnologias.

Contudo, o problema não é apenas jurídico. Fatores sociais também corroboram a ocorrência da pirataria. A pobreza e o subdesenvolvimento impedem a formação de uma consciência cidadã e de uma cultura de respeito à propriedade imaterial. Os altos índices de criminalidade e impunidade, decorrentes da falta de educação e de condições sociais de sobrevivência, também tornam a prática da pirataria um crime de menor potencial ofensivo, considerado leve perto de tantas atrocidades registradas todos os dias.

Por fim, sob o ponto de vista econômico, as perspectivas também não são as melhores. A indústria cultural formal tem dificuldades em se estabelecer, tendo em vista a alta carga tributária do país. O resultado é a baixa competitividade dos produtos legítimos, que chegam muito caros ao consumidor final, estimulando-o a recorrer à pirataria. Muitas matérias-primas básicas são importadas, como o papel, o que encarece o processo e desestimula a concorrência externa. Embora represente bilhões de reais do PIB brasileiro[1], infelizmente a cultura não é prioridade no país.

Tendo em vista essa dura realidade política, social e econômica, calcula-se que os prejuízos sejam enormes. Segundo dados da Associação Brasileira de Propriedade Intelectual (ABPI)[2], cerca

---

1 Os dados mais recentes quanto ao PIB da cultura (valor adicionado à economia pelas atividades específicas da área cultural) infelizmente datam de 1994. Segundo informações da Fundação João Pinheiro, divulgadas pelo Ministério da Cultura, o conjunto das atividades da área representava, naquele ano, 0,8% da economia brasileira. Esse valor corresponderia, nos termos do PIB brasileiro de 1997, a uma quantia monetária equivalente a cerca de 6,5 bilhões de reais. Disponível em: <http://www.cultura.gov.br/politicas/dados_da_cultura/economia_da_cultura/ index.php?p=10159&more=1&c=1&pb=1>. Acesso em: 14 set. 2006.

2 Esses dados foram disponibilizados pela Agência Brasil, órgão oficial de comunicação do governo pertencente ao sistema da Radiobrás, em reportagem de Irene Lôbo, do dia 28 de agosto de 2006. Disponí-

de 1,5 milhão de postos de trabalho são perdidos todos os anos no Brasil em razão da pirataria. A ABPI estima que aproximadamente R$ 30 bilhões deixam de ser arrecadados em impostos por causa da entrada ilegal de produtos no país.

Na opinião de Henrique Gandelman, o uso privado não representa pirataria:

> Não se considera, no entanto, pirata – de acordo com a legislação vigente – a cópia única, realizada em casa, para uso exclusivamente pessoal (LDA/73, art 49, II). Se esta cópia, porém, sair de casa para ser reproduzida, alugada, trocada, exibida publicamente, ou de qualquer outra forma utilizada sem a expressa autorização dos respectivos titulares, aí sim, ela se torna pirata. (GANDELMAN, 2001, p. 86)

A partir desse entendimento, só seria pirataria o uso público de obras artísticas não-autorizadas. Quanto às músicas, vídeos, programas de computador e demais obras copiadas apenas para uso individual e privado, não seriam consideradas violações aos direitos de autor. Não, há, porém, nenhum dispositivo legal que permita tal entendimento. Ao contrário, a prática da cópia privada causa também grandes prejuízos ao país. Trata-se de violação bastante séria, tendo em vista sua recorrência em áreas estratégicas da cultura e da economia brasileiras.

No que pertine aos programas de computador, por exemplo, a ABPI estima que 64% dos *softwares* usados no país não possuam licenças. Segundo a associação, a consequência disso é que, em quatro anos, o mercado de tecnologia movimenta cerca de 11 bilhões de reais a menos do que deveria se os programas fosse devidamente autorizados por seus titulares[3].

O próprio Poder Público mostra-se preocupado com a questão. Em 2004, foi criado pelo Executivo, por meio do Decreto Federal n. 5.244, o Conselho Nacional de Combate à Pirataria e Delitos contra a Propriedade Intelectual (CNCP). Trata-se de um órgão colegiado consultivo, integrante da estrutura básica do

---

vel em: <http://www.agenciabrasil.gov.br/noticias/2006/08/28/materia.2006-0828.9231914169/view>. Acesso em: 14 set. 2006.

3 Dados fornecidos pela mesma reportagem supracitada.

Ministério da Justiça, que tem por finalidade elaborar as diretrizes para a implantação do plano nacional para o combate à pirataria, à sonegação fiscal dela decorrente e aos delitos contra a propriedade intelectual.

Assim, o chamado Plano Nacional de Combate à Pirataria (PNCP) foi criado no ano de 2005, a partir de reuniões de planejamento estratégico do Conselho. São, ao todo, 99 diretrizes de ações de curto, médio e longo prazo, divididas de acordo com suas finalidades educativas, repressivas, econômicas e/ou institucional-legislativas. A aplicação do plano tem resultado em ações policiais sobre fronteiras e pontos de vendas, além de campanhas educativas[4], seminários, redução de carga tributária sobre produtos de informática[5], programas de capacitação de agentes públicos, dentre outras medidas[6].

7.1.2 A contrafação

Segundo a Lei Autoral, contrafação é a reprodução não-autorizada (art. 5º, VII). Para grande parte dos autores, tratar-se-ia de sinônimo de pirataria. Com efeito, ambos configuram-se como o uso de obra intelectual sem a devida autorização de seus titulares. Mediante análise, porém, das definições legais, percebe-se que a contrafação é mais abrangente do que a pirataria.

Segundo o parágrafo único do artigo 1º do Decreto Federal n. 5.244 (que criou o CNCP), entende-se por pirataria a violação aos direitos autorais de que tratam as Leis n. 9.609 (*softwares*) e n. 9.610 (direitos autorais). Assim sendo, percebe-se que a pirataria

---

[4] A campanha "Pirata: tô Fora!" é uma delas. Mais informações em: <http:\\ www.piratatofora.com.br>.

[5] *Vide* Lei n. 11.196 de 2005, que institui, dentre outros, o Regime Especial de Tributação para a Plataforma de Exportação de Serviços de Tecnologia da Informação – REPES, além do Programa de Inclusão Digital.

[6] Os dados completos sobre a atuação do CNCP encontram-se disponíveis no relatório online da Comissão: <http://www.mj.gov.br/combatepirataria/servicos/documentos/ii_relatorio_de_atividades.pdf>. Acesso em: 15 set. 2006.

é prática ilegal propriamente cometida contra obras artísticas e literárias.

Já o Acordo TRIP's, que trata da proteção intelectual relacionada ao comércio, ratificado no Brasil por meio do Decreto n. 1.355/94, estabelece em seu artigo 61 que seus membros proverão a aplicação de procedimentos penais nos casos de contrafação voluntária de marcas e pirataria em escala comercial. Aqui, percebe-se que a contrafação refere-se não só ao Direito de Autor, mas também à Propriedade Industrial.

Assim sendo, marcas também podem ser contrafeitas, ou seja, podem ser utilizadas sem autorização de seus titulares. Na verdade, a contrafação é o termo apropriado para indicar esse tipo de prática contra toda e qualquer obra de propriedade intelectual. Trata-se de um termo mais genérico que a pirataria, empregado, assim como essa última, tanto contra as violações de caráter comercial quanto contra as cópias de uso privado. No caso da Propriedade Industrial, inclusive, a reprodução não-autorizada pode resultar em crime de concorrência desleal.

Quem pratica ato de reprodução não-autorizada é conhecido como contrafator. Pode ser tanto quem copia quanto quem utiliza, vende, expõe à venda, oculta, adquire, distribui ou aluga obras contrafeitas. Resumindo, é aquele que sustenta a ilegalidade na circulação e uso da obra autoral. Estará sujeito as sanções tanto administrativas quanto cíveis e penais, como se verá adiante.

Dentre as práticas consideradas como contrafação, a do aluguel incita outro debate. Isso porque nem sempre os autores são consultados sobre a disponibilidade ou não da obra para esse fim e obviamente cabe somente a eles ou aos titulares de direitos patrimonais autorizar ou não a locação de suas obras, enquanto transmissão de direito específico, diferente da cessão para uso individual.

Com efeito, segundo o artigo 11 do Acordo TRIP's, deverá ser conferido aos autores e a seus sucessores legais, o direito de autorizar ou proibir o aluguel público comercial dos originais ou das cópias de suas obras protegidas pelo direito do autor, pelo menos no que diz respeito a programas de computador e obras cinematográficas.

Além disso, a locação dá ao locatário a posse temporária sobre o bem intelectual protegido, possibilitando a cópia caseira de maneira simples e absolutamente impunível. Por esse motivo, há quem considere o locador como contrafator presumido, vez que favorece essa prática ilegal. Também há quem defenda o fim do aluguel de obras intelectuais artísticas, tais como compact disc's (CDs) de músicas e videofonogramas. De fato, se a sociedade não é capaz de controlar esse tipo de circulação, talvez devesse proibi-la.

7.1.3 O plágio

Valério De Sanctis, citado por Bruno Jorge Hammes (2002, p. 202) define o plágio como a "reprodução parcial e levemente disfarçada dos elementos criativos de uma obra alheia, acompanhada de usurpação de paternidade".

A ideia do plágio não é nova. Já na antiguidade romana, os chamados plagiários eram verdadeiros assaltantes, que roubavam dos viajantes os bens artísticos que esses levavam consigo, tais como pinturas, poemas e letras de músicas, para mais tarde apresentarem-se como autores dessas obras, propondo sua venda. Seu comportamento era abominado pela sociedade.

Com efeito, contemporaneamente, pode-se considerar como plágio a apropriação da autoria sobre obra intelectual alheia, tomada não só em sua patrimonialidade, mas também atingida no que tem de mais sagrado, que é o vínculo moral estabelecido junto ao seu legítimo autor.

Quem usa trechos de obras de outrem sem lhes atribuir a devida autoria estará cometendo plágio. Inclusive não é necessário que se trate de uma reprodução fiel, bastando a apropriação dos elementos criativos. Busca-se definir, por essa expressão, o conjunto de características que tornam uma obra original, passando pela sua linguagem, construção estética e estilo próprio do autor.

Assim, a obra plagiadora sempre remete seu interlocutor à obra plagiada. Observa-se, entre ambas, algum tipo de identidade, que tanto pode ser na linguagem quanto em qualquer elemento da forma estética. Falta ao autor plagiador, a necessária criatividade – e também a ética – para idealizar obra de estilo próprio, independente e única em seu formato, em sua significação e articulação.

Na opinião de Antônio Chaves (1987), o plágio pode assumir várias feições. Explica o jurista que a criação maculada por essa ilegalidade pode variar "desde uma cópia grosseira até aquela maneira safada, onde o contrafator maquia a obra de outro para, disfarçadamente, apresentá-la como sua, enganando o editor, o livreiro, o leitor e a própria sociedade". (CABRAL, 2003, p. 20)

O que diferencia legalmente o exercício da criatividade entre os autores é a sua forma de expressão estética. Fala-se, aqui, sobre cada modo único e subjetivo que eles têm de se comunicar com o mundo, pelas diversas vias da linguagem artística universal. Querer copiar esse padrão de comportamento humano, cultural e profissional de um autor é o mesmo que querer roubar-lhe a identidade, mediante a imitação de sua personalidade. Por ofender profundamente os seus direitos morais, o plágio pode ser compreendido como ato mais lesivo ao autor do que a própria pirataria:

> O plágio é uma das formas de pirataria e é delito mais sério que esta. O plagiário não só utiliza a parte original da obra, mas a atribui a si. Plagiar é publicar, difundir ou comunicar de qualquer outra forma ao público uma obra intelectual alheia ou elementos dela em uma própria sem mencionar a fonte. (HAMMES, 2002, p. 202)

É imprescindível, assim, o resguardo da autoria nas citações e utilizações de obras alheias. Trata-se não só de respeito aos direitos morais do autor citado, mas também da garantia de originalidade da nova obra a ser criada. A identificação deve ser feita individualmente e o uso precisa ser restrito ao estritamente necessário. Quanto à essência da nova obra, essa fica por conta da criatividade, do estilo e da personalidade do autor, não devendo resultar senão de sua própria expressão artística.

7.1.4 A reprografia

Segundo Aurélio Buarque de Holanda, reprografia é o "conjunto dos processos de reprodução que, em vez de recorrerem aos métodos tradicionais de imprimir, recorrem às técnicas de fotocópias, eletrocópia, termocópia, microfilmagem, heliografia, xerografia, etc." (HOLANDA, 2004, p. 1739)

Trata-se da prática de realizar cópias idênticas, feitas por meio de máquinas capazes de reproduzir fielmente imagens e textos. Incluem-se, entre essas máquinas, as xerográficas, além dos aparelhos de fac-símile e os scanners[7]. Instrumentos de precisão e excelência no trabalho de copiagem, tais máquinas têm representado, todavia, os principais meios mecânicos de reprodução fraudulenta.

A reprografia, enquanto técnica em si mesma, não é prática ilegal. Pode ser bem utilizada, para a cópia individual de documentos e imagens destinados apenas à memória e registro legal. O que ocorre, porém, é que o método tem sido largamente empregado para reproduzir livros inteiros, bem como apostilas e outras obras impressas protegidas pelo Direito de Autor.

Nesses casos, trata-se de uma vertente da pirataria voltada especificamente para o mercado editorial. A chamada reprografia autoral popularizou-se exatamente como a prática das cópias xerográficas sem qualquer espécie de autorização, que violam não só os direitos dos autores dos livros, mas também dos editores ou outros titulares de direitos patrimonais.

Segundo estimativa da Associação Brasileira de Direitos Reprográficos (ABDR)[8], a reprografia autoral hoje se dá em 90% do setor de livros científicos técnicos e profissionais, o que significa que para cada 1 real faturado, outro 1 real será pirateado. O resultado é o decréscimo das vendas de livros em um país onde o número de universidades e o de matrículas em cursos superiores multiplicou-se, nos últimos anos.

---

7 As máquinas xerográficas são as responsáveis pela cópia de documentos impressos. Já os aparelhos de fac-símile fazem a transmissão de documentos via rede telefônica. Por fim, os scanners são máquinas capazes de ler e copiar imagens, que são transferidas para o computador.

8 Informações disponíveis em: <http://www.snel.org.br/noticias/jornal36_2.htm>. Acesso em: 15 set. 2006. Mais informações em: <http://www.abdr.org.br>.

Quanto à reprodução para fins comerciais, não há dúvida, portanto, que se trata de prática ilegal, abominável dentro da cultura autoralista. Já quanto às cópias individuais e privadas, existe polêmica, vez que pretensamente se justificariam pela necessidade de acesso à educação. Cabe ressaltar, todavia, que a lei não autoriza, mesmo nesses casos, a reprodução de obras inteiras, mas, sim, apenas de pequenos trechos das mesmas. Assim, por enquanto, a prática é considerada ilegal.

Existe, todavia, movimento social para flexibilizar o direito autoral sobre livros voltados para a educação. Tramita, desde 2003, no Congresso Nacional, projeto de lei[9] que visa acrescentar, como limite ao Direito de Autor, a possibilidade de reprodução integral de obra intelectual de qualquer gênero, desde que seja para a inclusão em livro didático destinado à educação regular.

Nota-se que, caso tal projeto venha a ser aprovado, estaria obrigando os autores a permitir a republicação de suas obras em outros livros, de caráter didático. A única justificativa para tal imposição seria o fornecimento dessas obras aos estudantes de maneira gratuita pelo governo. Mesmo ante a nobreza dos fins, resta claro que os autores, mediante renúncia obrigatória aos seus direitos patrimoniais, estariam financiando a educação no país. Resta saber se isso é justo e se qualquer outra categoria profissional, em situação semelhante, abriria mão da remuneração que muitas vezes lhe garante a própria sobrevivência.

7.2. Defesa Jurídica dos Direitos de Autor

O Direito de Autor, enquanto instituto jurídico autônomo e independente, possui tutela própria. Assim, a Lei n. 9.610, de

9 Trata-se do Projeto de Lei n. 1.888/03, de autoria do deputado Irineu Mário Colombo (PT/PR) que visa incluir no artigo 46 da Lei n. 9.610/98, exceção no sentido de não se considerar ofensa ao direito de autor a seguinte hipótese: "IX – a reprodução parcial ou integral, em livro didático destinado à educação regular, da obra intelectual de qualquer gênero, na medida justificada para o fim educacional e desde que explicitados sua autoria demais elementos identificadores."

1998, ao regular a matéria, previu sanções de natureza cível para quem violar os direitos autorais. Trata-se de uma série de medidas que buscam não só a reparação do mal causado, mas, principalmente, a sua cessação imediata e a coibição de novas práticas abusivas.

Além disso, o próprio Código Penal possui dois artigos que cuidam especificamente dos crimes autorais. Trata-se aqui de dizer que o Direito de Autor também possui tutela penal, ainda pouco utilizada, inclusive, pela própria categoria de titulares de direitos, no que pertine ao seu tipo penal privado.

O grande problema, inclusive, tanto na aplicação das sanções cíveis quanto das penais, parece ser o desconhecimento da matéria pelos advogados, magistrados e promotores de Justiça. Na opinião de Bruno Jorge Hammes, trata-se de uma falha que tem origem no próprio sistema de educação superior do país:

> Se considerarmos ainda que as violações contra a propriedade intelectual muitas vezes não são explicadas nas disciplinas de Direito Penal, simplesmente porque o Direito de Propriedade Intelectual não é ensinado, não será preciso acrescentar mais nada. (HAMMES, 2002, p. 190)

Não obstante, a própria Constituição Federal garante o Direito de Autor. Nesse sentido, a violação de um princípio é sempre mais grave que a transgressão de uma simples norma, uma vez que a ofensa atinge não apenas a um comando, mas a um conjunto específico de mandamentos.

Assim qualquer ato de violação aos direitos de autor, será ato de desrespeito às próprias garantias individuais expressas na Carta Magna. Acrescente-se que violar a constituição, praticando ato não-condizente com a postura expressa no corpo da legislação pátria, é ofender à sociedade e ao Estado democrático de Direito, o que faz do contrafator um transgressor qualificado pela seriedade e alcance da lesão que é capaz de causar.

7.2.1 Ações Cíveis

Como já explicitado, é a própria Lei Autoral, nos artigos 102 a 110, que regula a violação civil aos direitos de autor. A regra geral, prevista no artigo 102, é clara. Quem reproduz, divulga ou de qualquer forma utiliza obra autoral sem a devida autorização poderá ser obrigado não só a indenizar o autor lesado, mas também sofrerá apreensão dos exemplares que reproduziu ou, ainda, suspensão daquilo que divulgou, conforme o tipo de obra contrafeita.

Quanto à apreensão dos exemplares reproduzidos, nada mais justo, já que essa é a medida necessária para impedir a perpetuação, no mercado, da distribuição de uma obra fraudulenta. A esse respeito, também determina o artigo 103 que, independentemente de outras sanções cabíveis, o contrator terá que pagar o preço de todos os exemplares já vendidos ao tempo da apreensão.

Para a determinação desse valor, não se conhecendo o número de exemplares que constituem a edição fraudulenta, fixa o parágrafo único do artigo 103 a quantia de três mil exemplares, como padrão. Tal dispositivo facilita o cálculo, vez que o número de exemplares vendidos será o total da edição menos os exemplares apreendidos.

Sobre a suspensão da divulgação, dispõe o artigo 105 que deve ser imediatamente interrompida e suspensa pela autoridade judicial competente toda e qualquer transmissão ou retransmissão de obras artísticas e literárias, bem como de interpretações e de fonogramas, realizadas mediante violação aos direitos de seus titulares. O artigo ainda prevê o arbitramento de multa diária pela insistência na transmissão, com valores que podem ser cobrados em dobro, caso se comprove que o infrator é reincidente na violação aos direitos de autor e conexos.

No que diz respeito à indenização propriamente dita, o autor, por força de lei (art. 103), fará jus ao ressarcimento dos danos morais e patrimoniais eventualmente sofridos. Assim, será indenizado não apenas pelos prejuízos materiais que lhe foram imputados e pelo que deixou de lucrar com sua obra, mas também poderá ser recompensado pela lesão à sua moralidade, correspondente aos valores subjetivos de sua honra enquanto autor. Nas palavras de Bruno Jorge Hammes:

> A obrigação de indenizar, enquanto possível, deve compensar tanto os danos materiais como os ideais. Assim o autor cujo nome não foi indicado em uma apresentação pública pode requerer, juntamente com a indenização, que o nome seja posteriormente tornado conhecido de forma adequada. Uma indenização em dinheiro também é possível na violação de direitos morais. Dessa forma, a mutilação de obra ou falsa indicação do nome podem contribuir para a diminuição da venda ou outros resultados financeiros. (HAMMES, 2002, p. 181)

Com efeito, a Lei Autoral não só reconhece a violação aos direitos morais, mas também prevê formas específicas para a sua reparação. Segundo o artigo 108, quem deixar de indicar ou de anunciar o nome do autor e do intérprete durante a utilização de obra intelectual, além da indenização por danos morais, ficará obrigado a divulgar posteriormente, por meio da imprensa, a identidade desses titulares.

Assim sendo, tratando-se de empresa de radiodifusão, a divulgação terá que ser feita no mesmo horário em que tiver ocorrido a infração, por três dias consecutivos. Tratando-se, todavia, de publicação gráfica ou fonográfica terá o infrator que providenciar inclusão de errata nos exemplares ainda não distribuídos. Nesse e nos demais casos, o contrafator também será obrigado a promover a comunicação, com destaque, por três vezes consecutivas, em jornal de grande circulação nos locais de domicílio do autor, do intérprete e do editor ou produtor.

A Lei Autoral determina, ainda, que além do contrafator, também respondem pela violação aqueles que contribuíram para a sua realização. Assim, o artigo 104 prescreve a responsabilidade solidária de quem vender, ocultar, adquirir, distribuir, tiver em depósito ou utilizar obra ou fonograma reproduzidos com fraude, com a finalidade de obter ganho, ou seja, lucro direto ou indireto. Em caso de reprodução no exterior, também responderão como contrafatores o importador e o distribuidor.

No caso de violação de direitos autorais durante espetáculos e audições públicas, realizados em locais de frequência coletiva, por força do artigo 110, também responderá solidariamente pela contração quem foi o administrador desses locais, ou seja, seus proprietários, diretores, gerentes, empresários e arrendatários, que serão solidariamente responsáveis, junto com os organizadores dos espetáculos.

Importante ressaltar que, conforme o artigo 107, cabe também indenização por perdas e danos em decorrência de violações a dispositivos técnicos introduzidos nos exemplares das obras para restringir sua cópia, bem como por violações a sinais codificados dessa natureza ou alteração de qualquer informação sobre a gestão de direitos. Pode, inclusive, ser também responsabilizado aquele que tem ciência desses crimes e mesmo assim distribui ou coloca à disposição do público tais obras violadas.

No artigo 109, a lei estabelece um interessante parâmetro patrimonial para a estipulação dos valores devidos a título indenizatório. Diz a lei que a execução pública feita em desacordo às normas autorais sujeitará os responsáveis a multa de 20 vezes o valor que deveria ser originariamente pago. Trata-se de uma situação específica, qual seja, a da modalidade de execução pública autoral, mas defende-se aqui a adoção desse padrão estabelecido pelo legislador como princípio norteador também para as demais modalidades de uso patrimonial, vez que entre as mesmas não há hierarquia de importância.

Quanto ao prazo de proposição da ação indenizatória, determina o Código Civil que prescreve em 3 anos a pretensão de reparação civil (artigo 206). Caso a indenização autoral não seja considerada reparação civil, seu prazo cairá na regra geral dos 10 anos de prescrição previstos para situações em que a lei não tenha fixado prazo menor.

Resta claro que, pelo menos em seu aspecto patrimonial, a ação autoral é de natureza civil reparatória, pelo que parece mais acertado o prazo de 3 anos, contados da contrafação, para o ajuizamento de ação civil por ofensa a direitos patrimoniais de autor.

Por sua vez, no que pertine à violação de direitos morais, há dúvida na doutrina sobre a ocorrência ou não da prescrição. Todavia, por tratar-se de direito pessoal irrenunciável, a opinião mais sensata parece ser a de que não há prazo definido para o exercício desses direitos, ou, pelo menos, conforme preceito da Convenção de Berna (art. 6º), de que esse prazo seja garantido enquanto durarem os direitos patrimoniais.

7.2.2 Ações Penais

Segundo o artigo 184 do Código Penal[10], é considerado crime a violação de direitos de autor e os que lhe são conexos. A pena prevista é de detenção de 3 meses a 1 ano, ou multa. Trata-se, aqui, da regra geral, aplicável a qualquer violação autoral, inclusive para aquelas de menor porte, como a cópia individual para uso particular.

Caso, todavia, a infração seja cometida com intuito de lucro direto ou indireto, o crime é considerado mais grave e tem a pena majorada. Segundo o parágrafo primeiro do mesmo artigo 184, se a violação consistir em reprodução total ou parcial, por qualquer meio ou processo, de obra intelectual, interpretação, execução ou fonograma, sem autorização expressa do titular, a pena é de reclusão de 2 a 4 anos e multa.

Como se observa, além do maior tempo de prisão previsto, outras diferenças separam o crime autoral sem finalidade lucrativa daquele que possui essa motivação. Se, no primeiro caso, pode o juiz apenas substituir a pena privativa de liberdade por uma multa, no segundo caso ele é obrigado a imputar as duas penas conjuntamente. O réu, então, não só ficará preso, mas também deverá pagar uma quantia em dinheiro que irá para os cofres públicos.

Outra diferença é que, havendo objetivo de lucro, a pena é de reclusão, ou seja, o condenado terá de iniciar o seu cumprimento em regime fechado, trancafiado em um presídio. Se, por outro

---

[10] Trata-se aqui do Decreto-lei n. 2.848, de 7 de dezembro de 1940, que institui o Código Penal brasileiro. Importante observar que em 2003 houve modificação nos crimes autorais. Com efeito, a Lei n. 10.695 de 1º de julho de 2003, alterou o artigo 184, suprimiu o artigo 185 e deu nova redação ao artigo 186.

lado, não houver intenção lucrativa, tal pena será de detenção, ou seja, o réu já poderá começar a cumpri-la em regime semi-aberto, mediante a obrigação de recolher-se às casas de detenção apenas durante a noite. Como em muitos locais do país não existem esses estabelecimentos prisionais ou os mesmos não funcionam adequadamente, os juízes têm inclusive convertido a pena de detenção em prestação de serviços à comunidade.

A lei penal também pune a participação solidária no cometimento do crime. Consoante o § 2º do artigo 184, será condenado também a pena de reclusão de 2 a 4 anos, além de multa, quem, com o intuito de lucro direto ou indireto, distribuir, vender, expuser à venda, alugar, introduzir no país, adquirir, ocultar ou tiver em depósito original ou cópia de obra intelectual ou fonograma reproduzido mediante violação aos direitos de autor e conexos.

Determina a lei penal que também incorrerá no mesmo crime quem alugar original ou cópia de obra intelectual ou fonograma, sem a expressa autorização dos titulares dos direitos ou de quem os represente. A pena também será a mesma se a violação constituir no oferecimento ao público, mediante cabo, fibra ótica, satélite, ondas ou qualquer outro sistema de seleção da obra para recebimento em tempo e lugar previamente determinado, mediante intuito de lucro e sem a autorização expressa dos titulares (art. 184, § 3º).

A lei penal tratou também de ressalvar os limites ao Direito de Autor, afirmando, no § 4º do artigo 184, que nas exceções previstas pela LDA não haverá violação autoral. Uma novidade trazida por esse parágrafo foi a extensão dessa garantia às cópias de obras intelectuais ou fonogramas, em um só exemplar, para uso privado do copista, sem intuito de lucro direto ou indireto.

Com efeito, significa dizer que as cópias privadas para uso particular, embora constituam ilícito civil passível de indenização, não são punidas como crime, tendo em vista a exclusão expressa dessa modalidade de uso autoral do rol das práticas delituosas.

Quanto à iniciativa da ação, conforme determina o artigo 186 do Código Penal, nos casos dos crimes com objetivo de lucro, a ação penal é incondicionada, ou seja, é de iniciativa do próprio

Poder Público, sendo as infrações apuradas e punidas sem a necessidade de provocação dos interessados. Já para os crimes sem intenção lucrativa, somente se procede mediante queixa, o que significa dizer que o interessado deverá acionar o Poder Público para a tutela dos seus direitos penais.

No caso das ações penais incondicionadas, a prescrição se dará em 8 anos, prazo que o Estado tem para descobrir a prática delituosa e instaurar o devido processo judicial. Já nos crimes privados – sem objetivo de lucro e de iniciativa da vítima – a propositura da ação penal deverá ocorrer em 4 anos contados da data em que se deu a violação, sob pena de perda desse direito.

No que diz respeito à intenção criminosa, diz-se que os delitos autorais, assim como a maioria dos crimes, exigem o dolo[11]. Esse pode ser definido como a vontade consciente do agente em realizar o crime e provocar o dano social. Assim, não pode ser condenado por violação de direitos autorais quem não teve a intenção de lesar tais direitos, tendo provocado esse resultado por imperícia, imprudência ou por negligência.

Na opinião de Bruno Jorge Hammes, privar da liberdade quem violou o direito do autor pode não ser a melhor solução. O autor explica que quem viola Direito de Autor geralmente o faz para auferir lucro, motivo pelo qual o mais justo e pedagógico seria punir o violador por meio de multa, já que o atingiria no ponto em que pecou: a ganância. Admite o jurista, todavia, que há situações em que só a ação penal é capaz de coibir a prática delituosa:

> Em muitos casos, só uma medida mais drástica pode reprimir o grande número de violações. Se as sanções penais forem de tal porte que intimidem os violadores, só a possibilidade de sua aplicação se mostra geralmente mais eficaz do que as sanções cíveis. No caso de um violador que não tem bens e que causa grande danos aos autores, só resta a privação da liberdade. Instalar a impunibilidade jamais protegerá os autores. (HAMMES, 2002, p. 187-188)

---

11 O termo dolo deriva do latim *dolu* e sua pronúncia correta é [dólo].

De fato, as prisões já estão superpovoadas. Só devem sofrer esse tipo de sanção os criminosos cuja liberdade represente ameaça de novas violações autorais. Aos demais réus, imagina-se que as multas pecuniárias aplicadas pelo Direito Penal possam servir de lição quanto ao devido respeito ao Direito de Autor.

7.2.3 Procedimentos administrativos

Além das ações cíveis e penais, pode o autor buscar na seara administrativa a necessária tutela de seus direitos. Na opinião de Carlos Alberto Bittar (1993), "havendo estruturação própria, pode o interessado obter, no âmbito administrativo, a satisfação almejada". (BITTAR, 1993, p. 13-14)

Na visão de Bittar (1993), o Direito de Autor é um campo em que estão bem estruturados os instrumentos administrativos de proteção. Ele divide tais instrumentos em dois grupos, sendo o primeiro composto por medidas de caráter preventivo e o segundo por medidas de cunho repressivo.

Quanto aos instrumentos preventivos, ou seja, que visem a evitar os atentados, destacariam-se os atos de registro da obra, bem como as iniciativas de consulta, assistência e fiscalização por parte das autoridades competentes, quer sejam realizadas por iniciativa do próprio Poder Público, quer sejam solicitadas pelo respectivo autor na defesa de seus interesses.

Já no que se refere aos instrumentos de caráter repressivo, ou sancionatório, voltados à punição de violações já ocorridas, poderia-se mencionar a interdição de espetáculos e suspensão de eventos artísticos, bem como a aplicação de multas ou penas administrativas pelos órgãos fiscalizatórios públicos ou particulares que atuem em nome do autor.

Sejam as tutelas cíveis, penais ou administrativas, o importante é que o autor procure sempre, no caso concreto, a melhor forma de defender os seus direitos, iniciativa que muito embora lhe custe sempre um mínimo de tempo e o dispêndio de recursos, é de extrema importância não só para a manutenção da integridade de sua obra, mas também para a consolidação de uma cultura de preservação e respeito às criações artísticas.

7.3 Associações de gestão coletiva

Há várias formas de proteção aos direitos dos autores, mas todas elas dependem basicamente da união de interesses da categoria. Não obstante seja um caminho seguro, a via judicial é uma forma individualizada de exercício das prerrogativas legais. Não pode, na prática, ser levada a efeito a cada violação autoral, vez que compreende dispendioso e demorado procedimento jurídico.

Assim, ante a multiplicação das violações autorais, não teria o autor, sozinho, a mínima chance de combater os usos indevidos ou não-autorizados de sua obra. O caminho natural para o exercício de direitos não poderia ser outro senão o da união entre pares, para a defesa coletiva de seus interesses. Esse foi o vetor do movimento mundial de criação das associações autorais, como explica Bruno Jorge Hammes:

> As inúmeras possibilidades de exploração, criadas pelo progresso técnico, tornaram a administração tão complexa que, em alguns países, Alemanha, França e Espanha, alguns direitos só podem ser exercidos por meio de sociedades de administração coletiva. (HAMMES, 2002, p. 147)

O objetivo dessas associações, como o próprio nome indica, é o de gerir coletivamente os direitos autorais de seus titulares. Para isso, estão normalmente autorizadas a fazer, em nome de seus associados, todo o trabalho de cálculo, arrecadação, fiscalização e tutela jurídica desses direitos, inclusive representando-os em juízo quando necessário:

> A tarefa das associações é criar um mecanismo administrativo capaz de fornecer as autorizações, arrecadar as taxas devidas e, principalmente, realizar a missão de informar o público persuasivamente ou, se necessário, por via judiciária sobre a natureza e o fundamento dos direitos cuja defesa lhes fora confiada. (HAMMES, 2002, p. 147)

Na Europa, o sistema coletivo de administração autoral está consolidado. Naquele continente desenvolveram-se instituições como a Sociedade Geral de Autores da Espanha (SGAE), que congrega, em uma única associação, titulares de obras de todos os gêneros. Tal sociedade representa o direito dos autores espanhóis sobre qualquer tipo de arte, mediante um simples ato de filiação. Sua importância é tão grande que o acervo da SGAE[12] hoje conta com mais de três milhões de obras dramáticas e coreográficas, além de composições musicais e audiovisuais, dentre outras.

Trata-se de um modelo de administração única de direitos autorais, cuja estrutura, complexa e diversificada, protege cada titular em sua modalidade de criação. Esse modelo foi adotado em vários países, como Portugal (Sociedade Portuguesa de Autores – SPA) e Itália (Sociedade Italiana dos Autores e Editores – SIAE), bem como em vários outros países, incluindo a América Latina, tais como Argentina (*Sociedad Argentina de Autores y Compositores de Música* – SADAIC) e Uruguai (*Asociación General de Autores del Uruguay* – AGADU).

Nem sempre, porém, essa gestão se faz de maneira tão abrangente. Em grande parte dos países, organizaram-se, ao longo dos anos, instituições para realizar a cobrança autoral sobre cada tipo de obra artística. Trata-se de sistema fragmentado de administração de direitos, no qual cada área artística definiu suas regras.

Uma importante organização internacional direcionada para a proteção de uma única categoria artística é a sociedade francesa conhecida pela sigla ADAGP (*Société des Auteurs dans les Arts Graphiques et Plastiques*). Tal instituição presta-se especificamente à administração coletiva dos direitos dos criadores de artes visuais, tais como pintura, escultura, fotografias, desenhos e outras imagens. A ADAGP possui um catálogo de obras na Internet[13], que possibilita ao usuário escolher virtualmente a criação que preten-

12 Mais informações em: <http://www.sgae.es>. Acesso em: 18 set. 2006.

13 Disponível em: <http:\\www.adgp.fr>.

de utilizar, mediante cobrança de direitos autorais realizada pela própria sociedade.

Nesse sentido, outra grande associação é a americana ASCAP (*American Society of Composers, Authors & Publishers*), que cuida especificamente dos direitos autorais dos autores musicais dos Estados Unidos da América, contando hoje, em seu quadro de associados, com mais de 250 mil compositores, editores e outros criadores do segmento musical.[14]

No Brasil, a multiplicidade de associações de titulares foi o resultado da mobilização fragmentada e heterogênea dos diversos segmentos artísticos. O teatro foi a arte que primeiro se organizou, com a criação da Sociedade Brasileira de Autores Teatrais (SBAT), fundada em 27 de setembro de 1917. Três anos mais tarde, foi-lhe reconhecida a qualidade de utilidade pública.

Só duas décadas depois, a gestão coletiva conquistaria também o campo da música. Em 1938, surgiu a União Brasileira de Compositores (UBC). Foi nessa área, inclusive, que o sistema de arrecadação autoral mais se desenvolveu no país. Hoje são, ao todo, onze associações para a gestão de direitos autorais apenas na área musical. Embora congreguem individualmente os autores musicais de todo o país, essas associações promovem a cobrança de direitos de forma única e coletiva, por meio do chamado Escritório Central de Arrecadação de Direitos Autorais (ECAD).

No campo da literatura, em 1942, o Brasil viu nascer a Associação Brasileira de Escritores (ABDE), que vinte anos mais tarde viria a se transformar na União Brasileira de Escritores (UBE), sociedade civil representativa em âmbito nacional, com personalidade jurídica e patrimônio próprio, sediada em São Paulo.

Bruno Horge Hammes ressalta que não foi fácil para estas associações organizarem um serviço satisfatório. Atender aos in-

---

[14] Os endereços eletrônicos das associações internacionais citadas nesse trabalho estão disponíveis para acesso no site do Ministério da Cultura, por meio do link abaixo especificado: <http://www.cultura.gov.br/legislacao/direitos_autorais/links/index.php?p=1098&more=1&c=1&pb=1>. Acesso em: 18 set. 2006.

teresses de autores de maneira isenta e eficiente, de modo a criar uma cultura de respeito a direitos até então desconhecidos constituia-se, sem dúvida, em um grande desafio:

> Houve conflitos de concorrência recíproca, lutas internas, insuficiente organização técnica que contribuíram para um clima de aversão e reserva para com essas associações. Viam-se nelas organizações dispendiosas aptas a criar empregos e fontes de enriquecimento fácil a grupos privilegiados. As próprias associações reconheceram suas limitações, e, em 1946, fundou-se o Serviço de Defesa Autoral (SDDA), que reunia sociedades existentes para maior eficiência na percepção de direitos autorais. (HAMMES, 2002, p. 143)

Tratava-se, todavia, de organizações de suma importância para os titulares autorais, razão pela qual, de uma maneira ou de outra, todas elas enfrentaram as desconfianças iniciais e resistiram em seu processo de evolução. Hoje são diversas, principalmente nas áreas da música e do teatro, e nada impede que novas associações sejam criadas.

Tanto é assim que, em 2004, os autores de artes plásticas e assemelhadas fundaram a Associação Brasileira de Direitos de Autores Visuais (AUTVIS), que já mantém parceria com diversas sociedades internacionais e também disponibiliza seu catálogo de obras *online*[15], para que usuários de qualquer parte do país e do mundo possam utilizar obras visuais mediante o justo pagamento dos direitos de autor.

As associações de gestão coletiva possuem natureza jurídica de associação civil, cuja constituição se dá com a devida inscrição no Livro de Registros de Pessoas Jurídicas. Eliane Abrão (2002) explica que, no passado, tais associações dependiam de autorização governamental para funcionar, mas que, com a Constituição de 1988, tal exigência desapareceu, sob o fundamento da natureza exclusivamente privada dos direitos geridos. A autora também esclarece que não se trata de organizações para regulamentação profissional:

---

15 O endereço do site da AUTVIS é <http://www.autvis.org.br>. Acesso em: 18 set. 2006.

> Não se confunde com os sindicatos, que são entidades de natureza mista, para social, dependem de autorizações oficiais para funcionar, e voltados à defesa de uma determinada categoria profissional de empresas ou empregados, em questões de natureza trabalhista. (ABRÃO, 2002, p. 88)

A própria Lei Autoral, em seu artigo 97, garante aos autores o direito de associarem-se, sem intuito de lucro, para o exercício e defesa de seus direitos. Assim, não há qualquer limite para o exercício coletivo de direitos de autor, inclusive por meio da criação de várias associações para fazer a cobrança autoral sobre um mesmo tipo de arte.

Porém, para evitar a dupla cobrança sobre cada obra, a lei vedou a filiação a mais de uma associação para a gestão coletiva de direitos da mesma natureza. Se o titular quiser mudar de associação, basta que comunique o fato por escrito à associação de origem.

O § 3º do artigo 97 determina que as associações com sede no exterior se façam representar, no país, por associações nacionais constituídas sob a forma da lei. Trata-se do artigo que permite os acordos internacionais em matéria autoral. Por meio desses acordos, tanto pode ser feita a cobrança sobre obras internacionais dentro do território brasileiro quanto o contrário, ou seja, podem as obras brasileiras arrecadar direitos no exterior.

Aliás, existe uma forte ligação entre as associações autorais espalhadas pelo mundo. Buscam, todas elas, os mesmos objetivos, mediante regras semelhantes, e procuram ajuda mútua para a realização de seus propósitos. Foi para selar essa união internacional em torno dos direitos autorais que surgiu, em 1926, a Confederação Internacional das Sociedades de Autores e Compositores (CISAC), como explica Eliane Abrão:

> As diversas associações de autores do mundo, para o fim de uniformizar suas próprias normas de gestão e enfrentar o poderio econômico dos difusores, reuniram-se em uma espécie de Confederação, a CISAC (Confederação Internacional das Sociedades de Autores e Compositores), com sede em Paris, organização não-governamen-

> tal, de caráter privado, sem fins lucrativos e politicamente apartidária. (ABRÃO, 2002, p. 93)

Segundo o artigo 98 da LDA, com o ato de filiação, as associações tornam-se mandatárias de seus associados para a prática de todos os atos necessários à defesa judicial ou extrajudicial de seus direitos autorais, bem como para sua cobrança. Significa dizer que as mesmas agem em nome do autor, autorizando ou não as diversas utilizações autorais e defendendo seus direitos inclusive em juízo.

A prática individual dos atos, porém, não fica vedada. O parágrafo único do artigo 98 garante aos titulares de direitos autorais a possibilidade de disponibilizarem o uso patrimonial de suas obras pessoalmente, desde que mediante comunicação prévia à associação a que estiverem filiados.

7.3.1 A SBAT

A Sociedade Brasileira dos Autores Teatrais fez a sua primeira reunião no dia 27 de setembro de 1917. A ideia partiu da grande compositora Chiquinha Gonzaga, que conseguiu sensibilizar outros autores para a necessidade de fundar um órgão que os ajudassem a cobrar dos empresários o devido pagamento pelas apresentações que faziam.

Em nome de seus associados e representados, a SBAT cobra os direitos de autor referentes a obras nacionais ou estrangeiras entregues à sua administração e exerce, em juízo ou fora dele, no Brasil e em países com os quais mantenha contrato de reciprocidade, a defesa dos direitos autorais e da integridade das obras artísticas entregues ao seu controle.

Assim, desde que seus titulares o tenham expressamente autorizado, por meio da filiação, a SBAT pode cobrar direitos autorais por todo e qualquer uso de textos de artes cênicas, libretos de ópera, roteiros de shows, mímica, pantomima, direção, roteiros, diálogos, versões e traduções de programas radiofônicos, televisivos ou cinematográficos, bem como sobre obras audiovisuais e qualquer outro tipo de criação artística gerada por meios eletrônicos e/ou digitais.

A SBAT tem, ainda, legitimidade para arrecadar direitos autorais sobre a concepção, desenho ou redação de projetos culturais, amplos ou relacionados à coreografia, dança, direção cênica e cenografia. Em seu estatuto, a sociedade se obriga a executar os serviços de apoio administrativo necessários à defesa dos direitos autorais de seus associados, inclusive a fiscalização dos borderôs de arrecadação dos espetáculos em cartaz, para comprovação do respeito devido aos seus direitos.

Quanto à determinação de valores de arrecadação, o artigo 10 do Estatuto da SBAT[16] determina que o direito autoral será devido com base em percentagem sobre a renda bruta dos espetáculos, para que o percentual que lhe caiba seja minimamente proporcional ao lucro proveniente da utilização de sua obra. Sabe-se, hoje, que esse valor gira em torno de 10%, não havendo, todavia, nenhum impedimento para a cobrança em percentual diverso.

A SBAT é administrada por uma diretoria, que, por sua vez, é auxiliada pela Assembleia-Geral, pelo Conselho Fiscal e pelo Conselho Nacional de Autores (CNA). Esse último tem funções consultivas e representativas, fornecendo e fomentando pareceres, análises e perícias sobre assuntos de relevante importância para a sociedade, em caráter nacional, regional ou estadual.

Atualmente uma outra associação também tem feito a cobrança de direitos autorais sobre o teatro. Trata-se da Associação Brasileira de Música (ABRAMUS). Originariamente criada para lidar com os direitos autorais musicais, essa associação, percebendo a demanda dos autores teatrais por uma nova associação de gestão coletiva, mudou o seu estatuto social exatamente para abranger e administrar também as obras de teatro dos titulares interessados.

7.3.2 O ECAD

O chamado Escritório Central de Arrecadação de Direitos Autorais (ECAD) é uma sociedade civil privada que faz a arrecadação e distribuição de direitos autorais sobre as execuções públi-

16 O estatuto da SBAT está disponível em: <http://www.sbat.com.br>.

cas de músicas em nome dos autores filiados às onze associações brasileiras de gestão autoral musical que o administram. Nas palavras de Eliane Abrão:

> Trata-se de um colegiado composto pelos representantes das associações de titulares de direitos autorais e conexos sobre obras musicais e fonogramas, com sede no Rio de Janeiro, e escritórios nas principais capitais do país, dotados de autonomia administrativa, corpo de funcionários próprio, que inclui cadastradores de usuários e fiscais. (ABRÃO, 2002, p. 91)

Com efeito, todo e qualquer autor que se filie a uma dessas onze associações[17] estará conferindo ao ECAD legitimidade para, em seu nome, arrecadar, distribuir e fiscalizar os direitos autorais decorrentes da utilização pública de suas obras musicais e/ou lítero-musicais e fonogramas, inclusive por meio da radiodifusão e transmissão por qualquer modalidade, da exibição cinematográfica e por qualquer outro meio similar, em todo o território nacional.

Instituído expressamente por meio da Lei Federal n. 5.988/73, o ECAD foi mantido pela LDA, nos moldes de seu artigo 99 e parágrafos. Com efeito, a Lei Autoral veda ao ECAD a finalidade de lucro e determina que o mesmo seja dirigido e administrado pelas associações que o integram.

---

[17] Administram o ECAD as seguintes associações: ABRAMUS (Associação Brasileira de Música – <www.abramus.org.br>); a AMAR (Associação de Músicos, Arranjadores e Regentes – <www.amar.art.br>); a SBACEM (Sociedade Brasileira de Autores, Compositores e Escritores de Música – <www.sbacem.org.br>); a SICAM (Sociedade Independente de Compositores e Autores Musicais – <www.sicam.com.br>); a SOCINPRO (Sociedade Brasileira de Administração e Proteção de Direitos Intelectuais – <www.socinpro.org.br>); a UBC (União Brasileira de Compositores – <www.ubc.org.br>); a ABRAC (Associação Brasileira de Autores, Compositores, Intérpretes e Músicos); a ACIMBRA (Associação de Compositores e Intérpretes Musicais do Brasil); a ANACIM (Associação Nacional de Autores, Compositores, Intérpretes e Músicos); a ASSIM (Associação de Intérpretes e Músicos – <www.assim.org.br>) e a SADEMBRA (Sociedade Administradora de Direitos de Execução Musical do Brasil).

No mencionado artigo, a LDA ainda determina que o recolhimento de quaisquer valores ao ECAD somente se fará por depósito bancário e que o escritório poderá manter fiscais, embora aos mesmos seja vedado receber dinheiro do executor musical, a qualquer título. Com efeito, além de seu estatuto social, o ECAD possui um regulamento que prevê como e quando se dará a cobrança autoral, além de determinar os valores praticados. É o que explica Eliane Abrão:

> O ECAD obedece a um regulamento de arrecadação aprovado em Assembleia-Geral, que poderá autorizar a utilização de todas as obras do repertório representando pelas associações que o integram, independentemente do número de obras a serem utilizadas através de uma estimativa de receita, um fixo ou uma participação em receita bruta (bilheteria, patrocínios, publicidade) em casas de shows, espetáculos e casas noturnas. (ABRÃO, 2002, p. 91)

O ECAD cobra direitos autorais por toda e qualquer execução pública musical, seja ela realizada diretamente, tal como durante shows, festas e sessões de cinema, seja indiretamente, por meio de transmissões de rádio e televisão. Em qualquer caso, os valores a serem pagos pelos usuários de música são calculados de acordo com os critérios do regulamento de arrecadação desenvolvido pelos próprios titulares, por meio de suas associações musicais.

No que se refere a shows, festas ou outros eventos que possuam bilheteria, a arrecadação se fará por meio de um percentual sobre a receita bruta. Hoje, esse valor é de cerca de 10% do total dos ingressos. Não havendo cobrança de entrada, a cobrança autoral será feita por meio de um cálculo aritmético que leva em consideração o tamanho da área sonorizada e a expectativa de público. Esses dados são multiplicados pela chamada UDA (Unidade de Direito Autoral), que é uma espécie de indexador, um referencial criado pelos titulares musicais.

Quanto à cobrança sobre as transmissões de rádio e TV, o critério é o da amostragem. Periodicamente o ECAD coleta amostras de músicas transmitidas pelos organismos de radiodifusão e compara com as planilhas por eles enviadas, estipulando, para essa cobrança, um valor mensal fixo. Infelizmente, muitas emissoras de rádio encontram-se inadimplentes com o ECAD, o que tem gerado ações milionárias na Justiça.

Sobre a chamada sonorização ambiente, ou seja, transmissão musical em ambiente de trabalho durante todo o dia (em academias de ginásticas, consultórios, lojas, etc.), o ECAD também faz um cálculo permanente tendo em vista a área sonorizada e envia todos os meses para os estabelecimentos executores de música um boleto bancário com os valores a serem pagos. Na realização desse cálculo, o ECAD também leva em consideração o nível de importância da música para a atividade ou estabelecimento, que pode ser indispensável, necessária ou secundária. Considera ainda a periodicidade da utilização (se permanente ou eventual) e se a execução é feita por meio de música mecânica ou ao vivo.

Já para a distribuição dos direitos autorais musicais, o ECAD promove o controle único e informatizado dos dados de todos os titulares das onze associações de gestão coletiva. Segundo dados dos próprios escritórios[18], são, ao todo, mais de 214 mil titulares cadastrados, mediante a catalogação de 795 mil obras, além de 412 mil fonogramas, que contabilizam todas as versões registradas de cada música.

Assim, por meio desse controle de autores, o ECAD pode distribuir os direitos autorais arrecadados. Para isso, o Escritório Central se baseia em roteiros musicais fornecidos pelos organizadores ou promotores de eventos, que têm por obrigação legal entregar ao órgão a listagem das músicas executadas com a correta identificação dos títulos de cada uma delas, bem como de seus respectivos autores.

Nota-se que a quantidade de músicas executadas não interfere em nada na quantificação dos valores cobrados. O roteiro

---

[18] Dados disponíveis em: <http://www.ecad.org.br/ViewController/publico/conteudo.aspx?codigo=16>. Acesso em: 18 set. 2006.

é uma medida necessária para a distribuição e não para a arrecadação de direitos autorais. Assim sendo, qualquer erro na listagem de músicas enviada ao ECAD não interferirá na cobrança, diminuindo ou aumentando seus valores, mas certamente prejudicará os autores, que deixarão de receber o que lhes é devido por execuções de músicas que não foram devidamente relacionadas no roteiro.

Nos casos em que não é possível a organização de um roteiro musical, tais como nas transmissões de rádio e TV e, ainda, nas sonorizações ambiente, o ECAD faz a distribuição tendo em vista o critério da amostragem, ou seja, mediante a coleta periódica de dados, por meio da qual o escritório apura o rol das músicas mais executadas e a elas direciona a arrecadação que lhes cabe.

Por fim, vale destacar como funciona a divisão dos percentuais arrecadados por meio das execuções musicais. Sobre o montante de sua arrecadação, o ECAD retém para si 18% do valor apurado, para fins de administração de sua própria estrutura funcional, já que, assim como as associações, o escritório nada cobra dos autores pela filiação ou pela representação.

Outros 7% desse montante vão para as associações a que pertencem os autores das canções que foram executadas. Por sua vez, ficam com 25% da arrecadação os titulares conexos envolvidos, divididos entre intérpretes musicais, produtores fonográficos e empresas de radiodifusão. Enfim, aos compositores musicais cabem os 50% restantes sobre o total arrecadado.

7.3.3 A AUTVIS

A Associação Brasileira dos Autores Visuais surgiu da necessidade de um sistema de gestão para obras como a escultura, pintura, fotografia, gravuras, etc. Muitas vezes únicas e raras, essas obras podem se apresentar pouco acessíveis aos usuários comuns, tendo em vista a dificuldade em localizar o autor para obter a necessária autorização de uso. Nesse sentido, a AUTVIS foi criada de acordo com o padrão mundial, exatamente para administrar os direitos autorais dos criadores visuais, buscando facilitar o acesso à arte e garantir o equilíbrio em sua exploração comercial.

Com sede em São Paulo, a Associação ainda é relativamente nova[19] e só agora começa a ser conhecida pelos próprios autores. A filiação à AUTVIS permite não só uma melhor administração sobre os direitos autorais, incluindo a fiscalização sobre explorações desautorizadas, mas também ajuda a divulgar as próprias obras, vez que a associação conta com um catálogo eletrônico das criações cadastradas no Brasil e no exterior.

Assim, por meio de uma simples consulta à Internet, o usuário pode escolher a obra a ser utilizada em uma lista de opções não só em nível nacional, mas também composta por importantes criações mundiais, disponibilizadas por meio de convênios internacionais. É possível, inclusive, esclarecer antecipadamente, por acesso eletrônico, a quantia devida para a utilização de cada obra.

A AUTVIS já possui mais de 38 mil obras cadastradas. A maioria delas, porém, ainda é de origem internacional, tendo sido agregadas por meio de convênios. Será mais forte e atuante a associação na medida em que mais autores visuais brasileiros apoiarem o seu trabalho, filiando-se e participando de sua gestão.

7.3.4 A ABDR

A mais importante entidade representativa do setor editorial é a Associação Brasileira de Direitos Reprográficos (ABDR). Fundada em 1992[20] por autores e editores brasileiros, a associa-

---

19 A AUTVIS iniciou suas atividades no final de 2003, após a realização do 1° Congresso Internacional sobre Direitos de Propriedade Intelectual. A associação é membro da CISAC e ingressou no mercado internacional por meio da concretização de contratos de reciprocidade que lhe geraram um catálogo de mais de 30 mil filiados no exterior. Mais informações em: <http://www.autvis.org.br>. Acesso em: 19 set. 2006.

20 A história e a atuação da ABDR estão disponíveis em: <http://www.abdr.org.br>. Acesso em: 19 set. 2006.

ção busca defender os direitos sobre as reproduções de livros e outros materiais impressos.

Para isso, a ABDR não só arrecadou por muito tempo o direito autoral sobre a cópia reprográfica de obras intelectuais de autoria e/ou publicação de seus associados, mas também vem promovendo a fiscalização e repressão da reprodução ilegal desses trabalhos.

Em 2004, a ABDR incorporou uma outra associação, a chamada ABPDEA (Associação Brasileira para a Proteção dos Direitos Editoriais e Autorais), que havia sido fundada em 1999 por editores dissidentes. Tal iniciativa reforçou a sua representatividade no meio editorial e fortaleceu sua luta contra a pirataria de livros.

Interessante notar que até 2004, a ABDR efetuava a arrecadação autoral por meio de contratos de licença, através dos quais o autor fornecia uma autorização prévia e remunerada para a reprodução parcial de suas criações (limitada a 15% do total da obra), que poderia ser firmado com pessoas físicas ou jurídicas interessadas, tais como estudantes, professores, bibliotecários, reitores, diretores e copiadoras.

A falta de controle, todavia, mesmo sobre essas reproduções devidamente licenciadas, bem como a fusão com a associação dissidente, levou a ABDR, em 2004, a cancelar todas as licenças reprográficas. Assim, desde aquele ano, os centros de cópias estão proibidos de reproduzir, parcial ou integralmente, com intuito de lucro, ainda que indireto, qualquer obra de autores e editores associados à ABDR.

Se, por um lado, a associação perdeu seu caráter de gestão coletiva, vez que não mais arrecada e distribui direitos autorais reprográficos, por outro lado, concentrou suas forças nas campanhas educativas e ações repressivas de combate à cópia ilegal de obras. A ABDR parte do pressuposto de que a maior causa para a prática de cópias piratas no Brasil não é econômica, mas, sim, cultural, baseada na falta de conhecimento sobre o Direito de Autor.

Assim sendo, nas ações de combate à pirataria de livros, a ABDR tem realizado apreensões de milhares de obras em poder de copiadoras, que tinham como finalidade a comercialização de cópias ilegais. O trabalho de repressão tomou tamanha proporção que, por meio de denúncias, a ABDR tem requisitado, em diversos estados brasileiros, a presença de equipes policiais para apreender, em flagrante, grandes quantidades de cópias de livros. Nesses casos, as operações têm resultado no indiciamento dos responsáveis com base no crime de violação autoral previsto no artigo 184 do Código Penal, bem como na interdição das copiadoras infratoras.

7.3.5 Associações de Defesa de direitos autorais

Além das associações de gestão coletiva, foram fundadas, ao longo do tempo, outras, que embora não façam a administração direta das obras por meio de arrecadação e distribuição, visam defender os interesses dos autores a partir da promoção de práticas educativas, repressivas, institucionais e políticas. Normalmente são específicas para cada categoria de arte e de criadores autorais, sendo algumas restritas a determinadas regiões do país e outras de caráter nacional.

Nesse sentido, a Associação Brasileira das Empresas de Software (ABES) está entre as mais representativas. Fundada em 1986, a associação tem realizado serviços de consultoria jurídica, cursos e palestras, campanhas de conscientização nacional sobre a legalização de uso de softwares, além de lutar por benefícios fiscais e aprimoramento da legislação específica desse segmento.

A ABES conta hoje com associados em 14 estados da Federação, dentre empresas produtoras, distribuidoras e revendedoras de programas de computador e prestadores de serviços que representam aproximadamente 85% do mercado brasileiro[21].

Outra importante entidade, em seu segmento, é a Associação Brasileira dos Produtores de Discos (ABPD), fundada em 1958 para representar as gravadoras. Sediada no Rio de Janeiro, a ABPD busca conciliar os interesses do mercado fonográfico com

21 Dados disponíveis em: <http://www.abes.org.br>. Acesso em: 19 set. 2006.

os direitos dos autores, interpretes, músicos, produtores e editores musicais. A Associação também realiza pesquisas de mercado sobre vendagens do setor fonográfico no Brasil, a partir das quais emite certificados para a premiação de intérpretes, em decorrência dos grandes volumes comercializados[22].

A ABPD tem-se empenhado no combate à pirataria e, para reprimir a reprodução ilegal de obras, criou a Associação Protetora dos Direitos Intelectuais Fonográficos (APDIF), cuja principal missão é denunciar às autoridades competentes a existência de laboratórios e depósitos de CDs falsificados, a fim de que sejam destruídos.

O departamento de investigação da APDIF também acompanha a polícia, diariamente, nas operações de rua contra ambulantes e lojas e tem realizado ações junto aos portos e aeroportos para dificultar a entrada de matrizes de CDs virgens no país, matéria-prima essencial para as falsificações[23].

Outras associações também se destacam por suas atuações. Dentre elas, poderiam ser citadas, no Rio de Janeiro, a Associação Defensora de Direitos Autorais (ADDAF), a Associação Brasileira de Propriedade Intelectual (ABPI) e a Associação Brasileira de Proteção aos Direitos Editoriais e Autorais (ABP).

Já em São Paulo, as principais associações de defesa dos direitos autorais são a Associação Brasileira de Cinematografia (ABC), a União Brasileira de Vídeo (UBV) e a Associação Brasileira para a Proteção da Propriedade Intelectual dos Jornalistas (APIJOR).

7.3.6 O Ministério da Cultura e a Gerência de Direito Autoral

Embora seja eminentemente privado, o Direito de Autor também tem despertado a atenção do Poder Público. Nesse sen-

---

22 Esse é o processo de apuração que resulta na premiação dos músicos brasileiros por meio dos chamados "disco de ouro", "disco de prata" e "disco de platina".

23 Mais informações sobre a ABPD e a APDIF podem ser obtidas em: <http://www.abpd.org.br>. Acesso em: 19 set. 2006

tido, a Gerência de Direitos Autorais é órgão da Secretaria de Políticas Culturais do Ministério da Cultura encarregado de fomentar o Direito de Autor no país. Dentre as suas competências, está o apoio a práticas de difusão dos princípios autorais, emissão de pareceres técnicos sobre o assunto, defesa e integridade das obras caídas em domínio público, proposição de alterações na legislação autoral vigente e representação do país em fóruns de discussão internacional sobre o tema.

Infelizmente, conforme constata o relatório apresentado na OMPI sobre a gestão autoral no Brasil[24], esse núcleo do Ministério da Cultura conta apenas com quatro funcionários, sendo um diretor, um gestor público, uma secretária e um funcionário de apoio. A Gerência de Direitos Autorais possui apenas caráter consultivo e não apresenta nenhum sistema alternativo de solução legal de controvérsias.

[24] O relatório é o resultado da Reunião Regional de Diretores de Oficinas de Direito de Autor da América Latina realizada em Guadalajara, no México, entre os dias 23 e 25 de março de 2004. Disponível em: <http://www.wipo.int/edocs/mdocs/lac/es/ompi_jpi_jda_gdl_04/ompi_jpi_jda_gdl_04_2_br.pdf>. Acesso em: 18 set. 2006.

QUADRO ESQUEMÁTICO – CAPÍTULO 7

- Tutela dos Direitos Autorais
  - Violações autorais
    - Pirataria
    - Contrafação
    - Plágio
    - Reprografia
  - Defesa Jurídica
    - ações cíveis
      - Lei 9.610/98
    - ações penais
      - Código Penal arts. 184 e 186
    - medidas administrativas
      - Preventivas
        - Registro
        - Fiscalização
        - outras
      - Repressivas
        - Multa
        - Interdição
        - outras
  - Associações de gestão coletiva
    - SBAT (teatro)
    - ECAD (música)
    - AUTVIS (artes visuais)
  - Associações de defesa autoral
    - ABDR (reprografia)
    - ABES (softwares)
    - ABPI (Propriedade intelectual)
    - outras

CAPÍTULO 8

GESTÃO DOS DIREITOS NAS DIVERSAS ARTES

"A criatividade não tem relevo apenas em termos individuais, é patrimônio da nação inteira."
Antônio Chaves

A Lei Autoral, reconhecendo as diversas particularidades dos diversos tipos de obras estéticas, disciplinou individualmente cada tipo de arte. Assim, separados por títulos ou capítulos, ganharam espaços próprios na lei as obras de artes plásticas, fotografia, além dos livros, fonogramas, bases de dados e obras audiovisuais. Além disso, as obras de teatro e arquitetura mereceram também a atenção da lei em momentos diversos. Passa-se, pois, a partir de agora, a analisar essas considerações legais específicas para cada categoria de autores.

8.1 O Direito de autor nas artes visuais

As chamadas artes visuais abrangem, essencialmente, qualquer forma de representação visual. Trata-se das obras que normalmente lidam com a visão como o seu meio principal de apreciação. Por excelência, consideram-se artes visuais a pintura, o desenho e a gravura. A escultura, enquanto arte espacial, também pode ser considerada arte visual, embora sua matéria-prima não seja a imagem bi-dimensional.

Não obstante essa definição mais moderna e generalista, a LDA preferiu usar a denominação de artes plásticas, que poderiam ser conceituadas como a construção expressiva de formas e imagens que revelem uma concepção estética e poética. De qualquer forma, não há dúvida de que estão ali abrangidas todas as artes visuais, incluindo não só a escultura, mas também a litografia[1] e a arte cinética[2].

A principal particularidade desse tipo de arte é o seu caráter de unicidade. São obras, normalmente, raras e únicas, indivisíveis por sua própria natureza, cujo valor reside exatamente na impossibilidade de reprodução para comercialização em série. De fato, a própria forma de materialização das artes plásticas é o resultado de um instante de inspiração autoral, que jamais se repetirá e que dará origem a uma obra única, exclusiva e para sempre original.

Por esse motivo, o artigo 77 da LDA determina que, salvo convenção em contrário, o autor de obra de artes plásticas, ao alienar o objeto em que ela se materializa, transmite o direito de expô-la, mas não transmite ao adquirente o direito de reproduzi-la. Significa dizer que o titular dos direitos patrimoniais sobre a obra poderá usufruir de sua beleza estética, inclusive submetendo-a à apreciação pública, mas jamais poderá, em função da mera propriedade material que adquiriu, apropriar-se de sua essência para extrair cópias.

Parece estranho que o direito de exposição possa acompanhar a simples venda da obra, de maneira assim tão direta e gra-

---

1 A litografia, grosso modo, é a arte de esculpir sobre pedra.

2 A arte cinética, também conhecida como Cinetismo, é uma corrente das artes plásticas que explora efeitos visuais por meio de movimentos físicos ou ilusão de óptica ou truques de posicionamento de peças. Artistas como Marcel Duchamp (1887-1968), Alexander Calder (1898-1976), Vasarely (1908), Jesus Raphael Soto (1923), Abraham Palatinik (1928), Yaacov Agam (1928), Jean Tinguely (1925), Pol Bury (1922), são apontados como expoentes desta linguagem. Retirado de: <http://pt.wikipedia.org/wiki/Arte_cin%C3%A9tica>. Acesso em: 19 set. 2006.

tuita. Isso porque se trata de um direito patrimonial e, portanto, independente dos demais usos patrimoniais, todos sob exclusividade de domínio do autor. Por outro lado, seria impossível fiscalizar o uso particular dado a esse tipo de obra após a alienação, visto que esse ato implica no afastamento físico entre o objeto artístico e seu criador.

Quanto à questão da impossibilidade de reprodução decorrente da simples aquisição material, a Lei Autoral também estabelece, mais adiante, uma contradição. Em seu artigo 78, a LDA fala na necessidade de autorização para reproduzir obra de arte plástica, o que, pelo texto legal, só deveria ocorrer mediante forma escrita e presunção de onerosidade. Se, todavia, a cessão não implica em transferência dos direitos de reprodução, fica a dúvida de quando e como tal ato poderia ser realizado.

Talvez, a interpretação lógica mais razoável possa ser a de que apenas o próprio autor tem a prerrogativa de ceder a obra para reprodução, aplicando-se somente a ele o texto do referido artigo. Nesse caso, seria necessária uma autorização específica para esse fim, diferentemente da mera alienação da materialidade do quadro. Uma vez cedido a terceiros, a obra não mais poderia ser reproduzida, nem pelo adquirente, nem por outros interessados.

Com efeito, a LDA parece confusa ao tratar das artes plásticas, talvez inclusive devido a sua especificidade. Aliás, foi exatamente o valor de originalidade presente nesse tipo de obra que levou o legislador a prever expressamente o já estudado direito de sequência. Assim, parece justo que o criador daquela beleza rara e única seja contemplado com uma participação nos lucros, sempre que a obra for valorizada no mercado, mediante o aumento de seu preço de revenda.

8.2 O Direito de autor na Fotografia

A fotografia, enquanto processo de fixação da imagem, é obra protegida pelo Direito de Autor na medida em que possua caráter estético ou artístico. Embora a lei não tenha feito essa exceção, pela própria interpretação de seu espírito, há que se concluir que se a foto é o resultado de mero processo mecânico – como acontece com os retratos 3x4 tirados automaticamente nas cabines – não se fala em direitos de autor.

Por outro lado, é inegável o caráter artístico dos ensaios fotográficos de moda e publicidade, dentre outros. Há toda uma preocupação com a luz, o foco, o ângulo e com a produção do conteúdo. Para esses casos, e para todos aqueles em que a foto não tiver caráter de simples registro, meramente documental, aplicam-se as regras do Direito de Autor.

Com efeito, o artigo 79 da Lei Autoral garante ao autor de obra fotográfica o direito a reproduzi-la e colocá-la à venda, observadas as restrições à exposição, reprodução e comercialização de retratos, e, ainda, sem prejuízo dos direitos de autor sobre a obra fotografada, se de artes plásticas protegidas.

O legislador menciona aqui o chamado Direito de Imagem, enquanto garantia constitucional e civil desse importante atributo da personalidade humana. Assim sendo, se o objeto da fotografia é uma pessoa, há que se pedir autorização a ela para qualquer uso posterior sobre a referida foto. Na verdade, tratar-se-ia de uma exposição pública da imagem realizada por meio da obra autoral e, como as titularidades são distintas, a cada um cabe o seu direito: ao fotógrafo, as prerrogativas decorrentes da autoria da foto e à pessoa retratada, o seu próprio direito de imagem.

Nesse sentido, deve-se tomar muito cuidado ao adquirir obras fotográficas que contenham figuras humanas, quando originárias dos chamados bancos de imagens. Essas empresas, especializadas no comércio de fotos para fins de ilustração e produção de peças visuais, normalmente possuem a autorização de comercialização por parte dos fotógrafos, a quem destinam parcela dos valores cobrados. No que se refere, porém, à imagem da pessoa fotografada, muitas vezes não há autorização expressa para o uso, o que pode eventualmente gerar problemas para o terceiro de boa-fé, que venha a utilizar essas imagens imaginando bastar a autorização do fotógrafo, por meio do pagamento ao banco de imagens.

Assim sendo, recomenda-se a exigência da autorização por escrito não só dos modelos profissionais, mas de qualquer pessoa que venha a posar para fotografias destinadas à venda, bem como para aquelas de uso livre, inclusive na Internet. Isso porque o fato de o fotógrafo ter disponibilizado a obra não significa que a pessoa fotografada também concorde em permitir gratuitamente o uso de sua imagem.

Vale ressaltar que se o objeto da fotografia for a imagem de artistas intérpretes ou executantes em cena, tratar-se-á do registro dos chamados direitos conexos, cujo uso posterior depende também de prévia e expressa autorização de seus titulares, enquanto direito de imagem especial, conforme já visto.

Contudo, se ao invés de uma figura humana, a fotografia capta uma outra obra autoral, tal como uma pintura, por exemplo, então ter-se-á uma obra autoral dentro de outra. Nesses casos, o autor da fotografia deverá ter o consentimento do autor da obra retratada para utilizá-la posteriormente.

Quanto aos direitos morais, ao tratar da fotografia, o legislador entendeu por bem reforçá-los. Assim, o § 1° do artigo 79 menciona o direito ao crédito, ao determinar que a fotografia, quando utilizada por terceiros, deverá indicar de forma legível o nome do seu autor. Trata-se do direito de paternidade, válido para toda e qualquer obra autoral.

A esse direito, por sua vez, soma-se o de integridade, reiterado no § 2° do mesmo artigo, que veda a reprodução de obra fotográfica que não esteja em absoluta consonância com o original, salvo prévia autorização do autor.

8.3 O Direito de autor no Teatro

Pela interpretação do artigo 7°, III e IV, da LDA, pode-se compreender o teatro como o conjunto de obras dramáticas, dramático-musicais ou pantomímicas[3], cuja execução cênica se fixe por escrito ou por outra qualquer forma. Pode-se incluir aqui

---

3 Segundo o Dicionário Aurélio da Língua Portuguesa, pantomima, na acepção teatral, é a peça de qualquer gênero, em que o(s) ator(es) se manifesta(m) simplesmente por gestos, expressões corporais ou fisionômicas,

também os espetáculos de dança, a que a lei se refere como obras coreográficas. Também há que falar sobre as demais apresentações sobre palco, tais como recitais, concertos, performances, malabares e outras artes circenses, humorísticas ou críticas.

Segundo Antônio Chaves (1987), a obra dramático-musical seria a ópera ou opereta, enquanto espetáculo constituído ao mesmo tempo de uma parte musical e de um texto poético, que seria denominado libreto, podendo o autor desse último reproduzí-lo em separado, independentemente da música.

Com efeito, o autor do teatro é aquele que escreve o seu roteiro, que cria o texto da peça teatral. A utilização desse escrito poderá ser negociada com um produtor, que passará a ser o titular dos direitos patrimonais. A cada representação teatral, o autor fará jus a uma nova remuneração, que deverá ser cobrada pela SBAT ou pela ABRAMUS, a seu critério. Vale ressaltar que por força do artigo 76 da LDA, é impenhorável a parte do produto dos espetáculos reservada ao autor e aos artistas.

O que distingue a obra autoral impressa da obra teatral é a possibilidade que esta última carrega de ser representada sobre palco. A linguagem, a estrutura e o formato do texto são especialmente desenvolvidos para esse fim. Ao criar, o autor pensa no resultado final como representação teatral, legítima arte em movimento, que precisa, portanto, de conteúdo compatível com a sua versatilidade.

Tanto é assim que o artigo 70 da LDA permite ao autor o direito de opor-se à representação ou execução que não seja suficientemente ensaiada, bem como fiscalizá-la, tendo, para isso, livre acesso durante as representações ou execuções, ao local onde se realizam. Se o autor, portanto, considerar que a representação pública não está de acordo com o seu texto original, assiste-lhe, por imposição de seus direitos morais, a prerrogativa de exigir as necessárias modificações.

Em se tratando da obra feita por vários autores, determina a LDA, em seu artigo 75, que, uma vez autorizada a representação

---

prescindindo da palavra e da música, que pode ser, também, sugerida por meio de movimentos. É sinônimo de mímica. (HOLANDA, 2004, p. 1480) de obra teatral feita em coautoria, não poderá qualquer dos coautores revogar a autorização dada, provocando a suspensão da temporada contratualmente ajustada. Certamente a limitação se justifica tendo em vista o esforço e o investimento realizado pelo produtor do espetáculo, não deixando por isso de representar uma curiosa restrição ao direito moral de arrependimento.

Por fim, cabe levantar aqui a polêmica em torno do papel do diretor artístico teatral. Trata-se do grande responsável pela montagem do espetáculo, ou seja, pela concretização da peça de teatro enquanto tal. No que pertine ao audiovisual, o diretor é expressamente previsto como coautor da obra, mas no teatro, ao contrário, a lei não faz qualquer referência ao seu papel.

Parece razoável que o diretor possa ser considerado como titular de direitos autorais autônomos, ou seja, apenas sobre a montagem do espetáculo e não sobre a peça como um todo, como forma de reconhecimento ao seu esforço intelectual, mas sem, por outro lado, ferir a relação de autoria que é própria do criador do texto.

8.4 O Direito de autor na Arquitetura

Com relação à obra arquitetônica, da mesma forma que a fotográfica, será considerada autoral conforme sua natureza estética e/ou artística. Ninguém duvida que uma obra de Niemeyer[4] deva ser protegida pelo Direito de Autor, da mesma forma que todos sabem que não pode gozar dessas prerrogativas um simples casebre, construído sem nenhuma pretensão estética. Nas palavras de Carlos Alberto Bittar:

---

4 A referência aqui é ao consagrado arquiteto Oscar Niemeyer, nascido no Rio de Janeiro em 1907, que projetou os principais prédios e espaços públicos da cidade de Brasília, como o Palácio da Alvorada e a Praça dos Três Poderes, além de outras importantes obras nacionais e internacionais como a Igreja da Pampulha, em Belo Horizonte, o Conjunto Ibirapuera, em São Paulo, e a Sede da ONU, em Nova Iorque.

> Consistindo a criação na ideação arquitetônica e expressando-se em um plano, a obra em questão goza de plena proteção, na medida em que represente, pela escolha, pela ordenação e pela combinação de vários elementos, forma original, em estruturação harmônica e individualizada. (BITTAR, 1993, p. 158)

A única referência da Lei Autoral especificamente às obras arquitetônicas está no artigo 26, que garante ao autor a possibilidade de repudiar a autoria de projeto arquitetônico alterado sem o seu consentimento, durante a execução ou após a conclusão da construção. Segundo o parágrafo único desse artigo, o proprietário da construção ainda responde pelos danos que causar ao autor sempre que, após o repúdio, der como sendo daquele a autoria do projeto repudiado.

Trata-se não de uma negação da paternidade autoral, mas, sim, do respeito à integridade da obra. Se não poderá manter as características originais, pelo menos que o projeto não continue a ser atribuído àquele arquiteto. Como explica Eliane Abrão, o autor "não poderá, em função disso, obstar o prosseguimento da obra com projeto modificado, mas terá direito de exigir a retificação da autoria, com ampla divulgação." (ABRÃO, 2002, p. 117)

Interessante notar que os direitos autorais do arquiteto também são reconhecidos na própria lei que regula o exercício da profissão. Com efeito, dispõe o artigo 17 da Lei n. 5.194/66 que os direitos de autoria de um plano ou projeto de engenharia, arquitetura ou agronomia, respeitadas as relações contratuais expressas entre o autor e outros interessados, são do profissional que os elaborar.

No artigo seguinte, a lei dos arquitetos determina que alterações no projeto ou plano original só poderão ser feitas pelo profissional que o tenha elaborado. Outrossim, como em qualquer outra obra autoral, toda modificação, transformação ou utilização posterior da obra arquitetônica deve ser previamente autorizada, em respeito aos direitos morais e patrimoniais do autor:

> As reproduções idênticas dos projetos e esboços de engenharia e arquitetura sem autorização do engenheiro ou do arquiteto, devidamente habilitado pelos órgãos reguladores do exercício da profissão, são consideradas violações a seus direitos patrimoniais de

autoria. O mesmo projeto, se autorizado para uma única edificação, não pode ser reutilizado, ainda que pelos mesmos encomendantes, para outra edificação, salvo convenção em contrário. (ABRÃO, 2002, p. 117)

8.5 O Direito de autor na música

Complexa por sua própria natureza, a obra musical requer a administração autoral em diferentes momentos. Seu autor original é o compositor, ou seja, quem criou a música, incluindo-se aí a possível coautoria entre o autor da letra e o autor da melodia. Trata-se de quem fez nascer a canção, de quem lhe deu vida e expressão estética e de quem, portanto, terá sobre a mesma todas as prerrogativas do Direito Autoral.

Em geral, os arranjadores e orquestradores são considerados autores apenas sobre sua contribuição para a finalização da música. Mais uma vez, recorre-se aqui ao conceito de direito autoral autônomo, enquanto o conjunto das prerrogativas sobre a criação independente, mas indispensável para a execução de obra maior.

Tal direito autônomo pode, inclusive, ser eventualmente atribuído também a outros profissionais que contribuem para a composição da obra, tais como engenheiros de som, eletrotécnicos e disc jóqueis (Dj's)[5], dentre outros. Isso acontece, principalmente, na música eletrônica, na qual a combinação de sons parte, muitas vezes, de processos mecânicos e eletrônicos de mistura, por meio de processos chamados de mixagens.

Nesses casos, segundo Antônio Chaves (1987), a autoria é atribuída sob certas condições definidas pelas associações de titulares, às quais os técnicos deverão ser obrigatoriamente filiados, sendo a divisão dos direitos regida pelos regulamentos dessas associações. Tal extensão das prerrogativas autorais na música foi objeto de uma deliberação internacional, como explica o jurista:

---

5 O disc jóqueis (DJ, ou *deejay*) é o profissional que seleciona e toca músicas previamente gravadas para um públicoalvo, podendo produzir sobre as mesmas efeitos especiais decorrentes da mistura de sons.

> Unicamente com relação aos criadores de música eletrônica admitiu o Conselho Internacional dos Autores e Compositores de Música, em sua reunião de Bruxelas de 28 e 29.6.1972, que no quadro dos regulamentos de cada Sociedade, e exclusivamente no que diz respeito às obras eletroacústicas, possam ser admitidos nas sociedades de autores engenheiros do som, eletrotécnicos e outras pessoas que apresentam prova da criação de uma obra eletroacústica. (CHAVES, 1987, p. 349)

Quando o autor resolve fixar a sua música em suporte material, ou seja, quando resolve gravar um CD, está negociando os chamados direitos fonomecânicos. Nesse caso, cuida o compositor de transferir a um terceiro, que é o produtor fonográfico, os seus direitos patrimoniais de edição, mantendo consigo, obviamente, as prerrogativas morais. Nas palavras do autor Nehemias Gueiros Júnior:

> Temos então que os direitos fonomecânicos, na definição válida e vigente no mercado musical brasileiro, significam todos aqueles direitos derivados da utilização econômica no grande mercado (comercialização) de suportes materiais musicais. (CDs, fitas cassetes ou outros), quer da modalidade de autor, quer da modalidade conexa, não importa. É o meio físico, o chamado *corpus mechanicum* que conta, para fundamentar a expressão, pois os direitos são gerados pela utilização de discos (CDs), fitas ou outros meios de reprodução material dos fonogramas musicais com finalidade comercial. (GUEIROS JR., 1999, p. 73)

Tal negociação, efetivada por meio de um contrato de edição, pode ser realizada por intermédio de uma editora musical, que é a empresa detentora de direitos patrimoniais responsável pelo agenciamento do autor, cuidando de seus interesses junto aos produtores fonográficos. A esses últimos são atribuídas todas as etapas de produção de um trabalho musical, desde o repertório até a distribuição do produto final, podendo atuar em estúdios de gravação e sonorização, em produtoras independentes ou por meio de gravadoras. Em qualquer caso, o produtor fonográfico, por seu trabalho intelectual de preparação da matriz do fonograma (também chamada de *master*), passa a ser o detentor dos direitos sobre esta.

Fonograma, por sua vez, segundo o artigo 5º, IX, da LDA é toda fixação de sons de uma execução ou interpretação, ou de outros sons, ou ainda de uma representação de sons que não seja uma fixação incluída em obra audiovisual. São, portanto, as fitas cassetes, os compact discs (CD's), mini discs (MD's), MP3'(MPEG-1/2 Audio Layer 3), DVD's (Digital Versatile Disc), dentre outros formatos de fixação de sons. Segundo o artigo 80 da LDA, ao publicar o fonograma, o produtor deverá mencionar, em cada exemplar, o título da obra incluída e seu autor, além do nome ou pseudônimo do intérprete, do ano de publicação e do seu próprio nome ou marca que o identifique.

O fonograma também deverá conter um número de identificação, que é o Código Internacional de Normatização de Gravações, o chamado ISRC[6]. Desenvolvido pela Organização Internacional de Normatização (ISO[7]), o ISRC tem o objetivo de identificar as gravações sonoras e audiovisuais, contituindo-se em um sistema único e internacional de catalogação e reconhecimento da originalidade musical. No Brasil, tal sistema foi regulamentado por meio do Decreto n. 4.533, de 2002. A obtenção do ISRC é de responsabilidade do produtor fonográfico, que deve solicitá-lo diretamente à associação musical à qual o titular é filiado, a cada nova gravação pelo primeiro titular dos direitos sobre ela.

Para a fixação de um fonograma, o autor poderá negociar com a gravadora ou com o produtor fonográfico independente dos valores de transferência dos direitos patrimoniais, o que pode se dar por meio da estipulação contratual de valor fixo ou porcentagem sobre a venda dos discos. É importante ressaltar que os artistas intérpretes atuarão como titulares conexos contratados pela gravadora, mediante remuneração, para criar versões próprias de cada uma das composições incluídas.

O autor musical também tem o chamado direito de sincronização. Trata-se da possibilidade de incluir suas composições, ou

---

6 A tradução literal da sigla, originalmente na Língua Inglesa é "Internacional Standard Recording Code", sinônimo de Código Internacional de Normatização de Gravações.

7 Tradução original da sigla: "International Standards Organization".

os fonogramas dela resultantes, em produções audiovisuais. Esse é um direito patrimonial independente dos demais, que possibilita às películas de cinema, minisséries, novelas e outras tantas produções dessa natureza ganharem trilhas sonoras próprias. Nas palavras de Henrique Gandelman:

> No mundo inteiro, a fixação de uma obra musical em uma produção audiovisual é conhecida como direito de sincronização (synchronization right), isto é, o produtor de um filme cinematográfico (fixado em película) ou de uma novela ou produção de TV (fixada em tape), quando na fase de criação de seu produto, deve solicitar previamente licença ao titular de direito das obras que pretende utilizar, ou melhor, fixar (gravar). (GANDELMAN, 2001, p. 81)

Para além do direito de sincronização, que permite ao autor a contrapartida patrimonial pela inserção de suas músicas em obras audiovisuais, existe também o direito desse titular de perceber dividendos autorais decorrentes da execução pública de sua música, devidos cada vez que a produção de cinema ou TV for transmitida para um determinado número de pessoas.

Com efeito, segundo o artigo 86 da LDA, os direitos autorais de execução musical relativos a obras musicais, lítero-musicais e fonogramas incluídos em obras audiovisuais serão devidos aos seus titulares pelos responsáveis dos locais ou estabelecimentos de frequência coletiva que as exibirem, ou pelas emissoras de televisão que as transmitirem.

Essa gestão dos direitos de execução pública, seja por meio do cinema, da TV, das rádios, seja durante *shows* ou sonorizações ambientes, é de responsabilidade do ECAD. Em nome dos autores e titulares conexos musicais, o Escritório Central de Arrecadação de Direitos Autorais cobra por essas execuções, repassando os valores aos seus titulares.

Com relação às empresas cinematográficas e emissoras de rádio, o artigo 68 da Lei Autoral, em seu § 7º, as obriga a manterem cópia da documentação de comprovação do pagamento de direitos autorais sobre fonogramas executados. No caso do cinema, a responsabilidade pelo recolhimento autoral de execução pública é das salas de exibição, que, não obstante a redação do texto legal supracitado, questionam, atualmente na Justiça, a legitimidade da cobrança por parte do ECAD.

Quanto às emissoras de rádio e TV, há controvérsias no que envolve a retransmissão de suas programações em locais de frequência coletiva, tais como hotéis e motéis, dentre outros. O ECAD entende que se trata de uso autoral independente, portanto, sujeito a nova cobrança. Já os donos de estabelecimentos alegam que o uso é eventual e privado, já que restrito aos ambientes dos quartos, além de, em tese, ser impossível a sua mensuração. O entendimento predominante na jurisprudência[8] parece ser no sentido de que o mero oferecimento das transmissões radiofônicas e televisivas nessas situações já configura a nova utilização de obra autoral protegida, sendo devida a cobrança do ECAD pelas retransmissões de rádio e TV nesses ambientes. Concorda o jurista Bruno Jorge Hammes:

> Ha diversas decisões de tribunais que entendem que, nesses casos, não se trata de nova utilização. Isso tem levado a pretensões das mais diversas. O ECAD tem proposto numerosas ações contra esse entendimento. Teve êxito em diversas delas. O Superior Tribunal de Justiça tem decidido que 'a sonorização ambiental, instalada em estabelecimento comercial com o objetivo de captar e reter a clientela, proporcionando ao comerciante o denominado lucro indireto, está sujeita ao pagamento dos direitos autorais'. (HAMMES, 2002, p. 83)

Por fim, vale ressaltar que a regulamentação da profissão de músico é feita pela Ordem dos Músicos do Brasil, instituição criada em 1960 por meio da Lei n. 3.857. A OMB, sigla pela qual é conhecida a entidade, tem por finalidade legal o exercício, em todo o país, da seleção, disciplina, defesa da classe e fiscalização do exercício da profissão de músico, mantidas as atribuições es-

---

8 Nesse sentido, a título exemplificativo, cite-se os acórdãos de julgamento, no Superior Tribunal de Justiça, dos Recursos Especiais de n. 791.630, n. 627.650, n. 542.112 e n. 329.860, dentre muitos outros que reconhecem a legitimidade da cobrança do ECAD pelas retransmissões de rádio em hotéis, motéis e outros locais de frequência coletiva. Os resultados da pesquisa estão disponíveis em: <http://www.stj.gov.br/SCON/ jurisprudencia/toc.jsp?tipo_visualizacao=RESUMO&livre=ECAD++e+hotel+ou+motel&b=ACOR>.Acesso em: 20 set. 2006.

pecíficas do respectivo sindicato. Trata-se de federação composta pelo Conselho Federal dos Músicos e pelos Conselhos Regionais, cuja natureza é de direito público, gozando de autonomia administrativa e patrimonial.

A lei de regulamentação profissional ainda estabelece as condições para o exercício da profissão de músico, que é livre em todo o território nacional, observados os requisitos da capacidade técnica e demais condições estipuladas em lei. Dentre essas condições, há a exigência, prevista no artigo 16 da Lei n. 3.857, de que os músicos sejam registrados no órgão competente do Ministério da Cultura e no Conselho Regional dos Músicos que possua jurisdição sobre o local de atividade do interessado.

Só poderão, todavia, obter tal registro nesses órgãos, os diplomados em música ou alunos dos dois últimos anos de instituições especializadas, bem como os professores da área, maestros ou aqueles que forem aprovados em exame nacional organizado pela própria OMB (art. 28). Essa profissionalização da música é criticada por muitos artistas como forma de cerceamento à expressão estético-musical, vez que sem a carteira de registro na OMB, ficam os amadores impedidos de se apresentarem publicamente.

8.6 O Direito de autor sobre programas de computador

Por sua especificidade e grande interesse comercial, o programa de computador, enquanto obra autoral, foi disciplinado por meio de legislação própria, editada conjuntamente com a LDA, sob a Lei n. 9.609, de 19 de fevereiro de 1998, apelidada como Lei de *software*. Logo em seu artigo 1°, tal lei atribui ao programa de computador a seguinte definição (BRASIL, 1998, p. 1):

> Art. 1° Programa de computador é a expressão de um conjunto organizado de instruções em linguagem natural ou codificada, contida em suporte físico de qualquer natureza, de emprego necessário em máquinas automáticas de tratamento da informação, dispositivos, instrumentos ou equipamentos periféricos, baseados em técnica digital ou análoga, para fazê-los funcionar de modo e para fins determinados.

Em conceito mais simples, o Glossário da OMPI define o programa de computador como o "conjunto de instruções que, quando se incorpora a um suporte legível por máquina com capacidade para tratamento da informação, indique, realize ou consiga uma função, tarefa ou um resultado determinado". (OMPI, 1980, p. 54)

Assim sendo, o programa de computador – ou *software*, como é conhecido em sua origem, em Língua Inglesa – é a materialização de instruções e regras articuladas e organizadas sob a linguagem da computação, cujo resultado é a criação de uma ferramenta de trabalho virtual que permite ao usuário a consecução de determinada tarefa ou atividade.

O regime de proteção à propriedade intelectual do programa de computador, segundo o artigo 2º da Lei de *software*, curiosamente é o conferido às obras literárias pela LDA. Significa dizer que se aplica ao autor de programas de computador, no que couber, os direitos a garantias dos autores de textos escritos.

Há, porém, diferenças entre a Lei n. 9.609 e a LDA. Os direitos morais do autor de *software* são restritos às prerrogativas de paternidade e integridade (art. 2, § 1º). Assim, o titular somente poderá exigir a indicação de seu nome na obra, bem como opor-se alterações de terceiros, não podendo reivindicar quaisquer outras garantias de ordem moral.

Quanto aos direitos patrimonais, dentre as prerrogativas asseguradas pela lei de *software*, além da venda, licença ou outra forma de transferência, tem o seu titular o direito exclusivo de autorizar ou proibir o aluguel comercial (art. 2º, § 5º). Assim sendo, pode o autor tanto vender cópias do programa de computador para utilização por outrem, o que caracteriza a licença, como pode também alugá-lo ou ainda transferir-lhe a tecnologia, compreendendo essa última hipótese a alienação de todos os direitos patrimoniais sobre a obra, por meio do repasse a terceiros do direito exclusivo de explorar economicamente o *software* no mercado.

Como em toda obra autoral, a proteção do programa de computador independe de registro, mas caso o autor opte por fazê-lo, deve dirigir-se ao Instituto Nacional da Propriedade Industrial (INPI), em que, por força do artigo 11 da Lei de *software*, também deverão ser registrados os posteriores contratos de transferência de tecnologia, para que produzam efeitos contra terceiros.

Identificam um *software* perante outro, inclusive para fins de registro, os dados referentes ao seu autor e ao titular patrimonial, bem como a identificação e descrição funcional do programa de computador, incluindo seus trechos e dados capazes de caracterizar a sua originalidade. Tais informações obviamente são sigilosas e só podem ser reveladas por ordem judicial ou a requerimento do próprio titular. (Art. 3º, §§ 1º e 2º)

O prazo de proteção dos direitos patrimoniais, diferentemente das demais obras autorais, é de 50 anos contados a partir de 1º de janeiro do ano subsequente ao da sua publicação ou, na ausência desta, da sua criação (art. 2, § 2º). Embora menor do que o estipulado pela LDA, acredita-se, todavia, que tenha sido esse prazo o principal motivo da decisão do legislador de inserir o *software* no campo autoral e não na propriedade industrial, já que nessa última área a proteção não dura mais do que 20 anos.

Infelizmente, dado esse caráter comercial do programa de computador, o artigo 4º da lei em questão estabeleceu pertencerem exclusivamente ao empregador, contratante de serviços ou órgão público, os direitos relativos a *softwares* desenvolvidos e elaborados durante a vigência de contrato ou de vínculo estatutário, expressamente destinado à pesquisa e desenvolvimento.

Para tal apropriação, é condição indispensável que a atividade de criação do empregado, contratado ou servidor seja prevista no respectivo contrato de trabalho, ou ainda, que decorra da própria natureza dos encargos concernentes a esses vínculos. Assim, o desenvolvimento do *software* tem que estar previsto como atribuição daquele que realiza o trabalho, anteriormente à sua execução.

Se, o contrário, tratar-se de uma criação independente e completamente desvinculada das atividades previstas no contrato de trabalho, mesmo sendo criada no ambiente profissional e com os recursos do contratante ou empregador, os direitos decorrentes da criação pertencerão exclusivamente a quem idealizou a obra.

A Lei de software, estabeleceu, em seu artigo 6º, seus próprios limites ao direito do criador de programas de computador.

São basicamente quatro, podendo ser resumidos como o direito de *backup*[9], a finalidade didática, a liberdade de semelhança estrutural e a possibilidade de integração a sistema operacional preexistente.

No que se refere ao *backup*, não constitui ofensa aos direitos do titular de programa de computador a reprodução, em um só exemplar, de cópia legitimamente adquirida, desde que se destine à salvaguarda ou armazenamento eletrônico. Não é ilegal, portanto, fazer cópia de *software*, desde que seja para a segurança dos dados e da utilização do próprio programa pelo usuário.

Segundo a lei, também não constituirá violação de direitos a citação parcial do *software*, para fins didáticos, desde que identificados o programa e o titular dos direitos respectivos. Fica aqui a dúvida do que seria essa citação. Poderia se pensar na utilização para projeções e demonstrações em sala de aula e outros espaços educacionais, embora a lei não especifique claramente se é essa a principal situação de exceção contemplada.

Por sua vez, será permitida a ocorrência de semelhança de programa a outro, preexistente, quando se der por força das características funcionais de sua aplicação, da observância de preceitos normativos e técnicos, ou de limitação de forma alternativa para a sua expressão.

Com efeito, tal limitação justifica-se pela funcionalidade do *software*, vez que é imprescindível ao autor a liberdade de criar programa que, embora diferente, seja capaz de executar as mesmas funções de outro preexistente, até para não favorecer ainda mais o monopólio de mercado. Caso contrário, teria-se, por exemplo, apenas um único programa de computador capaz de realizar diagramação de textos, ou edição de imagens, ou até navegação na Internet. Esse limite visa, assim, a estimular a leal concorrência.

---

9 Em informática, *backup* refere-se à cópia de dados de um dispositivo para o outro com o objectivo de posteriormente os recuperar (os dados), caso haja algum problema. Em modos gerais o *backup* é uma tarefa essencial para todos os que usam computadores e/ou outros dispositivos, tais como máquinas digitais de fotografia, leitores de MP3, etc. Fonte: Site Wikipédia. Disponível em: <http://pt.wikipedia.org/wiki/Backup>. Acesso em: 20 set. 2006.

Por último, é lícita a integração de um programa, mantendo-se suas características essenciais, a um sistema aplicativo ou operacional, tecnicamente indispensável às necessidades do usuário, desde que para o uso exclusivo de quem a promoveu. Aqui se procura permitir que o autor estabeleça compatibilidade entre o seu *software* e uma determinada plataforma de operação, dentre as quais se destacam hoje os sistemas *Windows*[10] e o *Linux*[11]. Não é preciso, portanto, criar um ambiente operacional próprio para o novo *software*, sendo lícita a sua integração aos já existentes.

A Lei de *software* ainda estabelece garantias ao usuário de programas de computador, dentre as quais se destaca o prazo de validade técnica da respectiva versão, mediante a obrigação da empresa que faz a exploração econômica da obra em assegurar aos respectivos usuários a prestação de serviços técnicos complementares relativos ao adequado funcionamento do programa, consideradas as suas especificações (arts. 7º e 8º).

Quanto ao crime de pirataria de *software*, o mesmo foi expressamente previsto na própria Lei n. 9.609. Assim, por força do artigo 12, quem violar os direitos de autor de programa de computador estará sujeito à pena de detenção de seis meses a dois anos ou multa.

Caso a violação consista na reprodução para fins de comércio sem autorização expressa do autor ou de quem o represente, o crime será considerado mais grave, com pena de reclusão de 1 a 4 anos, acrescido de multa. Também será considerado culpado

---

10 O *Windows* é um sistema operacional extremamente popular, criado pela Microsoft, empresa fundada por Bill Gates e Paul Allen. O *Windows* é a plataforma de operações virtuais mais usada em todo o mundo, embora na maioria das máquinas essa utilização seja feita de maneira ilegal. Fonte: Site Wikipédia. Disponível em: <http://pt.wikipedia.org/wiki/Windows>. Acesso em: 20 set. 2006.

11 O *Linux* é outro popular sistema operacional, que difere do *Windows* por ser de uso gratuito. A plataforma é composta pelo núcleo Linux e pelas bibliotecas e ferramentas do chamado projecto GNU, além de diversos programas livres feitos por outros programadores e empresas. Fonte: Site Wikipédia. Disponível em: <http://pt.wikipedia.org/wiki/Linux>. Acesso em: 20 set. 2006.

quem vender, expuser à venda, introduzir no país, adquirir ocultar ou tiver em depósito, para fins de comércio, original ou cópia de programa de computador, produzido com violação de direito autoral.

A iniciativa da ação penal será do próprio Estado quando o crime resultar em sonegação fiscal, perda de arrecadação tributária ou prática de quaisquer dos crimes contra a ordem tributária ou contra as relações de consumo, ou, ainda, quando for praticado em prejuízo de entidade de Direito Público.

Nos demais casos, será necessário o oferecimento de queixa-crime por parte do autor ou titular ofendido. Além disso, independentemente da ação penal, o prejudicado poderá requerer na Justiça Cível a devida indenização pelas perdas e danos e demais prejuízos decorrentes da infração.

8.7 O Direito de autor na Literatura

Dentre as mais antigas formas de manifestação artística, destaca-se a escrita. Há 6 mil anos, os sumérios[12] já utilizavam pictogramas[13] como linguagem para expressão de seus sentimentos. Principalmente a partir do século XIX, a difusão do sistema de impressão gráfica tornou a literatura uma das formas mais populares de comunicação e arte. Assim, escritores, revisores, tradutores, ilustradores, diagramadores e produtores editoriais profissionalizaram suas atividades, tornando-se os grandes responsáveis pela evolução do objeto artístico e literário hoje conhecido como livro.

---

[12] São os antigos habitantes da Suméria, uma das mais antigas civilizações de que se tem notícia, localizada entre os rios Tigre e Eufrates, na parte sul da extinta Mesopotâmia, onde hoje fica o Iraque.

[13] Um pictograma (do latim *pictu* – pintado + grego *γράμμα* – caracter, letra) é um símbolo que representa um objeto ou conceito por meio de ilustrações. Pictografia é a forma de escrita pela qual as ideias são transmitidas por meio de desenhos. Isso é a base da escrita cuneiforme e dos hieróglifos, formas primárias de escrita. Fonte: Site Wikipédia. Disponível em: <http://pt.wikipedia.org/wiki/Pictograma>. Acesso em: 20 set. 2006.

Atualmente, a gestão autoral do livro se dá por meio da chamada edição. Trata-se, com base no artigo 53 da LDA, do processo pelo qual o editor, enquanto empresário do campo da literatura, obriga-se a reproduzir e a divulgar obra escrita, ficando autorizado, em caráter de exclusividade, a publicá-la e a explorá-la pelo prazo e nas condições pactuadas com o autor.

Como se vê, é da própria essência da obra literária que sua comercialização seja feita de modo exclusivo por uma única empresa, a que se chama de editora. Segundo o artigo 63 da Lei Autoral, enquanto não se esgotarem as edições a que tiver direito determinada editora, não poderá o autor dispor de sua obra, embora caiba àquela o ônus da prova.

Assim, o autor estará vinculado a determinado editor enquanto sua obra estiver sob comercialização desse último, em cumprimento ao que foi pactuado entre ambos, por via contratual. Na vigência do contrato de edição, assiste, inclusive, ao editor, por força do § 1° do artigo 63 da LDA, o direito de exigir que se retire de circulação edição da mesma obra feita por outrem. Tal garantia seria a recompensa pelo dispêndio patrimonial na editoração da obra:

> Uma editora compõe o livro, a revista ou o jornal, revê as provas, acompanha o trabalho de impressão. Pagou linotipistas, revisores, paginadores, encadernadores, teve despesas de administração, gerência, distribuição, propaganda, lançando finalmente seu produto no mercado, com um custo elevado. (CHAVES, 1987, p. 199)

Para fins de determinação dessa vigência do contrato, considerar-se-á esgotada a edição quando restarem em estoque, em poder do editor, exemplares em número inferior a 10% do total de livros impressos. Tal regra foi estipulada pelo § 2° do artigo 63 da Lei Autoral. Nesse sentido, uma vez esgotado o estoque de obras – devidamente distribuídas pela editora – o escritor retomará os seus direitos, estando novamente livre para negociá-los com quem desejar.

Cabe aqui diferenciar a edição da tiragem. A edição é cada nova remessa de livros que o editor lança no mercado, desde a primeira, quando a obra é ainda inédita, até quantas forem necessárias para manter seu conteúdo e forma sempre atualizados e modernos. Mediante obrigatória numeração sequencial, a indicação de edição no próprio livro permitem verificar o quão recente ele é, já que toda e qualquer modificação em seu texto, ou mesmo em sua capa, dará origem a uma nova edição da obra.

Já a tiragem é apenas o número de exemplares impressos, ou ainda, as novas impressões de uma mesma edição, ou sejam, apenas a produção de novos exemplares, sem qualquer modificação em seu conteúdo. Utiliza-se essa nomenclatura quando uma nova remessa de livros é produzida para o mercado (reimpressão), utilizando-se as mesmas matrizes, sem qualquer alteração na obra, tendo em vista a sua desnecessidade de atualização.

Tendo em vista o parágrafo único do artigo 53 da LDA, o editor será obrigado a mencionar em cada exemplar da obra, além do seu próprio nome ou marca identificadora, também o título do livro e o nome de seu autor, além do ano de publicação. No caso de tradução, também deverá constar o título original e o nome do tradutor.

No que se refere às suas prerrogativas morais, terá o autor o direito de fazer, nas edições sucessivas de suas obras, as emendas e alterações que bem lhe aprouver, desde que tais modificações não prejudiquem os interesses do editor, nem lhe ofendam a reputação ou aumentem sua responsabilidade (art. 66 da LDA). Se, todavia, o autor se negar a fazer a imprescindível atualização da obra, o editor poderá encarregar outra pessoa de fazê-lo, desde que essa informação conste na nova edição. (art. 67 da LDA)

Já quanto aos direitos patrimoniais, o autor terá prioridade na aquisição de exemplares que o editor tiver colocado à venda mediante desconto, a título de saldo, situação que só será permitida, por força do artigo 64, depois de decorrido um ano de lançamento da edição. O preço de venda do livro será fixado pelo editor, que também será obrigado a prestar contas ao autor, em regra mensalmente, sempre que a retribuição deste estiver condicionada à venda da obra. (Arts. 60 e 61 da LDA).

8.8 O Direito de autor sobre bases de dados

As chamadas bases de dados estão entre as obras protegidas pelo Direito de Autor. No artigo 7º, XIII, a LDA considera como obras intelectuais as coletâneas, compilações, antologias, enciclopédias, dicionários, bases de dados e outras obras, que, por sua seleção, organização ou disposição de seu conteúdo, constituam criação intelectual.

Antes que restasse qualquer dúvida quanto à inclusão da ciência no campo autoral, o § 1º do artigo 7º da LDA definiu que a proteção concedida às compilações e bases de dados não abarca os dados ou materiais em si mesmos. Significa dizer que o conteúdo científico, por si só, não possui proteção autoral, residindo esse na forma estética em que tal conteúdo se materializa.

É o que determina também o § 3º do mesmo artigo, ao afirmar que no domínio das ciências, a proteção recairá sobre a forma literária ou artística, não abrangendo o seu conteúdo científico ou técnico, sem prejuízo dos direitos que protegem os demais campos da propriedade imaterial.

Com efeito, a ciência é campo distinto da arte. Sua natureza é de sistema de organização do conhecimento, capaz de abarcar a operação de leis gerais especialmente obtidas e testadas por meio do método científico. A arte, por sua vez, é o resultado da livre criação e expressão de sentimentos, de instintos, de pensamentos e de vontades. Nesse sentido, a ciência só receberá proteção autoral quando estiver materializada sob formas artísticas e literárias e, mesmo, assim, essa proteção só abrangerá tal formato exterior, e não o conteúdo.

Dada essa distinção entre forma e conteúdo referente à ciência, embora a LDA tenha se referido, em alguns momentos, às obras artísticas, literárias ou científicas como sendo protegidas pelo Direito de Autor, defende-se aqui a proteção apenas aos dois primeiros campos, vez que a ciência, para receber a tutela autoral, terá, necessariamente, que se materializar sob a forma de arte ou literatura.

No que pertine especificamente às bases de dados, tendo em vista a forma literária ou artística de sua exteriorização, gozarão as mesmas da proteção autoral. Segundo o artigo 87 da LDA, o seu titular terá direitos exclusivos sobre a forma de expressão e sobre a estrutura das referidas obras.

Destacam-se, como direitos patrimoniais dos titulares sobre bases de dados, o direito de autorizar ou proibir a sua reprodução total ou parcial, por qualquer meio ou processo, além dos direitos de tradução, adaptação, reordenação ou qualquer outra modificação. Também dependerá de autorização do autor, a distribuição do original ou de cópias da base de dados, bem como a sua comunicação ao público, tanto no formato original quanto em formatos derivativos, modificados mediante autorização.

8.9 O Direito de autor na publicidade

Na definição de Antônio Chaves, obra publicitária é aquela que, "por meios visuais, auditivos, ou audiovisuais faz chegar ao público em geral, ou a determinadas categorias, o conhecimento da existência e as qualidades de um determinado produto". (CHAVES, 1987, p. 371). Com efeito, a publicidade pode ser considerada como a atividade profissional dedicada à difusão pública de conceitos associados a empresas, produtos ou serviços.

Na realização da propaganda comercial, a publicidade recorre a diversos tipos de criações artísticas ou culturais, dentre as quais se destacam a música, o audiovisual, os textos e as imagens. No ambiente da veiculação de caráter comercial, essas criações ganham nomes próprios, tais como jingles[14], vinhetas, videoclipes ou spots[15]. Como explica Antônio Chaves, o caráter publicitário ou utilitário não altera a proteção que à obra é concedida pelo Direito de Autor, ou eventualmente até pela Propriedade Industrial, conforme o caso:

---

14 Um jingle ou vinheta é uma mensagem publicitária musicada e elaborada com um refrão simples e de curta duração, a fim de ser lembrado com facilidade. Fonte: Site Wikipédia. Disponível em: <http://pt.wikipedia.org/wiki/Jingle>. Acesso em: 20 set. 2006.

15 Spot é a mensagem publicitária transmitida pelo rádio. (MELLO, 2003, p. 327)

> Constituindo bens dignos de proteção jurídica, algumas criações publicitárias ficam amparadas pela legislação sobre o Direito de Autor, quando passam nos termos da lei específica, ser qualificadas como obra intelectual; outras, pela legislação sobre a Propriedade Industrial: marcas, insígnias e denominações comerciais e embalagens ou receptáculos de produtos. Existem, sem embargo, casos nos quais sem estar protegidas pelos ordenamentos mencionados, as criações publicitárias possuem condições de novidade, originalidade e interesse econômico, que exigem proteção jurídica. (CHAVES, 1987, p. 391)

Assim sendo, como obras complexas que são, as criações publicitárias terão que ser protegidas conforme suas características originais. No que se refere ao Direito de Autor, incidirá a proteção sobre cada tipo de criação em sua respectiva categoria. Assim, os jingles, por exemplo, serão considerados fonogramas, assim como os viodeoclips e VTs[16] configurarão produções audiovisuais e os spots e anúncios deverão ser tratados como obras literárias.

Cada obra, portanto, será regulada de acordo com sua categoria, mas todas serão consideradas autorais desde que criativas e artísticas, devendo ser respeitada a LDA inclusive no que tange aos usos posteriores de tais peças. Isso porque, como se sabe, os direitos patrimoniais são independentes entre si e a exploração de cada um deles depende de prévia e expressa autorização do respectivo titular. A recomendação, nesses casos, é de que o próprio contrato de prestação de serviço de criação publicitária estipule as condições para os usos posteriores referentes às obras encomendadas.

No chamado Código Brasileiro de Auto-Regulamentação Publicitária[17], os próprios profissionais da propaganda comprome-

---

16 VT é a abreviação da expressão *video tape*, cuja tradução literal é fita de vídeo. O termo é usado para denominar pequenas produções audiovisuais sobre temas específicos, tanto no jornalismo quanto na publicidade.

17 O Código Brasileiro de Auto-Regulamentação Publicitária foi elaborado durante o III Congresso Brasileiro de Propaganda, realizado em São Paulo, em 1978 e posteriormente aprovado pelo Grupo de Trabalho Interministerial constituído pela Portaria n. 307, do Ministro da Indústria e do Comércio, em conformidade com o despacho do Excelentíssimo Senhor Presidente da República, na Exposição de Motivos n. 049.

tem-se a cumprir as determinações da LDA. Assim, o artigo 38 do referido instrumento ordena que toda atividade publicitária deve respeitar os direitos autorais nela envolvidos, inclusive os dos intérpretes e os de reprodução, mediante proibição expressa, por exemplo, da utilização de música de fundo, ou trechos de composições de autores nacionais ou estrangeiros sem o devido respeito aos direitos dos respectivos titulares.

Em seu artigo 41, o referido Código protege a criatividade e a originalidade nas criações publicitárias e condena o anúncio que tenha por base o plágio ou a imitação, ressalvados os casos em que a imitação é comprovadamente um deliberado e evidente artifício criativo.

Quanto à autoria das obras, em sua própria lei regulamentadora, os publicitários reconhecem às agências de publicidade os direitos sobre as criações individuais. Assim, em seu artigo 9º, VIII, o Decreto n. 57.960/66 (que regulamenta a Lei n. 4.860/65) estabelece que a ideia utilizada na propaganda é, presumidamente, da agência, não podendo ser explorada por outrem, sem que aquela, pela exploração, receba a remuneração justa.

Não obstante o preceito legal, sabe-se que o criador originário é sempre a pessoa física. Assim, os direitos morais dos criadores primígenos, mesmo enquanto empregados das agências publicitárias, deveriam ser-lhes garantidos, sem prejuízo da legítima exploração econômica das criações pelas agências, já que são elas as detentoras de todos os direitos patrimoniais sobre as obras. Claro que existem as criações coletivas, trabalhadas em momentos diferentes, por diversos departamentos da agência, mas poderia-se lidar com elas enquanto relações de coautoria. O reconhecimento desses titulares enquanto autores passam, portanto, pela questão de conscientização da própria categoria profissional.

8.10 O DIREITO DE AUTOR NO CINEMA E NA TV

As obras audiovisuais, conforme determina a LDA, são aquelas que resultam da fixação de imagens com ou sem som, mediante a finalidade de criar, por meio de sua reprodução, a impressão de movimento, independentemente dos processos de captação, suportes de fixação e dos meios utilizados para veiculação. Tais obras podem ser divididas basicamente em três tipos: cinematográficas, televisivas e videofonográficas.

Em todas elas, como já visto, a coautoria é sempre presumida. Serão, portanto, considerados coautores do audiovisual o criador do argumento literário, da trilha sonora e o diretor (art. 16 da LDA). Suas contribuições constituem-se, na verdade, em três criações independentes, que se fundem para dar origem a obra única. É o que determina o artigo 85 da Lei Autoral, ao permitir aos coautores da obra audiovisual a utilização, em gênero diverso, da parte que constitua sua contribuição pessoal.

Importante diferenciar o argumento literário do roteiro. O primeiro, segundo José Guimarães Mello (2003), é a exposição resumida de uma obra. Fala-se aqui da exteriorização da ideia, da própria criação do enredo da produção audiovisual. Já o roteiro, por sua vez, é a forma escrita que conduz a narrativa do audiovisual, caracterizando-se pela descrição objetiva das cenas, sequências, diálogos e indicações técnicas do filme. Assim, o que se busca proteger por meio da coautoria é a originalidade de quem criou a história e não a técnica de quem a adequou para a linguagem audiovisual.

Não obstante a sua exclusão como coautor da produção audiovisual, o roteirista não deixa de ter direitos autorais sobre sua criação. É, sem dúvida, o autor do roteiro, tendo exclusividade sobre sua utilização. Seu direito será não sobre todo o filme, mas, de maneira autônoma, apenas sobre sua parcela de contribuição para a consecução do mesmo.

Igualmente serão titulares desses direitos autorais autônomos o cenógrafo, o figurinista, o diretor de fotografia, o diretor de maquiagem, o iluminador e qualquer outra pessoa que desenvolva trabalho de natureza artística e intelectual para a realização da obra. Eles serão autores de suas próprias participações, enquanto criações autorais menores, necessárias à produção da obra audiovisual.

Evidentemente que esse critério de classificação autoral não é predeterminado e o reconhecimento dos direitos decorrentes da criação aos envolvidos vai variar conforme o caso concreto, mediante as exigências de cada produção e a própria habilidade e criatividade dos respectivos profissionais. Obviamente que atividades meramente técnicas, como as de contra-regras, continuístas e assistentes de direção, não geram pretensão autoral.

Segundo o artigo 81 da LDA, a autorização do autor e do intérprete de obra literária ou artística para produção audiovisual implica, salvo disposição em contrário, no consentimento para sua utilização econômica. Logo, o produtor poderá explorar a obra no mercado como decorrência da própria cessão dos direitos patrimoniais que obteve junto aos autores. Se, por outro lado, o produtor não iniciar tal exploração dentro do prazo de dois anos contados da conclusão da obra, perderá o seu direito sobre a mesma. (art. 85, parágrafo único).

A exclusividade para a exploração comercial da obra audiovisual, por sua vez, não é presumida. Ao contrário, depende de cláusula expressa no contrato de produção e cessa 10 anos após a celebração do referido instrumento. Assim, para que um produtor possa explorar de modo exclusivo uma determinada obra audiovisual, ele deve previamente pactuar por escrito essa condição com os autores, limitado o exercício de tal prerrogativa ao prazo máximo legal.

Em respeito aos direitos morais dos titulares envolvidos, por força do § 2º do artigo 81 da LDA, o produtor deverá mencionar, em cada cópia da obra audiovisual, não só o seu próprio nome ou marca pessoal, mas também o título da obra, o ano de publicação e os nomes ou pseudônimos dos artistas intérpretes, do diretor e dos demais coautores. Se a obra for adaptada, será obrigatória também a menção do nome do adaptador.

A orientação normativa e fiscalização das atividades relativas ao cinema no Brasil foi realizada, no período de 1976 a 1990, pelo extinto Conselho Nacional do Cinema (CONCINE). Criado pelo Decreto n. 77.299/76, o CONCINE substituiu o Instituto Nacional do Cinema em suas funções consultivas e era ligado ao antigo Ministério da Educação e da Cultura. Nas palavras de Antônio Chaves:

> Era um colegiado daquela Pasta, constituído por representantes da mesma e de órgãos ligados à área: Ministério da Indústria e do Comércio, das Relações Exteriores, das Comunicações, da Fazenda, da Secretaria de Planejamento da Presidência da República, da Embrafilme, dos produtores, realizadores e exibidores, tendo por finalidade regulamentar e fiscalizar a indústria cinematográfica nacional, bem como assessorar o Ministro de Estado na formulação de política a ser seguida no setor. É o órgão responsável pelas normas de proteção às produções brasileiras. (CHAVES, 1987, p. 351)

O CONCINE foi extinto no Governo de Fernando Collor de Mello, em 1990. Durante 11 anos o setor ficou sem qualquer regulação, o que só não causou maiores prejuízos porque a produção cinematográfica no país se manteve praticamente, inerte naquele período, devido à falta de apoio, de estímulo e de fomento.

Em 2001 foi criada, por meio da Medida Provisória 2.228-1, a Agência Nacional do Cinema (ANCINE), uma agência reguladora cuja natureza jurídica é de autarquia federal. A ANCINE foi vinculada ao Ministério da Cultura, em 2003, e constitui-se hoje como o órgão oficial de fomento, regulação e fiscalização das indústrias cinematográfica e videofonográfica, dotada de autonomia administrativa e financeira.

A mesma Medida Provisória criou, ainda, o Conselho Superior do Cinema, órgão colegiado integrante da estrutura da Casa Civil da Presidência da República, responsável por definir a política nacional do cinema brasileiro. Também foi instituída, pelo mesmo instrumento legal, a Contribuição para o Desenvolvimento da Indústria Cinematográfica Nacional (CONDECINE), que tem como fato gerador a veiculação, a produção, o licenciamento e a distribuição de obras cinematográficas e videofonográficas com fins comerciais. A CONDECINE será devida uma única vez a cada cinco anos, para cada segmento de mercado, por título ou capítulo de obra cinematográfica ou videofonográfica.

Dentre as funções da ANCINE, está a execução da política nacional de fomento ao cinema, formulada pelo Conselho Superior de Cinema, além da promoção do combate à pirataria de obras audiovisuais, com aplicação de multas e sanções na forma da lei. O órgão é também responsável pelo fornecimento de

Certificados de Produto Brasileiro a obras nacionais e pelo registro das obras cinematográficas e videofonográficas que serão comercializadas em todos os segmentos de mercado.

Não só o cinema, mas também as outras obras audiovisuais submetem-se ao controle da ANCINE. Nesse sentido, inclui-se o videofonograma, concebido como o produto que resulta da fixação de imagem e som em suporte material, tais como as fitas de vídeo e os DVD's. Com efeito, a própria Medida Provisória de criação da ANCINE define a obra videofonográfica como aquela cuja matriz original de captação é um meio magnético com capacidade de armazenamento de informações que se traduzem em imagens em movimento, com ou sem som.

Todo o sistema de gravação, distribuição e comercialização de videofonogramas está condicionado à celebração de contratos particulares de negociação de direitos patrimoniais, inexistindo qualquer sistema de arrecadação de direitos autorais específico para o setor. A Medida Provisória 2228-1 criou, porém, uma série de exigências legais para a circulação desse tipo de obra.

Assim, as cópias das obras cinematográficas e videofonográficas destinadas à venda, cessão, empréstimo, permuta, locação, exibição, com ou sem fins lucrativos, bem como as obras cinematográficas e videofonográficas publicitárias deverão conter, em seu suporte, marca indelével e irremovível com a identificação do detentor do direito autoral no Brasil, com todas as informações que o identifiquem.

É obrigatório também o registro das empresas de produção, distribuição, exibição de obras cinematográficas e videofonográficas nacionais ou estrangeiras na ANCINE, e seus produtos, para serem exibidos, deverão receber daquele órgão o chamado Certificado de Produto Brasileiro (CPB).

Além disso, as empresas distribuidoras e locadoras de obras cinematográficas para vídeo doméstico ou para venda direta ao consumidor, em qualquer suporte, deverão entregar à ANCINE, semestralmente, relatório enumerando não só as obras cinematográficas brasileiras distribuídas no período, mas também as obras estrangeiras e as cópias distribuídas por título.

Quanto às obras televisivas, embora não previstas expressamente na Lei Autoral, configuram-se como produções audiovisuais, estando, portanto, sujeitas à regulamentação do setor. A programação, incluindo minisséries, novelas, programas de auditório e humorísticos, é construída mediante contratos de produção e de cessão de direitos autorais e também não há, sobre as mesmas, previsão legal de arrecadação autoral específica.

No que diz respeito à TV fechada, a Medida Provisória 2.228-1 determina que as empresas brasileiras responsáveis pelo conteúdo da programação dos canais dos serviços de comunicação eletrônica de massa por assinatura, sejam eles gerados no Brasil ou no exterior, deverão fornecer à ANCINE sua programação, incluindo títulos ou capítulos de obras seriadas e obras publicitárias.

Por fim, é importante ressaltar que, além da veiculação de obras audiovisuais de todo gênero – tanto as cinematográficas quanto as produzidas especificamente para o formato televisivo – a programação de TV envolve direitos diversos, tais como: inserção e veiculação de fonogramas; direitos de imagem referentes a figurantes, personagens e entrevistados; direitos de imprensa sobre o telejornalismo; direitos conexos de artistas intérpretes e executantes, dentre outros. Cada uma dessas prerrogativas corresponde a uma categoria própria de titulares e possui regulamentação específica, por meio de legislação própria, que deve ser observada e respeitada.

8.11 Novos meios de circulação autoral

8.11.1 A Multimídia

Assim como os tipos de arte, também os seus suportes de veiculação estão se multiplicando. O advento de novas tecnologias tem levado a uma notória ampliação das possibilidades de circulação e manipulação de produtos artísticos e culturais. Nesse movimento, destaca-se o atual processo de expressão autoral resultante da combinação de diferentes meios de comunicação, também chamados de mídias, por intermédio do computador.

Assim, a denominada multimídia é a conjugação de pelo menos um tipo de meio de comunicação estático (tal como texto, foto, desenho, etc.), com pelo menos um tipo de mídia dinâmica (vídeo, áudio, animação, etc.), tal como explica Henrique Gandelman:

> A multimídia é a combinação de duas ou mais formas digitalizadas de expressão artística (texto, imagens ou sons) transmitidas pelo computador, através de um software. Caracteriza-se, pois, pela conjugação de arte (o texto, as imagens e os sons digitalizados) e técnica (o software que faz o sistema funcionar), razão pela qual a sua proteção contém particularidades. (CARBONI, 2003, p. 77)

A multimídia caracteriza-se, assim, em uma nova tecnologia digital, capaz de conjugar diferentes linguagens comunicativas com o objetivo de manipular, armazenar e pesquisar conteúdos, recorrendo a suportes para grandes volumes de dados, tais como os discos ópticos (CDs e DVDs). Para Guilherme Carboni, trata-se de uma nova maneira de construir obras autorais:

> Conceitualmente, multimídia é mais do que um meio de comunicação, veiculado através de um CD-ROM ou de um *site* na Internet. É normalmente empregada para combinação de texto, som e vídeo. A multimídia interativa permite ao usuário controlar quando e quais elementos serão transmitidos. (CARBONI, 2003, p. 77)

No que se refere à tutela do Direito de Autor, essas obras de multimídia são consideradas complexas, exatamente por conjugarem diferentes linguagens que, isoladamente, recebem específica proteção do legislador. Assim, embora reunidas em um mesmo suporte material, tal como um CD-ROM[18] ou um *site*[19], cada uma das obras ali incluídas terá proteção individual, tendo em vista o tipo de arte que representa. Da mesma maneira, o conjunto

---

[18] Disco Compacto não-regravável (*Compact Disc Read-only memory*).

[19] Segundo o Dicionário Aurélio da Língua Portuguesa, *site* ou sítio é o conjunto de documentos apresentados ou disponibilizados na Internet por um indivíduo, instituição, empresa, etc., e que pode ser fisicamente acessado por um computador e em endereço específico da rede. (HOLANDA, 2004, p. 1858)

dessas obras, enquanto produto multimídia, será protegido em seus aspectos estéticos, diante de outros, do mesmo gênero. Nas palavras de Guilherme Carboni:

> A multimídia é uma obra híbrida, pois cada um de seus componentes é classificado de forma diversa na legislação autoral brasileira. Assim, os textos, sons e imagens que a compõem, bem como sua forma de organização, por constituir base de dados, são protegidos pela Lei n. 9.610/98, ao passo que o software que a faz funcionar é protegido pela lei de software. (CARBONI, 2003, p. 137)

8.II.2 A Hipermídia e a Internet

Outro importante paradigma para a criação e transmissão de obras autorais hoje é a utilização da chamada hipermídia, como ferramenta de expressão artística e cultural na Internet.

Para adentrar essa nova linguagem, é preciso voltar ao conceito de Internet, entendida como o conglomerado de redes mundiais de computadores, cuja interligação permite o acesso a informações e a transferência de dados. Dentro da Internet, existe a chamada *World Wide Web*[20], um sistema de informação mais recente[21], que emprega a Internet como meio de transmissão da linguagem hipermídia.

A definição de hipermídia, por sua vez, parte dos conceitos de não-linearidade, interface e multimídia. Trata-se do meio de expressão próprio da Internet, que possibilita diferentes modos de compreensão do conteúdo a partir da exploração de caminhos diferenciados para a construção da mensagem.

---

20 A chamada *Web*, ou apenas WWW, cuja tradução literal seria "rede do tamanho do mundo" é uma rede de computadores na Internet que fornece informação em forma de hipertexto.

21 A interatividade de redes interligadas de computadores e seus conteúdos multimídia que hoje caracteriza a Internet só se tornou possível pela contribuição do Cientista Tim Berners-Lee e do Centro Europeu de Pesquisas Nucleares (CERN – *Conseil Européen pour la Recherche Nucléaire*) que criaram a *World Wide Web*, inicialmente interligando sistemas de pesquisa científicas e mais tarde interligando Universidades. Fonte: Site Wikipédia. Disponível em: <http://pt.wikipedia.org/wiki/Internet>. Acesso em: 22 set. 2006.

Assim, por meio do passeio por um *site*, o internauta vai descobrindo *links*[22] que possibilitam o acesso à informação de uma maneira individualizada, sem ordem cronológica ou temporal, mas, ao contrário, por meio de uma lógica de cognição própria, baseada em sua curiosidade e interesse, bem como no foco de sua pesquisa.

No tocante ao Direito de Autor, o advento da Internet significou, por um lado, a rica possibilidade de adoção da linguagem hipermídia como uma nova e criativa forma de construção artística, mas por outro, conduziu à proliferação da pirataria. De fato, não obstante os novos processos de criação autoral digital, a Internet tem sido usada frequentemente para a veiculação de obras em seu formato original, na maioria das vezes sem a respectiva autorização de seus titulares.

Diversas modificações, tais como traduções e adaptações, também têm sido realizadas sem nenhum tipo de consulta aos autores, sendo esses ainda obrigados a conviver com as constantes omissões de seus nomes junto às referidas veiculações. Como resultado, constata-se que a falta de controle sobre o conteúdo da Internet causa aos titulares autorais não apenas prejuízos sob o aspecto patrimonial, mas também irreparáveis danos aos seus direitos morais de paternidade e integridade.

Como explica Marcos Alberto Sant'Anna Bitelli (2004), a Internet e sua digitalização de conteúdos possibilitaram o fenômeno da distribuição indiscriminada de obras, sem qualquer controle dos criadores e titulares de direitos, ignorando a indispensável autorização prévia e a consequente remuneração para a utilização:

> Tal situação cercou de problemas e conflitos primeiramente a indústria fonográfica, com o surgimento do Napster, software que permitia o intercâmbio de arquivos digitais de músicas em formato 'MP3'. Esta 'praga', como diziam os titulares, chegou em seguida aos demais setores usuários de conteúdos digitalizados, com grandes riscos para todos que exercem atividade econômica com obras intelectuais. (BITELLI, 2004, p. 212)

---

22 É sinônimo de ligação (ou ainda *hyperlink* enquanto hiperligação). Trata-se de uma referência num documento em hipertexto a outro documento ou a outro recurso. Fonte: Site Wikipédia. Disponível em: <http://pt.wikipedia.org/wiki/Link>. Acesso em: 22 set. 2006.

Sob o ponto de vista legal, não há qualquer diferença entre a circulação de obras na Internet ou em qualquer outro meio de transmissão do conhecimento e da informação. Também na era digital, marcada pelo advento da rede mundial de computadores, as prerrogativas para utilização patrimonial, bem como o respeito aos direitos morais de autor, devem ser também observados.

Na opinião de Plínio Cabral (2000), a reprodução eletrônica de obras protegidas deve obedecer aos parâmetros fixados pela lei, mediante a manutenção dos registros que permitam ao autor o controle do aproveitamento econômico de seu trabalho: "por meio de sistemas eletrônicos e programas adequados, esse registro se torna mais fácil e objetivo. Tecnicamente falando, é simples e fácil. O provedor desempenhará papel decisivo como 'porta' para os caminhos cibernéticos e seu controle." (CABRAL, 2000, p. 102.)

Por fim, vale ressaltar que, bem como os demais contrafatores, aquele que comete violações autorais na Internet está sujeito a sanções administrativas, cíveis e penais. Como explica Henrique Gandelman (2001), apesar de tais sanções terem sido idealizadas na era em que as obras intelectuais somente tinham o formato analógico, certamente as mesmas continuam a ter a sua aplicação válida também para o novo mundo digital.

8.II.3 As transmissões via cabo, satélite e outros sistemas

Além da multimídia e da Internet, há que se falar também em outras formas de transmissão da informação e do conhecimento. Muitas vezes transformadas em serviços básicos à população, esses novos meios de comunicação permitem a mundialização da cultura. O planeta perde suas fronteiras e o ser humano ganha interação, independentemente de sua localização física.

Assim, a telefonia fixa, a comunicação móvel, a radiofrequência, a transmissão via satélite e a TV por assinatura são sistemas de telecomunicações cada vez mais populares, capazes de veicular todo tipo de mensagem, inclusive as de caráter artístico, protegidas pelo Direito de Autor. Mais recentemente, fala-se também na TV Digital, cujo sistema está em processo de implantação no Brasil, ainda sem qualquer estudo sobre seus possíveis impactos sociais.

A Agência Nacional de Telecomunicações (Anatel) é o órgão responsável pela implementação da política nacional do setor. Trata-se de uma autarquia especial, administrativamente independente e financeiramente autônoma, que não se subordina hierarquicamente a nenhum órgão de governo e cujas decisões só podem ser contestadas judicialmente.

Dentre as funções da Anatel, está a atuação no controle da obtenção e transferência de concessões, permissões e autorizações para prestação de serviços de telecomunicações por parte dos grupos empresariais, de forma a garantir a competição e impedir a concentração econômica do mercado. A autarquia também é responsável pela estrutura tarifária de cada uma das modalidades de serviços prestados em regime público.

QUADRO ESQUEMÁTICO – CAPÍTULO 8

Gestão autoral

- Artes visuais
  - AUTVIS ou negociação individual
  - respeito ao Direito de Imagem
- Teatro
  - SBAT ou ABRAMUS
  - autor é quem escreve o roteiro
- Arquitetura
  - art. 17 da Lei dos Arquitetos (Lei 5.194/66)
- Música
  - Direitos fonomecânicos (negociação individual)
  - Direitos sobre execuções públicas: ECAD
- Programas de computador
  - Lei 9.609/98 (regras específicas)
  - Fiscalização de softwares: ABES
- Literatura
  - Exclusividade obrigatória
  - edição (nova versão) x tiragem (reimpressão)
- Bancos de dados
  - Proteção à forma e não ao conteúdo
- Publicidade
  - proteção a obras artísticas
  - direito da agência publicitária
- Cinema e TV
  - Co-autoria necessária: autores da trilha sonora, do argumento e o diretor
  - negociação individual
  - ANCINE (agência reguladora)
- Novas Mídias
  - Multimídia
  - Internet
  - Cabo, etc.
  - > Seguem as regras gerais de gestão autoral

CAPÍTULO 9

OS CONTRATOS AUTORAIS

> *"Cabe ao pretor deste novo e convulso milênio dar ao Direito a vitalidade que o eterniza, fazendo da interpretação da lei o instrumento capaz de harmonizar os conflitos surgidos nos turbilhões de uma nova realidade social"*
>
> Plínio Cabral

9.1 Princípios gerais

Para regular as relações privadas de Direito Autoral, faz-se necessário estabelecer acordos de vontade por escrito, o que se realiza por intermédio de variados tipos de contratos. Tal instrumentação jurídica viabiliza a cessão total ou parcial dos direitos patrimoniais de autor a terceiros, a título universal ou singular, pessoalmente ou por meio de representantes com poderes especiais.

O artigo 49 da Lei Autoral prevê expressamente algumas modalidades de transferência de direitos, citando o licenciamento, a concessão e a cessão, não obstante o reconhecimento expresso de quaisquer outros meios admitidos juridicamente.

Dentre os princípios gerais de contratação autoral, destaca-se, por força do artigo 50 da LDA, a necessidade da forma escrita para os contratos de cessão total ou mesmo parcial de direitos, garantindo assim que o acordo jurídico constitua prova documental. Há também, a presunção de onerosidade, enquanto estipulação legal capaz de garantir ao autor a remuneração como regra geral de contrapartida pela transmissão de seus direitos. Obviamente poderá o autor estipular a gratuidade, mas essa terá que ser expressamente consentida.

Em obediência à regra geral do informalismo contratual, não há necessidade de registro do acordo escrito para que produza seus efeitos entre as partes, mas poderá o autor tomar essa providência para fins de conservação e publicidade do instrumento. Nesse caso, deverá a cessão ser averbada à margem do registro da própria obra autoral, quando a mesma tiver sido registrada, ou ainda, em Cartório de Títulos e Documentos, se não houver registro anterior.

O contrato autoral deverá indicar os elementos principais de negociação de direitos, como seu objeto, devidamente especificado e delimitado, além das condições de exercício do direito, relativas ao tempo, lugar e preço. No que se refere à limitação de caráter temporal, também por determinação da LDA, o prazo máximo de duração do contrato, no silêncio das partes, será de 5 anos. É possível a realização de contratos maiores e mais amplos, mas essa vontade do autor terá que ser expressamente registrada.

No caso dos contratos de cessão dos direitos de autor sobre obras futuras, o artigo 51 da LDA foi mais rígido ao fixar o prazo máximo indeclinável de 5 anos, vetando a possibilidade de estipulação contratual de tempo maior. Obriga a lei, inclusive, à redução do tempo do contrato a esse prazo, sempre que for superior ou indeterminado no instrumento jurídico, situação em que haverá diminuição, na devida proporção, do preço estipulado.

Como limitação espacial, tem-se que as cessões autorais serão válidas unicamente para o país em que se firmou o contrato, salvo estipulação em contrário. Tal negócio jurídico também só poderá se operar para modalidades de utilização já existentes à data do contrato. Quanto a essas últimas, determina a LDA que na ausência de especificação, entender-se-á que o contrato é limitado a apenas uma modalidade de uso, que será aquela indispensável ao cumprimento de sua finalidade.

Como se vê, os princípios gerais de contratação autoral visam garantir a interpretação restritiva e a independência das formas de utilização das obras intelectuais. Para isso, a lei entendeu por bem limitar a autonomia das partes na celebração de contratos de cessão de direitos, exigindo-lhes não só a forma escrita, mas a enunciação expressa de direitos cedidos e suas condições, mediante a exclusão dos modos não previstos de utilização.

9.2 Contratos gerais

Aplicáveis a todos ou a vários tipos de obras de arte, os contratos a seguir foram classificados como gerais não só devido a esse seu alcance dilatado, mas também tendo em vista a sua abrangência, já que transferem ao terceiro interessado amplos direitos sobre a obra de arte e de cultura.

9.2.1 O Contrato de Cessão

O contrato de cessão autoral é o mais abrangente e gravoso de todas os acordos de vontade realizados pelo autor. Por meio de tal negociação, o criador transfere a outrem a propriedade sobre um, alguns ou todos os seus direitos patrimoniais sobre a obra de arte. Passa, portanto, a não ser mais o titular dos direitos de propriedade transferidos, em favor de um cessionário, que os explorará em sua plenitude, nos limites do que foi expressamente acordado.

Na acepção de Carlos Alberto Bittar, o contrato de cessão é aquele "por meio do qual o autor transfere, a título oneroso ou não, a outrem, um ou mais direitos patrimoniais sobre sua criação intelectual" (BITTAR, 2003, p. 96). Essa transmissão pode ter caráter permanente ou temporário, mas em qualquer caso outorga ao adquirente plenos poderes sobre o objeto cedido.

Assim, mediante remuneração, prazo determinado e outras estipulações limitadoras, o autor cede o total ou parte de seus direitos autorais a terceiros. Esses últimos são, em geral, empresários do mundo das artes, que trabalham individualmente ou por meio de produtoras, agências, escritórios e outras empresas voltadas para a realização de espetáculos, shows e montagens, além da formatação e comercialização de produtos culturais.

Se um autor de textos cede a um editor ou produtor de cinema seu original para comercialização por meio de livro ou, respectivamente, de filme, estará transferindo ao empresário todos os direitos autorais de exploração econômica sobre aquele determinado formato, o que significa dizer que não mais poderá negociá-los com ninguém durante o prazo da cessão, simplesmente porque os mesmos não mais lhe pertencem.

Entende-se que à cessão de direitos aplicam-se todos os princípios autorais de proteção ao criador, tais como a obrigatoriedade de pactuação escrita, a presunção de onerosidade, a interpretação restritiva e a independência das formas. Tudo isso visa restringir ao máximo a esfera de utilização da obra cedida, para que o autor mantenha consigo um mínimo de direitos sobre o original e, sempre que possível, tenha pelo menos a possibilidade de fiscalizar o aproveitamento econômico sobre sua criação.

Defende-se aqui, todavia, a aplicabilidade dos princípios da contratação autoral não apenas à cessão de direitos, mas sobre todo e qualquer uso autoral, como os que a seguir serão descritos. Isso porque não seria justo que as utilizações mais restritas ficassem sem a devida proteção da lei, supostamente responsável pelo resguardo do autor em todas as suas negociações jurídicas com terceiros.

9.2.2 O Contrato de encomenda

Como o próprio nome indica, trata-se a encomenda, do contrato por meio do qual se incumbe alguém da elaboração de uma obra. Nesse caso, o autor trabalha sob demanda do empresário cultural, criando por iniciativa daquele, mediante contrapartida financeira, que pode ser salário ou remuneração a título de prestação de serviço, conforme a natureza do vínculo entre as partes.

Trata-se de contrato amplo, que pode regular o nascimento de qualquer obra intelectual, incluindo textos de todas as naturezas, bem como projetos de estilismo e decoração, dentre outros, como bem exemplifica Nehemias Gueiros Júnior:

> Músicas, novelas, fotografias de anúncios publicitários, textos de rádio, de revistas e jornais, sinopses para cinemas, textos teatrais e tantas outras são exemplos definitivos de obras intelectuais de encomenda, em que o autor recebe a correspondente remuneração por sua criação e pode, ou não, dependendo da convenção contratual celebrada com o encomendante, reter os direitos patrimoniais sobre o resultado final. (GUEIROS JR., 1999, p. 86)

Quanto às modalidades de encomenda, Carlos Alberto Bittar (2003) as classifica como independentes, dirigidas ou em colaboração, conforme o grau de liberdade e autonomia concedido ao autor. No que diz respeito às duas primeiras modalidades, ou seja, de total independência autoral ou das obras autônomas embora sob direção do encomendante, todos os direitos sobre a criação pertencem ao autor.

Por outro lado, na modalidade da obra sob encomenda em colaboração, o que se tem é a coautoria entre o criador e o encomendante, mediante comunhão de direitos. Para a caracterização desse tipo de obra, porém, é preciso muito mais do que uma mera orientação por parte de quem encomenda. Ao contrário, é necessário que ele tenha diretamente participação da consecução da obra, literalmente realizando alguns de seus trechos ou idealizando parte de seus aspectos fundamentais.

Quando a encomenda está vinculada ao contrato de trabalho, ou seja, resulta de vínculo empregatício, a remuneração pelo uso patrimonial é considerada como o próprio pagamento de salário ao empregado. Independentemente disso, fica garantido ao empregado autor o exercício dos direitos morais, por natureza irrenunciáveis e inalienáveis.

Interessante notar, por fim, que o contrato de encomenda se esgota com a entrega da criação encomendada ao contratante. Para que esse promova posteriormente a exploração econômica da referida obra, será necessária a estipulação de um novo contrato, específico para a modalidade de uso que se pretenda fazer, já que o contrato de encomenda regula apenas a feitura do original.

9.2.3 O contrato sobre obra futura

O contrato sobre obra futura nasceu da necessidade de vinculação permanente e exclusividade de parceria entre autores e produtores culturais. Trata-se do contrato por meio do qual o autor se compromete a ceder total ou parcialmente a um determinado empresário toda a sua produção futura, durante um determinado período.

Tal negociação funciona como instrumento regulatório principalmente na gravação de fonogramas e edição de livros, mediante o interesse das respectivas empresas em manter toda a produção de determinado autor sob sua administração e exploração comercial. Nada impede, todavia, que seja aplicado em outras áreas artísticas, como o teatro, o cinema e a dança.

Configura-se, semelhante instrumento jurídico, em uma espécie de contrato de preferência, que garante as relações de confiança e exclusividade entre as partes. Nesse sentido, envolve, inclusive, um grau de risco tanto para o autor como para o empresário. O primeiro porque se vincula, durante um determinado período, unicamente uma empresa, que como qualquer outra, está sujeita às adversidades do mercado.

Já o empresário, por sua vez, também sustenta seus riscos. Por meio do contrato sobre obra futura, ele acaba condicionando seu trabalho a obras cujo volume de criação não pode precisar, mediante a consciência de que desse contrato tanto podem resultar várias criações quanto, eventualmente, apenas uma ou até mesmo nenhuma obra.

No contrato sobre obra futura, o compromisso de cessão restringe-se apenas à modalidade que se pretende explorar, devendo ser convencionado pelas partes o gênero da obra para aproveitamento econômico. Outra garantia legal é a do prazo máximo de vinculação, que sob nenhuma hipótese poderá ser superior a 5 anos, permitindo aos contratantes reavaliar a parceria de tempos em tempos.

9.2.4 O Contrato de Licença de Uso

A publicidade tem-se apropriado cada dia mais das obras autorais para composição estética, exposição e propaganda de produtos. Para orientar as relações jurídicas de inserção de obra autoral nos meios de comunicação, utiliza-se o chamado contrato de licença. Assim, esse é o instrumento que regula o uso de desenhos, fotos, figuras ou formas estéticas em produtos, embalagens e materiais de divulgação.

Trata-se do chamado *merchandising*[1], ou seja, inclusão de obras autorais na composição e venda de produtos, bem como o contrário, ou seja, a inserção de produtos de comércio em obras artísticas. Outrossim, na definição de Carlos Alberto Bittar, o contrato de licença seria aquele que "regula o uso de criações intelectuais contidas em promoções ou na publicidade de empresas e produtos" (BITTAR, 2003, p. 96)

O contrato de licença de uso serve também para regular a inclusão de uma obra autoral em outra, de mesmo ou diverso gênero. Normalmente, tal pactuação se faz por prazo determinado e não tem caráter de exclusividade. É o caso da inserção de textos, imagens e ilustrações de autorias diversas em livro escrito por terceiro, além da inserção de imagens de obras variadas, como as de artes plásticas e fotografias, em produções audiovisuais.

Nesse caso, o interesse do autor licenciado não é o de obter a cessão da obra para exploração exclusiva, mas, sim, o de ver autorizada sua mera inserção em contexto autoral diverso, para composição de obra própria e original. Trata-se, nesse caso, da autorização de uso de obra preexistente para constituição de obra

---

1 *Merchandising*, termo originário da palavra em inglês "mercadoria", é a prática de marketing na qual a marca ou a imagem de um produto ou serviço é utilizada para vender outro. Fonte: *Site* Wikipédia. Disponível em: <http://pt.wikipedia.org/wiki/Merchandising>. Acesso em: 25 set. 2006.

nova, mediante a devida autorização e remuneração ao primeiro autor.

Tanto nos contratos de *merchandising* como nos de inserção em nova obra autoral, o licenciante, enquanto o titular que autoriza o uso de sua criação preexistente, não é obrigado a abrir mão de qualquer de seus direitos patrimoniais. Ao contrário, ele apenas permite que se faça um uso simples de sua obra, restrito à modalidade, ao tempo, e a todas as demais condições pactuadas com o empresário licenciado.

Assim, não obstante seja remunerado o autor original por esse uso posterior de sua obra, poderá, todavia, licenciar tal criação para quantas pessoas ou empresas mais desejar, em condições diversas ou idênticas, vez que a titularidade de direitos patrimoniais continua em suas mãos. Para que a licença de uso cumpra suas finalidades sem gerar transtornos às partes, quanto mais detalhados no contrato forem os usos permitidos, tanto melhor.

9.2.5 O contrato de execução pública

A execução pública, por força do § 2º do artigo 68 da LDA, é a utilização de composições musicais ou lítero-musicais, mediante a participação de artistas, remunerados ou não, ou a utilização de fonogramas e obras audiovisuais, em locais de frequência coletiva, por quaisquer processos, inclusive a radiodifusão ou transmissão por qualquer modalidade, e a exibição cinematográfica.

O contrato de execução pública configura-se, portanto, como o instrumento de regulação de cada veiculação coletiva da obra, ou seja, da transmissão franqueada aos diversos interessados. Na opinião de Carlos Alberto Bittar (2003), trata-se do contrato que versa sobre a transmissão pura e simples da obra, pelos processos existentes. Nesse sentido, quem explica as relações decorrentes da execução pública é Nehemias Gueiros Junior:

> Neste tipo de contrato o autor transfere a terceiros o seu direito de transmissão sobre obra musical ou audiovisual. A cessão assume característica de licença ou oneração para a utilização econômica da obra em todos os meios tecnológicos possíveis atualmente, in-

> cluindo a transmissão por satélite em órbita da Terra, pactuando, para tanto, a sua correspondente remuneração como criador e/ou intérprete. (GUEIROS JR., 1999, p. 90)

Os contratos de execução pública incluem transmissões de qualquer tipo, tais como as radiofônicas e televisivas, além das exibições de cinemas e apresentações de orquestras, corais, etc. Tal regulação de direitos parte do pressuposto da existência de uma obra pronta e que visa exatamente transmitir o direito de comunicação dessa obra ao público, mediante a devida remuneração aos seus titulares.

Aplicáveis a diversos tipos de obras, principalmente à música e ao audiovisual, esses contratos só não podem abranger as obras que se exteriorizem por meio da representação, conforme será visto a seguir. Isso porque, ao contrário dessa última, nas obras sujeitas à execução pública, os processos de criação e transmissão são absolutamente autônomos entre si, ou seja, a obra existe independentemente de sua comunicação ao público.

Vale ressaltar que também para a realização da execução pública deverão ser determinados pelas partes o local, o tempo e as condições de utilização da obra, mediante a devida remuneração. No que se refere à música, esse licenciamento é feito hoje por intermédio do ECAD, que ao invés do contrato, utiliza-se de um simples boleto bancário para regular e comprovar a devida autorização sobre as execuções de obras de seus associados.

9.3 Contratos específicos

Chamou-se aqui de contratos específicos aqueles que visam atender às particularidades de uma ou algumas modalidades de criação artística. Assim, trata-se de instrumentos jurídicos voltados para as necessidades específicas de determinados tipos de autores e suas obras. Observa-se, porém, que, gerais ou específicos, todos são contratos autorais, sujeitos aos mesmos princípios gerais e reguladores da mesma espécie de relação jurídica.

9.3.1 O Contrato de Edição

O contrato de edição é um dos mais clássicos tipos de acordos escritos em matéria autoral. É a pactuação que possibilita ao empresário da cultura formatar uma obra em suporte material compatível e, posteriormente, comercializar um número limitado de exemplares decorrentes dessa formatação. Na visão de Carlos Alberto Bittar (2003), é o contrato por via do qual o autor entrega a obra ao editor para que a reproduza mecanicamente e a explore.

Concorda com Bittar o professor César Fiuza que define o contrato de edição como aquele "pelo qual o editor, obrigando-se a reproduzir mecanicamente e a divulgar obra literária, artística ou científica que autor lhe confia, adquire direito exclusivo de publicá-la e explorá-la" (FIUZA, 2003a, p. 536)

Com efeito, a partir do século XVIII, mediante a disseminação da prensa tipográfica de Gutemberg, desenvolveu-se preocupação com a regulamentação jurídica do processo de construção e divulgação do livro. Surgiu, assim, o contrato de edição, que mais tarde veio a regular toda e qualquer reprodução por processos gráficos ou outros meios mecânicos. Além da editoração de livros, esse tipo de contrato inclui, hoje, a formatação e comercialização de fonogramas e videofonogramas:

> Praticado basicamente entre os autores/compositores e as editoras musicais, a modalidade de edição, na realidade é empregada para definir todas as formas de multiplicação da obra intelectual humana, incluindo a literária, musical, fonográfica e videofonográfica. (GUEIROS JR., 1999, p. 83)

A própria Lei Autoral, em seu artigo 53, define a edição como a relação na qual o editor, obrigando-se a reproduzir e a divulgar a obra literária ou artística, fica autorizado, em caráter de exclusividade, a publicá-la e a explorá-la pelo prazo e nas condições pactuadas com o autor. Por exigência legal, cada exemplar deverá mencionar não só o seu título e o nome do autor, mas também o ano de publicação e o nome ou marca do editor. Caso seja uma tradução, também deverá constar o título original e o nome do tradutor.

O contrato de edição vigora enquanto o empresário estiver explorando no mercado os exemplares pactuados com o autor, referentes àquela edição específica, previamente autorizada. Por força do artigo 56 da LDA, como garantia ao autor, entende-se que o contrato versa apenas sobre uma edição, se não houver cláusula expressa em contrário.

Se, por sua vez, o contrato silenciar sobre o valor da tiragem, então entendeu por bem o legislador estabelecer um numerário como referência para a solução de eventuais conflitos. Assim, se outra quantidade não tiver sido expressamente acordada, considerar-se-á que cada edição se constitui de três mil exemplares (art. 56, parágrafo único).

Outra importante garantia tanto para o autor quanto para o editor é a estipulação legal do prazo de 30 dias para que este último se manifeste sobre os originais que recebeu. Assim, de acordo com artigo 58 da LDA, se os originais forem entregues em desacordo com o ajustado e o editor não os recusar nos 30 dias seguintes ao do recebimento, ter-se-ão por aceitas as alterações introduzidas pelo autor.

Caso o empresário não promova a edição da obra no prazo que contratou junto ao autor, poderá ser rescindido o contrato, respondendo o editor pelos danos causados. Esse tempo necessário para a conclusão da edição não deve ser superior a dois anos contados da celebração do contrato, em obediência ao artigo 62 da Lei Autoral.

Quaisquer que sejam as condições do contrato, o editor é obrigado a facultar ao autor o exame da escrituração na parte que lhe corresponde, bem como a informá-lo sobre o estado da edição. É o que determina o artigo 59 da LDA, tendo em vista que muitas vezes a remuneração autoral está condicionada à venda da obra. Nesses casos, o editor será obrigado inclusive a prestar contas mensais ao autor (art. 61 da LDA).

Em caso de falecimento ou de impedimento do autor para concluir a obra, autoriza o artigo 55 que o editor considere resolvido o contrato, mesmo que tenha sido entregue parte considerável da obra. Pode também o empresário, alternativamente, editar a obra, sendo autônoma, mediante pagamento proporcional do preço, ou, ainda, pode mandar que outro a termine, desde que consintam os sucessores e seja o fato indicado na edição.

9.3.2 O Contrato de Produção

O contrato de produção é aquele que regula as criações audiovisuais. Assim como o contrato de edição, destina-se à formatação e comercialização de criações autorais, mas abrange um outro tipo de obra, quais sejam, aquelas cuja produção depende de fixação, tais como o cinema, a TV e o vídeo. Embora não sejam audiovisuais, também são disciplinadas por meio de contratos de produção os programas de rádio.

Na visão de Carlos Alberto Bittar, o contrato de produção é aquele em que o autor confere ao empresário o direito de fixação da obra, pelos meios de reprodução, para sua exploração econômica. Esse seria o contrato clássico de produção, na qual o chamado produtor executivo responsabiliza-se pela formatação do audiovisual e passa a deter os direitos patrimoniais de comercialização sobre a obra resultante de seu trabalho.

Nesses casos, o produtor executivo, enquanto proprietário da empresa produtora, faz todo o trabalho de captação de recursos, os quais administra para fins de contratação de equipe, gastos com a infra-estrutura e outras necessidades financeiras, estando envolvido no projeto desde a concepção até a sua finalização.

Há também a figura do produtor artístico. Nesse caso, trata-se de um especialista na área, com grande percepção sobre arte, que tem como principal função não a administração geral e financeira, mas, sim, a montagem e supervisão técnica, dramática e artística de determinada produção, utilizando recursos humanos e providenciando os necessários materiais e projetos de iluminação, cenografia e fotografia, dentre outros. Nas palavras de Nehemias Gueiros Junior:

> A produção artística também está relacionada com apresentações e espetáculos públicos, quando um profissional do meio é contratado para produzir uma turnê ou um show de determinado artista,

> uma peça teatral ou outra atividade cultural qualquer. Regula toda a produção envolvida, a contratação do pessoal especializado para executar todas as tarefas que darão vida ao evento, a remuneração pela produção, o prazo e demais detalhes pertinentes. (GUEIROS JR., 1999, p. 88)

O contrato de produção é complexo por sua própria natureza. Sua negociação envolve direitos autorais patrimoniais não só dos coautores necessários (diretor, autor da trilha e do argumento), como também inclui as prerrogativas dos titulares conexos e dos titulares de direitos autorais autônomos (cenógrafos, figurinistas, diretores de arte, etc.). Ademais, também há a atuação de meros técnicos, não-titulares de qualquer direito autoral, mas remunerados como prestadores de serviços.

Tendo em vista essa complexidade de pessoas e relações envolvidas nas criações audiovisuais, na maioria das vezes, há a necessidade de fragmentar esse contrato em vários termos jurídicos menores, cada um deles sendo assinado pelo produtor executivo junto a uma categoria específica de titulares de direitos.

Além disso, o participante da produção da obra audiovisual que interromper, temporária ou definitivamente, sua atuação, não poderá, segundo o artigo 83 da LDA, opor-se a que essa seja utilizada na obra nem a que terceiro o substitua, resguardados os direitos que adquiriu quanto à parte já executada. A medida do legislador visa garantir a conclusão da obra, mesmo ante a desistência de alguns de seus participantes.

Por força do artigo 82 da LDA, o contrato de produção audiovisual deve estabelecer a remuneração devida pelo produtor aos coautores da obra e aos artistas intérpretes e executantes, bem como o tempo, lugar e forma de pagamento. Deve conter ainda cláusulas de especificação do prazo de conclusão da obra e da responsabilidade de cada produtor para com os coautores, artistas intérpretes ou executantes, no caso de co-produção.

Quanto aos direitos patrimoniais, caso a remuneração dos coautores da obra audiovisual dependa dos rendimentos de sua utilização econômica, o produtor, em cumprimento ao artigo 84 da Lei Autoral, lhes prestará contas semestralmente, se outro prazo não houver sido pactuado.

Finalmente, vale lembrar que o artigo 29 da já citada Medida Provisória 2.228-1 determina a obrigatoriedade de registro na Agência Nacional de Cinema (ANCINE) dos contratos de co-produção, cessão de direitos de exploração comercial, exibição, licenciamento, distribuição, comercialização e exportação de obras cinematográficas e obras videofonográficas em qualquer suporte ou veículo.

9.3.3 O contrato de Representação

Segundo o § 1° do artigo 68 da LDA, a representação pública é a utilização de obras teatrais nos gêneros drama, tragédia, comédia, ópera, opereta, balé, pantomimas e assemelhadas, musicadas ou não, mediante a participação de artistas, em locais de frequência coletiva ou pela radiodifusão, transmissão e exibição cinematográfica.

Nesse sentido, o contrato de representação pública é o instrumento que, mediante transferência de direitos patrimoniais de autor, possibilita ao empresário das artes cênicas montar e apresentar espetáculos e performances sobre palco. Segundo Carlos Alberto Bittar (2003), trata-se do contrato pelo qual o autor confia ao empresário a montagem e encenação da obra, para sua exploração econômica.

Como explica César Fiuza, tais obras abrangem todos os gêneros de encenações, incluindo tragédias e comédias. Para o autor, o contrato de representação é aquele em que "o empresário se obriga, junto ao autor, a fazer representar ou executar em espetáculo público, que vise a lucro direta ou indiretamente, drama, tragédia, comédia, musicais, etc." (FIUZA, 2003a, p. 539).

Nas relações de representação autoral, o empresário, conhecido como produtor teatral, adquire os direitos patrimoniais do autor para a montagem do espetáculo, mediante uma remuneração que pode ser fixa ou variável. Vale lembrar que no teatro o autor é o criador do texto, ou seja, aquele que escreveu o enredo da peça. Os seus direitos autorais, que podem ser recolhidos pela

SBAT ou ABRAMUS, serão estipulados conforme usos e costumes locais, como explica Nehemias Gueiros Junior:

> Em geral, os contratos de representação preveem remuneração percentual variável, incidente sobre o resultado econômico da encenação da peça, podendo, no entanto, existirem modalidades que privilegiam um pagamento fixo antecipado, ou até mesmo pagamentos mensais sucessivos, ou uma conjunção de ambos. (GUEIROS JR., 1999, p. 89)

Interessante notar que na representação teatral, o direito de comunicação ao público já está incluído no próprio contrato. Isso porque, ao contrário do audiovisual, no qual há distintos momentos para a produção e a exibição, nas artes cênicas o espetáculo só se realiza quando de sua apresentação ao público. Assim, não há momento artístico prévio ao da encenação, nem criação e execução em etapas diversas. Há apenas ensaios preparatórios, que levam a uma obra de arte que se realiza ao vivo, na frente do público, por meio da própria representação sobre palco.

O contrato de representação deve incluir, assim, não só a montagem como também a encenação da peça, já que se trata da consecução de um único direito patrimonial. Além da retribuição ao autor teatral pela cessão do texto, é necessário instrumento que preveja a remuneração do elenco, do diretor teatral e dos técnicos envolvidos, tais como iluminadores e cenógrafos, sejam eles titulares ou não de direitos autorais autônomos, conforme o grau de intelectualidade de suas participações.

Por fim, é importante destacar a figura do diretor artístico, essencial para a realização do espetáculo. Contratado pelo produtor para cuidar dos aspectos estéticos ligados à interpretação, é ele quem realiza, por exemplo, a seleção do elenco e faz toda a condução dramatúrgica da peça teatral. Como se está a defender os direitos autorais autônomos do diretor teatral sobre a montagem do espetáculo, é importante que o contrato assinado pelo produtor junto a esse profissional preveja a cessão de tais direitos para a finalidade de representação pública da obra.

9.4 Arbitragem

Ante a morosidade da Justiça e a multiplicação dos conflitos autorais, uma nova forma de solução de litígios encontrada pelas partes tem sido a arbitragem. Trata-se da eleição pelas partes, no próprio contrato, de um terceiro não-envolvido, que em caso de divergência, atuará como uma espécie de juiz particular entre as partes, definindo com quem está o direito e, assim, extinguindo a mazela sem a necessidade de recurso ao Poder Judiciário.

Tal mediação é plenamente possível em matéria de direitos autorais patrimonais, já que, como o próprio nome diz, trata-se de prerrogativas de caráter real e, portanto, disponíveis. Assim, tais direitos podem ser conciliados por meios particulares, deixando de conduzir à Justiça questões passíveis de resolução no âmbito privado.

Na opinião de Maurício Cozer Dias (2002), a arbitragem é plenamente viável sob o ponto de vista legal e muito indicada nas soluções de conflitos envolvendo direitos autorais. Nessa forma privada de conciliar interesses divergentes, o autor aponta muitas vantagens, tais como a rapidez, confidencialidade, especialidade e informalidade.

Esse árbitro não precisa ser necessariamente uma única pessoa física. A sociedade tem presenciado o surgimento e a organização de câmaras arbitrais[2], formadas por técnicos das respectivas áreas de atuação, preparados para suas funções e muitas vezes mais conhecedores do assunto do que os próprios magistrados. No que se refere à conciliação de direitos autorais, poderia-se pensar em um órgão colegiado desse tipo, que fosse composto por profissionais das artes, representantes de seus diversos segmentos e funções.

---

[2] Cita-se, apenas a título de exemplo, o trabalho da Câmara Mineira de Mediação e Arbitragem (CAMINAS), enquanto instituição de Direito Privado, destinada a administrar a solução extrajudicial de controvérsias no Estado de Minas Gerais. Mais informações em: <http://www.caminas.com.br>. Acesso em: 25 set. 2006.

Quadro Esquemático – Capítulo 9

- **Contratos autorais**
  - Gerais
    - Cessão (transferência definitiva)
    - Encomenda (pacto sobre criação de obra)
    - Obra futura (sobre obras eventualmente criadas)
    - Licença de uso (permissão de utilização)
    - Execução Pública (sobre obras passíveis de múltiplas execuções)
  - Específicos
    - Edição (obras literárias e fonogramas)
    - Produção (obras audivisuais)
    - Representação (obras teatrais)

CAPÍTULO 10

O DIREITO DE AUTOR COMO ÁREA AUTÔNOMA DO DIREITO

"O Direito e a arte se completam, formando a cultura de um povo."
Eduardo Pimenta e Ruy Caldas

Tendo em vista sua autonomia, especificidade, independência e grande importância hoje na ordem civil-constitucional, o Direito de Autor constitui-se, hoje, como área independente e autônoma do Direito Privado. Com efeito,o Direito de Autor, além de agregar normas de Direito Civil, Constitucional e Penal, sofre ampla incidência de princípios do Direito Tributário, Direito Trabalhista, Direito Empresarial, Direito Internacional, dentre outros. Trata-de, assim, de um intersistema completo e absolutamente inserido no ordenamento legislativo pátrio, capaz de responder às demandas de uma lógica setorial específica, de modo a configurar-se em verdadeira área autônoma do conhecimento.

10.1 Princípios de direito autoral: a autonomia

Autonomia, segundo definição do dicionário de Aurélio Buarque de Holanda (2004), traduz-se pelo direito ou faculdade de auto-regulação por leis próprias. A matéria há que ser, portanto, autogovernada e autoconstrutiva, de modo a garantir-se autonomamente dentro do sistema jurídico positivo.

Nesse sentido, o Direito de Autor não se limita às normas civis-constitucionais. Possui, ao contrário, uma lógica própria, baseada na reunião de vários elementos de vários ramos do Direito, que ali ganham roupagem especial, ao se aplicarem diretamente à especificidade do sistema autoral.

Tanto é assim que vários autores enumeram princípios capazes de reger o Direito de Autor. Ora, só poderá ser dirigida por princípios próprios, a matéria que possua suficiente autonomia para merecê-los. Será necessário, assim, um nível de completude e de auto-suficiência tal que justifique a elaboração de postulados aplicáveis àquele instituto, dadas às suas particularidades e especificidades.

Dentre os autores que versam sobre os chamados princípios autorais, destaca-se o jurista Carlos Alberto Bittar (1999). Em sua doutrina autoralista, Bittar fala em "postulados centrais" do Direito de Autor no plano nacional, enumerando seis princípios, que seriam basilares em sua formulação.

Trata-se dos princípios da especialidade da matéria, da protegibilidade da forma estética original, da exclusividade de exploração econômica, da restritividade da interpretação, da limitabilidade no tempo e da tutelabilidade sob níveis distintos. Estudar esses seis princípios significa provar a própria autonomia necessária para que o Direito de Autor mereça o título de microssistema jurídico.

Com efeito, dentre os princípios citados, é o chamado princípio da especialidade da matéria que garante ao Direito Autoral a qualidade de instituto autonomamente consolidado. Ao referir-se a esse princípio, Bittar explica que o Direito de Autor "apresenta conteúdo próprio, dotado de caracteres que o distinguem em âmbito especial, cuja razão principal se encontra na defesa do criador intelectual. Daí a regulamentação em leis especiais e a autonomia conceitual de que desfruta". (BITTAR, 1999, p. 22)

Já quanto ao princípio da protegibilidade da forma estética original, diferencia-se o Direito de Autor de outros institutos ao destinar o amparo jurídico à própria forma estética resultante do processo criativo, ou seja, ao objeto materializador da arte. Bittar (1999) define tal objeto como a criação tendente à sensibilização e à transmissão de conhecimentos, que, por sua originalidade, é dotada de contornos distintos dos existentes, trazendo aporte pessoal ao mundo fático.

Tendo em vista o princípio da exclusividade para a exploração da obra, garante-se o uso privativo da criação autoral a quem a idealizou. Trata-se da limitação dos direitos patrimoniais de autor, que devem ficar concentrados nas mãos de quem detém a autorização original ou secundária para realizar a sua exploração econômica. Nesse sentido, institui-se a favor do criador verdadeiro monopólio para a utilização econômica, o que lhe possibilita gozar das prerrogativas legais sobre sua propriedade, quais sejam, os direitos de autorizar o uso e transmitir por sucessão os direitos sobre sua criação.

Quanto ao princípio da restritividade da interpretação, versa o mesmo sobre a garantia legal da limitação interpretativa de negócios, acordos e demais atos jurídicos relacionados ao Direito de Autor. Nesse sentido, são limitados todos os ajustes firmados pelo autor, em função do respeito devido aos direitos morais. A consequência clara da aplicação de tal princípio, como explica Bittar é que "o alcance dos contratos fica submetido aos respectivos termos e às normas de ordem pública ditadas pela lei, prosperando, em caso de dúvida, a diretriz mais favorável ao autor". (BITTAR, 1999, p. 22)

Com respeito à noção de delimitação no tempo, tem-se que o direito de exploração econômica da obra autoral não é eterno. Trata-se de uma prerrogativa individual com delimitação temporal de exercício, já que o aspecto patrimonial dos direitos autorais se esvai depois de findos os prazos definidos na lei. Decorrido esse período, por seu caráter social, artístico e/ou cultural, a propriedade intelectual torna-se acessível a quaisquer interessados, de maneira gratuita e permanente, já que a obra autoral cai no chamado domínio público, tornando-se livre a sua utilização.

O último princípio, que Bittar (1999) chama de princípio da tutelabilidade sob níveis distintos, é o que garante ao Direito de Autor a autonomia jurídica sob o ponto de vista instrumental. De fato, o sistema autoralista permite o recurso a todos os níveis de proteção existentes no sistema jurídico – sejam tais instrumentos pertencentes às esferas administrativa, cível ou penal – sem perder de vista a especificidade de sua aplicação. Na definição de Carlos Alberto Bittar:

> Dada a natureza dos direitos em questão, confere-lhes o Direito extensa rede protecionista, que se desdobra em três níveis: administrativo, em que órgãos da hierarquia estatal atuam na defesa dos interesses dos autores; penal, com ações e procedimentos próprios de repressão; e civil, em que medidas existem para, dentre outros efeitos, a cessação da violação e reparação de danos sofridos pelos criadores intelectuais. (BITTAR, 1999, p. 23)

O jurista ainda cita outros princípios, aos quais se refere como sendo orientações de fundo que norteiam a legislação vigente. Trata-se, na verdade, de características específicas do Direito de Autor, apoiadas em sua especificidade e garantidoras de sua autonomia.

Dentre tais características, Bittar (1999) destaca o reconhecimento do fenômeno da criação como título originário de aquisição de direitos, o princípio da aquisição derivada de direitos por via contratual ou sucessória, a exigência explícita de criatividade na obra derivada, a enumeração exemplificativa das obras protegidas, o reconhecimento por conexão de direitos afins, a facultatividade do registro da obra e a compreensão de direitos morais e de direitos patrimoniais no contexto dos direitos autorais.

Outros importantes princípios autorais na visão de Bittar (1999) seriam o da irrenunciabilidade aos direitos morais em contraposição à disponibilidade dos direitos patrimoniais, o da definição do uso econômico como fato gerador da incidência de direitos, o da necessidade de autorização autoral para qualquer uso econômico, além dos princípios da estipulação de certas limitações ditadas pelo interesse público, da liberdade de utilização da obra em domínio público, da caracterização como ilícito de qualquer uso excedente aos limites convencionados ou aos permissivos legais e o princípio da ressarcibilidade de danos de caráter moral.

Além do mestre Bittar, também a autora Eliane Abrão (2002) disserta sobre as características autorais elevadas à condição de princípios. Dentre os atributos considerados mais importantes, Abraão destaca os princípios do privilégio temporário oponível *erga omnes*, da ausência de formalidade (ou proteção automática), da perpetuidade do vínculo autor-obra, da independência nas utilizações, da responsabilidade solidária e da reciprocidade internacional, dentre outros.

Com efeito, se porventura ainda restasse qualquer dúvida quanto à autonomia do Direito Autoral, poder-se-ia recorrer aos elementos apontados por Bittar (1999) para a individualização desse direito. Ele afirma que o Direito Autoral é autônomo fundamentalmente por três motivos. Primeiro, porque dispõe de componentes próprios e bem definidos. Segundo, porque possui princípios especiais que saciam os próprios enunciados das convenções internacionais a respeito do tema, convenções essas que lhe conferem uma certa uniformização legislativa. Em terceiro e último lugar – e tão importante quanto as premissas anteriores – porque normas de índole particular são editadas continuamente para atualizar internamente o sistema autoral.

10.2 Direito autoral e a ordem cultural: a especificidade

O Direito de Autor, por sua especificidade, constitui verdadeiro estatuto de grupo, uma vez que promove o atendimento a necessidades e demandas jurídicas específicas, regulado por meio de lei especial, consolidando-se, dia-a-dia, na pertinência com as necessidades de seus destinatários, quais sejam, os autores e os artistas intérpretes e executantes.

Como todo sistema jurídico específico, o Direito Autoral, embora seja ancorado em uma lógica própria de grupo, apresenta interfaces com todo o sistema jurídico, situando e desenvolvendo os alicerces daquele pensamento setorial diante da ordem social e política nacional. Assim sendo, além de garantir o reconhecimento aos direitos dos autores e titulares conexos, o sistema autoral, pela especificidade e importância de seu objeto, tem a precípua função de ajudar a garantir o desenvolvimento cultural do próprio país. Isso porque a nação que cuida de seus autores estimula a educação de seu povo, favorece o desenvolvimento da cultura em seu território e valoriza o mais importante e distintivo de seus atributos, qual seja, a riqueza de sua propriedade intelectual.

Nesse sentido, N'Diahe, citado por Bruno Jorge Hammes (2002, p. 34), afirma que a cultura não é um aglomerado de conhecimentos de espírito, mas um acesso ao mundo, na medida que "o homem sente um maior impulso da cultura, que longe de ser um luxo sem sentido, é o que torna possível ao homem desenvolver suas capacidades, de realizar sua personalidade e de promover a sua inteligência".

O professor Antônio Chaves (1987) explica que à medida que vai se disseminando a cultura, camadas mais amplas de população atingem ao chamado "segundo grau de vivência" que seria a escrita e a leitura, alargando-se, assim, a compreensão da indispensabilidade dos bens do intelecto, o que, segundo o autor, "torna mais verdadeira a afirmação de Cristo de que não só de pão vive o homem". (CHAVES, 1987, p. 18)

A necessidade da proteção intelectual para a difusão e acesso à cultura provam que a especificidade da lógica de setor autoral não lhe retira a significativa e crescente importância para o desenvolvimento do país, sobretudo no aspecto cultural. No Guia da Convenção de Genebra de 1978, o pensamento de Arpad Bogsch citado por Bruno Jorge Hammes (2002, p. 35), leva-nos à conclusão de que o fortalecimento do microssistema autoral leva ao desenvolvimento nacional e vice-versa, em um círculo de crescimento construtivo para a própria nação:

> A experiência prova que o enriquecimento do patrimônio cultural nacional depende diretamente do nível da proteção assegurada às obras literárias e artísticas; quanto mais elevado este nível, mais encorajados a criar serão os autores; quanto mais criações intelectuais houver no domínio literário e artístico, mais crescerá a importância dos auxiliadores destas produções que são as indústrias do

> espetáculo, do disco e do livro e, finalmente, o encorajamento da criação intelectual constitui uma das condições primordiais de toda a promoção social, econômica e cultural. (GENEBRA, 1978, p. 3)

Não obstante o reconhecimento da importância do desenvolvimento cultural para o crescimento nacional, a sua efetivação ainda é um desafio. Segundo o autor Bruno Jorge Hammes, falta uma melhor definição do papel do Estado no fomento da cultura. Isso configuraria um contexto adverso para o surgimento de novos valores artísticos:

> O estado deve ter autêntica política e cultural que possibilite o desenvolvimento de um trabalho artístico, um cultivo da literatura, da música, do teatro, da dança, do canto. Ortiz é contrário a medidas que obriguem a difusão da música. A atitude deve ser de estímulo e incentivo, de prêmio, de incentivos tributários. A experiência já mostrou que o obrigado tende a burlar. (HAMMES, 2002, p. 218)

O autor Robert M. Sherwood acredita na regulação e no respeito à legislação de propriedade intelectual enquanto ação de fomento à cultura nacional. Segundo ele, da mesma forma que a educação para o trânsito ensina a lidar com os semáforos, também uma educação legislativa específica ensinaria às pessoas a pensar nos efeitos de uma proteção efetiva aos ativos intelectuais:

> O efeito da proteção à propriedade intelectual é quase sempre invisível. A diferença é sentida como parte de uma mentalidade do povo em geral. Para que o sistema dê vazão à sua criatividade, a atitude deve mudar ao mesmo tempo que a lei. É este o papel do respeito à lei levado a sério pelas pessoas e pelas autoridades. (SHERWOOD, 1992, p. 192)

Com efeito, a meta de se ter um país culturalmente desenvolvido só poderá ser alcançada, segundo Antônio Chaves (1987), por um caminho que ele chama de lógico, natural e autógeno, qual seja o de "amparar, proteger, indistintamente, todas as criações intelectuais: obras orais, composições musicais, mímica, dança, obras coreográficas, pantomímicas, obras jornalísticas, de arte figurativa, de engenharia, arquitetura, cinematografia, fotografia, de desenho, paisagismo, de modas, dos artistas intérpretes e executantes, obras anônimas do folclore". (CHAVES, 1987, p.

20) Só assim, segundo Chaves, o país não correria o risco de ser para sempre uma nação escrava da ignorância:

> Continuarão escravas as nações, mesmo poderosas economicamente, que não estiverem em condições de preparar, a par de suas tropas aguerridas com os mais modernos equipamentos bélicos, outro exército, silencioso e pacífico: o dos obreiros do espírito, o dos homens do pensamento, o dos artistas que embelezam e suavizam a existência, com sua música, com seus cantos, com sua poesia, com sua arte, haurindo sua inspiração das forças vivas da nacionalidade, da sua história, das tradições de seu povo. (CHAVES, 1987, p. 20)

10.3 Direito autoral e a ordem comercial: a independência

Outra importante característica para a classificação do Direito Autoral enquanto área autônoma do Direito é a sua independência. Trata-se, aqui, de um instituto que se constituiu e continua renovando-se por meio dos chamados textos refundidos (ou textos legais). Esse nada mais é, na visão de Natalino Irti (1992), do que uma técnica legislativa própria que, no meio autoral, levou à criação de leis especiais para a categoria dos autores e titulares conexos.

Tais textos legislativos deram origem não só à Lei n. 9.610 de 1998, mas também a todo um conjunto legislativo próprio, constituído de leis ordinárias, tratados e convenções nacional e internacionalmente aceitas, que se diferenciam dos demais textos legislativos pela especificidade da matéria e pela categoria das relações que estabelecem.

Na perspectiva autoral, essas relações instituídas por legislação especial estão amplamente alicerçadas não só nas necessidades culturais, mas também na busca do desenvolvimento econômico das nações ocidentais unionistas.

Procura-se aqui explicar que a lógica de organização dos textos autorais passa pela busca de consolidação da economia dos países, o que visa garantir a independência como valor inerente a essa distinta área do conhecimento humano e da proteção legislativa.

De fato, se a cultura é fator de progresso, um povo culto terá condições de progredir em outros setores, inclusive e principalmente sob o ponto de vista econômico. Como explica Bruno Jorge Hammes, "o progresso econômico está na dependência direta da cultura. O direito de autor é fonte de riquezas econômicas. Há importantes setores econômicos que dependem dela". (HAMMES, 2002, p. 36)

Para ilustrar essa realidade, Bruno Jorge Hammes (2002) apresenta dados de pesquisa alemã realizada ainda no ano de 1989[1], para apontar a participação do Direito de Autor no Produto Interno Bruno (PIB) de diversos países desenvolvidos, chegando-se a uma importante média de 2,7%, que supera, segundo o autor, a participação percentual de indústrias como a agrária e a da saúde.

Essa movimentação de riquezas em decorrência da proteção e disseminação de obras artísticas e literárias chama a atenção das nações para a consolidação do sistema autoral. Na avaliação de Antônio Chaves (1987), na proporção em que aumentam os meios de comunicação, cresce também a importância do Direito de Autor. Ele explica que já não são mais tão raros os escritores e os artistas que conseguem auferir de sua arte os meios para uma vida sem preocupações de natureza econômica.

Como exemplo, Chaves (1987) explica que só no setor de execução musical, na década de 1980, o Direito de Autor já rendia bilhões de dólares anualmente aos Estados Unidos, assim como na França, na Alemanha, na Itália e na Grã-Bretanha, exigindo uma regulamentação adequada, a fim de que os autores e artistas intérpretes pudessem auferir os proventos a que tinham direito.

Segundo José de Oliveira Ascensão (2004), durante o século XX, as indústrias culturais foram se desenvolvendo e exigindo sempre maiores investimentos. Isso teria resultado no que Ascensão chama de desmaterialização da economia, ou seja, progressi-

---

[1] A referida pesquisa, de caráter geral, foi apresentada, segundo Bruno Jorge Hammes, pelo estudioso Hermann Cohen Jehoram, entre os dias 5 e 10 de outubro de 1988, durante estudos do grupo alemão ligado à ALAI – Associação Literária e Artística Internacional. (HAMMES, 2002, p. 37-38)

va valorização econômica de bens cada vez mais abstratos, mais afastados da realidade imediatamente captável. Como afirma o autor, "é o que acontece com os direitos intelectuais, que por natureza estão perfeitamente adaptados ao caráter predominantemente virtual da vida econômica contemporânea". (ASCENSÃO, 2004, p. 11)

Como se vê, o desenvolvimento econômico e a proteção ao Direito de Autor andam juntos. As leis especiais que formam o sistema autoral levam em conta as especificidades da cultura, de modo a movimentar o mercado e gerar riquezas para aqueles que vivem da arte. Como explica Bruno Jorge Hammes, vários setores da produção cultural, como o cinema e a fonografia, que inicialmente eram dirigidos a círculos seletos, atingiram as massas e o resultado é um tratamento legislativo e econômico diferenciado para esse setor social:

> O objeto cultural é hoje exportado e importado. O mundo procura hoje desfrutar o prazer estético da música, da dança, da arte em geral. Para garantir a correta circulação, há condições necessárias. Não se pode comparar um produto industrial a uma produção cultural. O tratamento tarifário, tributário e comercial deve levar em conta a cultura. (HAMMES, 2002, p. 218)

Um dos aspectos do Direito Autoral que mais proporcionam esse fomento econômico às nações é a sua capacidade de absorção de novas tecnologias aplicadas às área da cultura e das artes. A proteção à inovação parece ser o fermento do desenvolvimento de riquezas em muitos países. A esse respeito, o autor Robert M. Sherwood (1992) afirma que esse tipo de garantia legal proporcionou novos padrões de atividade que estimulam a criatividade humana e geram tecnologia. O autor considera que esse processo, no Brasil, é essencial para o crescimento econômico:

> Conversas particulares com diversos economistas brasileiros sugerem que um regime sólido de salvaguardas à propriedade intelectual, se fosse instalado no Brasil, traria contribuições ainda maiores ao crescimento econômico e à taxa de retorno social que aquelas registradas na economia americana. (SHERWOOD, 1992, p. 91)

Sherwood (1992) apresenta uma visão empresarial da propriedade intelectual que é cada vez mais recorrente na doutrina brasileira e internacional. Isso porque, na medida em que se consolida e estabelece, principalmente na perspectiva de sistema jurídico autônomo, o Direito de Autor se transforma também em negócio, mediante regras de proteção capazes de estimular a circulação de riquezas.

Assim sendo, Sherwood afirma que "os direitos de propriedade, quando assegurados, dão garantia de que os custos da transação podem ser conhecidos com antecedência, facilitando assim o planejamento dos negócios e, em última instância, a industrialização" (SHERWOOD, 1992, p. 98).

Na opinião do autor, a proteção à propriedade intelectual pode ser encarada como um subconjunto de direitos de propriedade:

> A capacidade de um país em desenvolvimento de se manter em dia com a velocidade acelerada da mudança tecnológica do mundo será fortemente influenciada pelo seu sistema de propriedade intelectual. A acumulação do conhecimento tácito, tão indispensável ao recebimento e uso de tecnologia de fontes externas, é fortemente condicionada pelo nível de proteção que o país oferece à propriedade intelectual. (SHERWOOD, 1992, p. 153-154)

10.4 Direito autoral e a ordem civil-constitucional: status de Direito próprio

Por todos os aspectos diferenciais já apontados para particularizar o Direito de Autor diante dos demais institutos jurídicos, resta comprovado seu caráter de área autônoma do Direito. O mestre autoralista Carlos Alberto Bittar (2003) afirma que não é apenas o fato de existir lei própria para disciplinar o Direito de Autor que o diferencia dos demais direitos, mas principalmente o conteúdo de sua lei especial reguladora, composta de normas muito específicas, que fogem ao domínio do Direito comum, na civilística atual.

Sob essa perspectiva, Bittar (2003) aponta particularidades que distinguem o Direito de Autor dos demais direitos privados, dentre os quais destaca-se a dualidade de aspectos em sua cunhagem, caracterizada pela divisão em direitos morais e patrimoniais de autor, separáveis apenas para efeitos de circulação jurídica, mas interdependentes por natureza e por definição.

Outro diferencial seria a perenidade e inalienabilidade dos direitos derivados do vínculo pessoal do autor com a obra, de que decorre a impossibilidade de transferência plena a terceiros, mesmo que o queira o criador, além da limitação dos direitos de cunho patrimonial e da interpretação estrita das convenções firmadas a esse respeito.

No que tange aos aspectos patrimonais, destacam-se, pela singularidade, a exclusividade do autor, pelo prazo definido em lei, para exploração econômica da obra, além da limitabilidade dos negócios jurídicos celebrados para esse fim. Isso sem falar na particular integração, ao contexto autoral, dos processos autônomos de comunicação da obra, correspondendo, cada qual, a um direito patrimonial.

Ao apresentar essas singularidades do Direito de Autor, Bittar (2003) reforça a tese de sua classificação enquanto sistema específico de normas. Segundo o jurista, a autonomia conceitual do Direito de Autor é inquestionável e sua individualização é garantida pela existência de componentes próprios e bem definidos.

Além disso, lembra Bittar (2003) afirma que o instituto autoral é marcado por princípios especiais e enunciados decorrentes das convenções internacionais, os quais lhe conferem uniformização legislativa. Por fim, bem lembra o jurista que a atualização legislativa autoral é feita por meio de normas de índole particular, que são editadas continuamente.

Com efeito, a lógica própria autoral enquadra-se perfeitamente com os princípios da Teoria dos microssistemas idealizado pelo professor da Universidade de Roma Natalino Irti (1992). Como se sabe, a teoria do jurista explica a expansão e consolidação das leis especiais. Nesse sentido, Irti (1992) define o sistema jurídico como um "polissistema", ou seja, um conjunto aberto de sistemas, plúrico e rico em possibilidades de evolução e aperfeiçoamento, capaz de comportar intersistemas completos em si mesmo, que coexistem em harmonia, submetidos a uma fonte normativa de princípios maior, que é a Constituição Federal. Em consonância com esse pensamento, o Direito de Autor, por sua abrangência e especialidade, poderia ser enquadrado como um microssistema.

Paralelamente a isso, em rápida comparação, Bittar (2003) define o Direito de Autor como um direito especial, sujeito a disciplinação própria, apartado das codificações, diante de princípios e a regras consagradas, universalmente, em sua esquematização estrutural:

> Com efeito, análise de sua conformação intrínseca demonstra, desde logo, a individualidade lógica e formal do Direito de Autor, na medida em que se reveste de características próprias, identificáveis na doutrina, na jurisprudência e na legislação, nacional e internacional. (BITTAR, 2003, p. 11)

Assim sendo, a título conclusivo, o Direito de Autor está longe de ser um emaranhado de leis esparsas e desconexas, mas, ao contrário, constitui-se num conjunto legislativo ordenado por uma lógica própria, que procura garantir as prerrogativas de um setor social mediante suas necessidades específicas. Por essa especificidade, bem como por sua abrangência e atualidade, defende-se, como justo e lógico, o reconhecimento do Direito Autoral diante de ordenamento jurídico brasileiro enquanto área autônoma do Direito, capaz de regular os anseios específicos do autores e titulares conexos, como parte de um sistema jurídico contemporâneo aberto e fragmentado, que tem como centro gravitacional os princípios da própria Constituição Federal.

Quadro Esquemático – Capítulo 10

Direito de autor > Direito Próprio {

- autonomia
- especificidade
- independência

CAPÍTULO 11

OS DESAFIOS DA ERA DIGITAL

"Não vivemos numa era de mudanças,
vivemos numa mudança de era."
Chris Anderson

Vivemos um mundo novo todos os dias. A tecnologia avança em velocidade assustadora, até mesmo para as gerações nativas da era digital. Se antes a luta era pela disseminação de informação de qualidade, hoje a busca é pelos filtros certos para seleção do que é verdadeiramente relevante, diante de um infinito de possibilidades de leitura, conhecimentos, aplicações e recursos digitais.

Dentro deste cenário, há que buscar os impactos da revolução tecnológica – por muitos chamada de 4ª Revolução Industrial – no campo do Direito Autoral. De fato, trata-se de um momento peculiar, que alia as capacidades infinitas de homens a sofisticadas máquinas para gerar um sem-número de criações, inclusive no campo artístico e cultural.

Nesse sentido, passar-se-á a tratar, de maneira simples e antitecnicista, dos principais impactos sentidos, na seara autoral, pelas incontáveis transformações digitais que estamos vivendo quase que diariamente.

11.1 A CIRCULAÇÃO DIGITAL DA OBRA AUTORAL

11.1.1 O *streaming* como nova forma de comunicação

O *streaming* é hoje um fenômeno no Brasil. Uma revolucionária forma de distribuição digital que prescinde de mídias físicas e também do chamado *download*, que é a operação de "baixar" o conteúdo para um local virtual (disco rígido HD ou semelhante). Pode-se dizer que, nessa forma de execução musical e audiovisual, a obra é reproduzida/executada à medida que chega ao destinatário e desde que sua Internet possua velocidade que possibilite tecnicamente a reprodução.

O que de mais revolucionário e desafiador há no *streaming* é a fluidez. Uma verdadeira evolução da tecnologia de compartilhamento de conteúdos em comparação com o mecanismo que o precedeu, o *download,* já que este último exigia o armazenamento da obra autoral baixada em uma mídia para reprodução posterior, o que, na ausência de autorização expressa, imediatamente configuraria a cópia ilegal. Ao contrário, por meio do *streaming* é possível reproduzir conteúdos autorais através da Internet em tempo real, sem armazenamento em mídia e, portanto, sem qualquer vestígio ou produção de prova, em um sistema de transmissão direta e aberta que se assemelha ao da televisão, motivo pelo qual o *streaming* tem sido visto como uma ameaça para as emissoras de TV, principalmente na modalidade a cabo.

A relação entre o *streaming* e o Direito Autoral no Brasil inclusive já alcançou o Poder Judiciário. Em sede de recurso especial, o Superior Tribunal de Justiça (STJ) decidiu que essa modalidade de distribuição digital caracteriza execução pública musical, sendo ensejadora de cobrança por parte do ECAD (Escritório Central de Arrecadação e Distribuição), para distribuição aos titulares de direito. É o que se depreende da leitura deste trecho da decisão[1]:

> A transmissão de músicas por meio da rede mundial de computadores mediante o emprego da tecnologia *streaming* (*webcasting* e *simulcasting*) demanda autorização prévia e expressa pelo titular dos direitos de autor e caracteriza fato gerador de cobrança pelo ECAD relativa à exploração econômica desses direitos. (REsp 1559264, de 08.02.2017)

11.1.2 As plataformas e os distribuidores digitais

O mundo digital é uma sociedade à parte. Suas células são as plataformas digitais, grandes conglomerados de negócios que

---

1 STJ, 2ª Seção, REsp 1559264/RJ, Rel. Min. Ricardo Villas Bôas Cueva, julgado em 08.02.2017.

conectam pessoas e lhes oferecem produtos e serviços por meio da tecnologia. Um ambiente propício e alinhado com as bases da chamada economia criativa, constituindo um novo cenário de valoração das relações humanas alicerçado no capital intelectual.

Nesse contexto, os negócios que envolvem direitos patrimoniais de autor ganham especial relevância. Isso porque as plataformas digitais têm transformado drasticamente não só as formas de distribuição autoral, mas também de arrecadação de direitos, em um emaranhado de regulamentos, termos de uso e funções algorítmicas que determinam, ao final, quanto o autor vai ganhar pela reprodução digital de sua obra e, por conseguinte, também os demais titulares de direitos patrimoniais.

É na música, principalmente, que os principais impactos da distribuição autoral pelas plataformas digitais se fazem sentir. Os direitos de autor se mantêm ali preservados e continuam sendo cobrados pelo Escritório Central de Arrecadação de Direitos Autorais (ECAD), ainda que isso não tenha se estabelecido de forma direta e pacífica. De fato, o ECAD travou luta ferrenha por cerca de cinco anos com o YouTube[2] para estabelecer a cobrança pelas execuções públicas musicais, obtendo vitória que criou um importante precedente. Hoje não apenas o YouTube, mas em geral todas as plataformas digitais, possuem seus próprios mecanismos de retenção dos direitos autorais para repasse ao ECAD. A respeito dos percentuais cobrados, existe uma ampla e detalhada tabela no *site* do ECAD[3], mas de modo simplificado pode-se dizer que, sobre a veiculação de conteúdo musical via *streaming* nas principais plataformas digitais, o

---

2 Para mais informações: <https://g1.globo.com/pop-arte/musica/noticia/2018/07/18/apos-cincoanos-de-disputa-com-google-ecad-faz-1o-repasse-a-autores-de-musicas-por-videos-no-youtube.ghtml>. Acesso em: 2 mar. 2021.

3 Essa tabela estabelece o valor da Unidade de Direito Autoral (UDA) como valor de referência para determinadas cobranças, especialmente em meio físico. A mencionada tabela também estabelece os percentuais cobrados por cada modalidade de execução pública musical. Disponível em: <https://www3.ecad.org.br/eu-uso-musica/tabela-de-precos/Paginas/default.aspx>. Acesso em: 2 mar. 2021.

ECAD cobrará 7,5% dos valores arrecadados a título de direitos autorais, sendo 5% destinados aos autores e 2,5% aos titulares conexos (artistas intérpretes e produtores fonográficos)[4].

Tais percentuais, que parecem em princípio animadores, têm se traduzido em cifras centesimais que em nada estimulam os autores a investirem sua criatividade neste inevitável mercado digital. Uma matéria publicada pela União Brasileira de Compositores (UBC) revelou dados impressionantes: para que um autor arrecade mil reais em direitos autorais no Brasil via distribuição digital, ele precisará ter aproximadamente 23 milhões de visualizações no YouTube ou, ainda, de 2 a 3 milhões de audições em plataformas musicais como a Deezer ou o Spotify[5].

A distribuição digital via plataformas ainda tem outra particularidade: o pagamento de outro valor aos titulares de direitos autorais e conexos, desta vez sob a rubrica de *streaming*. Chamados pelo mercado de "direitos artísticos", esses valores são repassados pelas próprias plataformas ou seus administradores aos titulares dos fonogramas e videofonogramas distribuídos, tendo como bases números relacionados a visualizações, *streamings*, vendas, publicidade e *downloads* de música, dentre outros parâmetros.

Para esse fim, cada plataforma ofecererá aos artistas e autores, por ela distribuídos, contratos complexos e cálculos realizados por algoritmos específicos, criados para esse fim, também com milésimas casas decimais, repassando ao autor e aos artistas intépretes, em geral, algo em torno de 20 a 50% dos valores arrecadados sob essa rubrica.

Tais valores, embora ao final representem cifras mais expressivas do que aquelas pagas a título autoral, não chegam, segundo o relato dos próprios autores, a representar um gran-

---

4 Dados disponíveis em: <https://www3.ecad.org.br/eu-uso-musica/tabela-de-precos/Paginas/default.aspx#:~:text=O%20valor%20atual%20da%20UDA%20%C3%A9%20de%20R%24%2080%2C92.&text=O%20pagamento%20pode%20ser%20mensal,utiliza%C3%A7%C3%A3o%20(para%20clientes%20eventuais)>. Acesso em: 2 mar. 2021.

5 Os dados completos e precisos estão disponíveis em: <http://www.ubc.org.br/publicacoes/noticias/14402>. Acesso em: 2 mar. 2021.

de estímulo para a produção intelectual digital. Para se ter uma ideia, o Spotify, que domina sozinho cerca de 44% do mercado de *streaming* musical, paga ínfimos U$0,00348 por cada reprodução musical em sua plataforma[6].

Além disso, há particularidades nessa arrecadação que fazem muitos titulares de direitos sobre fonogramas ficarem sem ver a cor do dinheiro que lhes é devido. Uma delas é o fato de o direito sobre o *streaming* não ser pago pelas plataformas a pessoas físicas, mas apenas a editoras musicais que representam os titulares de direitos e que, para esse fim de arrecação, hoje são filiadas obrigatoriamente à União Brasileira de Editoras Musicais (UBEM), ou, mais recentemente, à Abramus Digital (Associação Brasileira de Músicos)[7].

Assim, se o autor/intérprete do fonograma ou videofonograma não é representado por uma editora musical devidamente filiada à UBEM ou à Abramus Digital (Associação Brasileira de Música e Artes), sua arrecadação a título de *streaming* ficará retida junto às plataformas, à espera do cumprimento dessa exigência.

Inclusive, em 2020, UBEM e ECAD decidiram conjuntamente que as transmissões ao vivo pela Internet, chamadas de *lives*, quando patrocinadas (mediante a exibição de anúncios e marcas de produtos e serviços), deverão pagar não apenas pelos direitos autorais de execução pública musical ao ECAD (7,5% sobre a receita, como já mencionado), mas também pelo *streaming* à UBEM, que nessa situação cobra 5% do percentual relativo à receita de publicidade ou ações publicitárias obtidas com cada *live*[8].

Para fazer seus fonogramas chegarem às plataformas, surge a figura do distribuidor digital, um profissional que não

---

6 Leia mais em: <https://tecnoblog.net/239268/quanto-ganha-um-artista-pelo-streaming-spotify-apple-music-deezer/>. Acesso em: 2 mar. 2021.

7 Para mais informações, vale acessar os *sites* das duas instituições: <http://www.ubem.mus.br/> e <https://www.abramus.org.br/>, respectivamente.

8 Dados disponíveis em: <http://www.ubem.mus.br/noticia.php?id=16&s=ECAD%20E%20UBEM%20COMUNICAM%20A%20COBRAN%C3%87A%20DE%20LIVES%20PATROCINADAS>. Acesso em: 2 mar. 2021.

só representa os titulares de direitos nessas negociações como também promove aqueles fonogramas ou videofonogramas junto ao meio digital, além de acompanhar e arrecadar os valores dos direitos artísticos pagos pelas plataformas a título de *streaming* e repassá-los aos autores.

Cada distribuidor digital trabalha de uma forma diferente. Alguns se limitam a fazer a ponte entre os titulares de direitos sobre os fonogramas/videofonogramas e as plataformas digitais, cobrando valores fixos para isso, de forma análoga à lógica de distribuição de produtos físicos. Outros, por sua vez, agregam serviços de promoção das obras junto às plataformas e por isso detêm um percentual de participação econômica variável sobre o montante arrecadado com *streamings*. Por fim, há os distribuidores que oferecem um pacote completo: distribuem e promovem junto às plataformas, fazem ações de marketing e representam esses autores e artistas de forma ampla no meio digital. Nesse caso, tais distribuidores chegam a dividir com os titulares de direitos o percentual de 40 ou até 50% dos lucros obtidos com a comercialização digital dos fonogramas e videofonogramas.

11.1.3 *Cloud computing*, compartilhamento *peer-to-peer* e IPTV

A cada fração de segundo, uma quantidade de dados imensurável é gerada no mundo. É o conceito do *big data*, ou complexo de dados, estruturados ou não, que estão disponíveis continuamente. Se ainda vivêssemos no tempo da armazenagem de dados em mídias físicas, certamente estaríamos limitados em nossa capacidade de compartilhamento de informações. Felizmente a tecnologia da informação (TI) também evoluiu grandemente nas últimas décadas, e os HDs de nossos computadores têm sido gradativamente complementados e/ou substituídos pelo armazenamento em nuvem, por meio do sistema chamado de *cloud computing*.

A "nuvem", aqui entendida como o conjunto mundial de servidores que fazem o armanezamento de informações e execução de serviços digitais, é hoje o grande HD global, para onde os dados são transmitidos via Internet, vindos de várias partes do mundo.

Embora o armazenamento de dados seja hoje a principal função do *cloud computing*, os serviços de distribuição digital de obras autorais via *streaming* também se dão por meio da computação em nuvem. Nesse contexto surgiram as redes *peer-to-peer*, também conhecidas pela sigla "p2p", sistemas ponto a ponto que conectam usuários e seus computadores para o compartilhamento de arquivos diversos. A ideia de rede descentralizada está presente em diferentes áreas da tecnologia e alcançou o mundo autoral principalmente em função do compartilhamento de músicas e vídeos, estes últimos na qualidade de obras audiovisuais.

Ao contrário do armazenamento local em HD e outras mídias físicas, que por si mesmas perfaziam prova de eventuais usos ilegais de obras autorais, na rede p2p a rapidez com que o arquivo se espalha e a falta de controle sobre ele levam à perpetuidade dos arquivos e à perda de controle sobre sua gestão e tratamento. Assim, as redes de compartilhamento, se não afrontam, pelo menos desafiam a gestão autoral mundo afora. Embora a ausência de lucro muitas vezes seja utilizada como argumento para defender a legalidade deste tipo de transmissão de obras, o fato é que a lei autoral brasileira, LDA, no artigo 105, expressamente proíbe qualquer uso não autorizado de obra autoral, independentemente do caráter gratuito ou oneroso da operação.

O Caso Napster[9] foi emblemático para a configuração da nova realidade que o compartilhamento p2p viria a representar. Em 1999 os criadores da plataforma reuniram de forma meteórica cerca de 75 milhões de usuários interessados no compartilhamento de músicas em formato mp3. Foi um fenômeno. Os usuários descobriram que poderiam, de maneira tecnicamente simples, trocar músicas entre si, sem qualquer controle de quem quer que fosse. Levado à Justiça americana por uma entidade da

---

9 Os detalhes sobre o caso estão disponíveis em: <https://manualdousuario.net/napster-pirataria/>. Acesso em: 5 mar. 2021.

indústria fonográfica, o Naspter encerrou suas atividades naquele formato, consideradas ilegais, e mais tarde foi comprado e transformado em plataforma regular de *streaming*.

O avanço da oferta de Internet por diferentes meios, tais como cabo, rádio e fibra ótica, cada vez mais rápidos e acessíveis, também tem favorecido o surgimento de novos serviços relacionados à distribuição de conteúdos digitais, dentre os quais se destacam a música e os vídeos, como obras autorais. O crescimento do próprio *streaming* é a prova viva disso, assim como a oferta de vídeo sob demanda (*on demand*). As obras autorais são executadas e exibidas em *smartphones*, com alta resolução, bastando que se tenha uma conexão de Internet, que pode ser via pacote de dados ou *wifi*. Toda essa revolução tecnológica ocorre sem qualquer previsão legislativa quanto aos aspectos autorais, uma vez que a Lei n. 9.610/98 se mantém incólume e pouca vontade legislativa tem se mostrado no sentido de sua atualização.

Para completar a onda revolucionária, o compartilhamento de dados *peer-to-peer* chegou a mídias clássicas como o rádio e a TV, que para sobreviver tiveram de se adaptar às transmissões via *streaming*. O mercado da comunicação social e, em seu seio, novamente a transmissão de obras autorais foi absolutamente impactado pela onda do *streaming*. No caso do audiovisual, comumente as transmissões de TV são realizadas por meio do sistema do IPTV, uma forma de distribuição do sinal que utiliza o endereço dos computadores dos usuários (IP) para realizar essa operação. Só resta, assim, aos operadores do Direito interpretar as genéricas e abrangentes disposições da lei autoral de forma extensiva ao novo cenário digital que se desenha e se transforma a cada dia.

11.1.4 O registro por meio de *blockchain*

É interessante notar como o avanço tecnológico nas mais diversas áreas repercute na esfera autoral. Talvez porque se esteja lidando com arte e cultura, que são veias propulsoras da vida em sociedade. Com as famosas moedas virtuais, que têm movimentado a economia, não foi diferente. Trata-se aqui de uma nova modelagem da rede *peer-to-peer* para gerar, compartilhar, guardar e utilizar criptomoedas de valor integralmente virtual. E a tecnologia por trás de tudo isso, chamada de *blockchain*, cai como uma luva não apenas para a proteção da chamada *bitcoin* e de outras moedas virtuais, mas também para o registro de obras autorais.

O *blockchain* é uma espécie de livro de registro onde as transações financeiras das moedas digitais (como o *bitcoin*, o *ethereum* e o *ripple*) são computadas, funcionando como um grande banco de dados digitais, criptografados e teoricamente inviolável. Trata-se de um tipo de rede p2p. Não existe instituição centralizadora que realize as operações financeiras na rede (entenda o servidor como os bancos que conhecemos hoje): essa operação é feita pelos mineradores (que são como os clientes) conectados nessa grande rede única, oferecendo o recurso computacional deles para o funcionamento e descentralização do *blockchain*. A existência do *blockchain* e, consequentemente, das moedas digitais está diretamente ligada à tecnologia da rede *peer-to-peer*.

Assim, o *blockchain,* cuja tradução literal é "cadeia de blocos", constitui-se em uma espécie de livro contábil virtual, compartilhado e imutável, que facilita o processo de registro de transações e o rastreamento de ativos em uma rede de negócios (IBM, 2021). Nesse sentido, a tecnologia rastreia tanto ativos tangíveis, como dinheiro e bens materiais, quanto ativos intangíveis, como direitos autorais, dentre outras obras de propriedade intelectual.

É notório como o *blockchain* cresceu vertiginosamente nos últimos anos. Sua utilização não está mais restrita às criptomoedas, alcançando o registro de documentos públicos, o envio de dados pessoais, o reconhecimento de contratos e chegando, enfim, ao registro de direitos autorais.

De fato, tendo em vista a lógica do registro autoral, que privilegia a data e a atribuição de autoria sem análise de mérito do conteúdo da obra, o sistema do *blockchain* parece perfeito. Ele tem o caráter público necessário ao registro, ao mesmo tempo que é simples, descomplicado, totalmente virtual e seguro, já que o conteúdo dos blocos é criptografado.

Vale lembrar que o sistema do *blockchain* não é operado por qualquer pessoa. Existe a figura dos mineradores, que são exatamente os operadores do sistema, responsáveis não apenas pela inserção de novos dados na rede como também pelo monitoramento da circulação de tais informações. Felizmente já existem *startups* no Brasil, comandadas por mineradores, que oferecem esse sistema de registro via *blockchain* para a finalidade específica de proteção autoral.

Um grande avanço nesse sentido foi a decisão da Câmara Brasileira do Livro (CBL), em 2020, de passar a ofertar o registro de direitos autorais por *blockchain*, abrangendo não apenas textos e livros, mas também músicas, imagens, a título de ilustrações e documentos, incluindo contratos.

Assim, quanto mais se usa o sistema do *blockchain* para registro de obras artísticas e literárias, mais se avança para a construção de uma base de dados autoral pública mundial, de elevado grau de segurança e inviolabilidade de conteúdo. Além disso, outra grande vantagem é a preservação do conteúdo autoral das obras, que passa a habitar uma rede virtual em contínuo movimento, com poucas chances de perda ou deterioração, como acontece com os suportes físicos de registro convencionais.

Outro diferencial positivo do registro autoral por *blockchain é a facilidade. Não é preciso enviar cópias físicas a qualquer repartição ou* cumprir qualquer protocolo presencial. Basta que se utilize a ferramenta digital já desenvolvida pelos mineradores para inserir a obra, em qualquer extensão de arquivo digital (doc, gif, jpg, ppt, wave xml, pdf, dentre outros), na cadeia de blocos virtuais. Tudo de forma simples, rápida, totalmente digital e por um preço modesto, mais ou menos equiparado à taxa cobrada pela Fundação Biblioteca Nacional (FBN), do Rio de Janeiro, para a operação de registros físicos.

Importante observar que o compartilhamento de arquivos por *blockchain* se dá por meio da atribuição automática de data e horário, o que está perfeitamente alinhado com a lógica de anterioridade que rege o Direito de Autor.

Uma característica do sistema de *blockchain* que ainda pode repercutir muito positivamente em médio prazo é o fato de os mineradores conseguirem, pela lógica estrutural da tecnologia, programar se tal obra poderá ou não ser retransmitida, ou seja, enviada a terceiros, gerando registro automático toda vez que isso acontece. Em tese, nesse contexto, é muito mais difícil ocultar do sistema eventuais usos não autorizados, já que todas as movimentações ficam registradas.

Exatamente em função desse registro e acompanhamento das operações realizadas com as obras no sistema, o *blockchain* se apresenta, inclusive, como alternativa viável de cobrança sobre as execuções públicas musicais. Isso porque não seria necessário utilizar o método da amostragem ou equivalentes, de natureza estatística, para fins de distribuição, como acontece, muitas vezes, no sistema do ECAD. Por *blockchain* seria possível acompanhar com precisão a reprodução musical, gerando dados que permitiriam a exatidão do pagamento aos titulares.

Claro que todas essas possibilidades dependem da difusão do registro autoral por *blockchain*. Mais autores precisariam conhecer e confiar no sistema. Até porque a LDA menciona o registro legalmente válido como forma de proteger uma obra, e o *blockchain* ainda não passou pelo crivo da lei ou da jurisprudência. Em algum momento será mesmo necessário explicar e convencer legisladores e magistrados sobre as vantagens do uso dessa tecnologia, bem como sobre sua adequação ao registro de natureza autoral. Nesse sentido, uma fragilidade é o fato de o sistema não ser totalmente regulado no Brasil, o que pode gerar insegurança em sua adoção como registro autoral de forma mais oficial. Há que esperar e pagar para ver.

II.2 Gestão de direitos e responsabilização

Observa-se, na atualidade, que não apenas o modo como circulam as obras autorais mudou. À medida que a tecnologia evolui, surge a necesssidade de aprimoramento de novas formas de gestão autoral no meio digital, com a demanda por mecanismos para a respectiva responsabilização dos agentes envolvidos nas práticas digitais. Nesse sentido, a Internet, nesta obra já defendida anteriormente como mídia de exposição das obras autorais, torna-se agora também um campo de gestão dos direitos decorrentes das criações intelectuais, que demandam do autor uma postura ativa de monitoramento, filtragem e tutela de interesses jurídicos.

11.2.1 O desafio das redes sociais e plataformas digitais

Interessante notar como as redes sociais e plataformas digitais se equiparam hoje às salas de cinema e de teatro, aos museus, às salas de audição e até mesmo às galerias de arte. Para além dos debates fúteis e da vaidade que também habitam esses espaços, vemos crescer o fenômeno do desenvolvimento de uma cultura digital ou digitalizada. Nenhum local físico jamais terá o alcance e a força dos meios virtuais de circulação autoral, embora ali se perca muito do que é essencial à arte: humanismo, contato, toque, percepção de todos os sentidos e presença.

Em princípio as redes sociais podem ser concebidas como espaços virtuais de troca e interação pessoal entre seus usuários, enquanto as plataformas digitais seriam grandes prestadores de serviços de natureza virtual. Cada uma delas com suas próprias regras no que diz respeito à circulação de obras autorais, algumas com bastante controle e aprimoramento contínuo das ferramentas de gestão, enquanto outras ainda com incipientes mecanismos de regulação dos direitos autorais.

No YouTube, por exemplo, já existe um mecanismo denominado "*Content ID*", uma espécie de robô que, por meio de algoritmos, rastreia todos os usos autorais não autorizados de cada fonograma ou videofonograma, notificando os responsáveis sobre o pagamento autoral devido, sob pena de exclusão do canal do usuário infrator. Outras redes sociais, como o Facebook, mantêm parceria com o ECAD, permitindo a execução musical apenas a usuários devidamente licenciados junto ao escritório de representação dos autores.

Nesse sentido, o WhattsApp e outras redes sociais mensageiras, tais como o Telegram e o Signal, talvez ainda sejam os ambientes virtuais mais desafiadores para os autores. Isso porque seus desenvolvedores alegam que, como o conteúdo das mensagens é criptografado (um processo digital de blindagem dos dados), não podem se responsabilizar pelo teor das milhões de mensagens trocadas diariamente por seus usuários. Assim, obras autorais de toda espécie são compartilhadas, distribuídas e copiadas sem o menor controle nem dos titulares nem dos responsáveis legais por essas plataformas.

De fato, a distribuição aos titulares dos direitos sobre a circulação de obras autorais nas redes sociais e plataformas digitais ainda representa um grande desafio para a gestão autoral. Mesmo naquelas redes e aplicativos que estão na vanguarda dos mecanismos de controle de direito de autor, o processo de cobrança, arrecadação e distribuição é extremamente complexo, com operações matemáticas intricadas, amparadas em cálculos algorítmicos de percentuais sobre centavos por cada utilização autoral e que se traduzem em planilhas totalmente ininteligíveis até mesmo aos profissionais de tecnologia da informação.

Nesse contexto, as editoras e distribuidores precisam empreender esforços técnicos e profissionais diversos para compreender esses dados e informar minimamente seus autores e titulares conexos a respeito dos valores que lhes são devidos. Muitas dessas plataformas inclusive oferecem aos autores e intérpretes a oportunidade de distribuição independente, mais ou menos direta (às vezes intermediada por um distribuidor que faz a mera entrega das obras), situação na qual, infelizmente, aqueles se verão totalmente sozinhos para compreender esse universo e fazer a gestão de seus direitos.

11.2.2 Os crimes cibernéticos: autoria e produção de provas

Incrível notar como, em pleno século XXI e em meio à ciber-revolução que vivemos, a Internet ainda é vista como terra de ninguém. Uma espécie de plano paralelo onde tudo é permitido e onde a virtualidade serve como refúgio para o anonimato fraudulento e criminoso. É como se o uso da Internet exigisse uma regulamentação específica para existir e, na ausência de tais disposições, pudesse imperar uma espécie de uso sem lei.

Em primeiro lugar, tem-se por óbvio que nada disso é verdade. Toda a legislação pátria é perfeitamente aplicável ao mundo virtual, regulando hoje suficientemente, também em meio digital, as relações consumeristas, trabalhistas, empresariais, familiares e mesmo penais.

De toda forma, tais relações, no ambiente virtual, vão se transformando, ganhando novas roupagens e exigindo esforços para maior adequação e efetividade. Foi assim que em 2012 surgiu a chamada "Lei Carolina Dieckmann"[10], que atualizou o Código Penal para incluir ali crimes de natureza cibernética.

A atriz cujo caso inspirou a edição da lei foi vítima, à época, de um típico golpe digital chamado de *phishing*, que se caracteriza pelo envio de mensagens contendo *links* para *sites* contaminados com vírus, espiões e outros mecanismos utilizados pelos *hackers* para invadir a vida alheia e cometer todo tipo de crime. No caso dela, a ilegalidade se deu pelo vazamento de fotos íntimas, o que feriu seus direitos constitucionais de imagem e privacidade e, no âmbito penal, foi tipificado como furto, extorsão qualificada e difamação. Todavia, é importante observar que os crimes cibernéticos são frequentemente cometidos pela violação de direitos autorais, quer seja pela simples contrafação, quer seja pela pirataria ou pelo plágio[11].

Com efeito, autores e titulares conexos precisam estar atentos à circulação de suas obras na Internet. Principalmen-

---

10 A Lei de Crimes Cibernéticos, n. 12.737, de 30 de novembro de 2012, ganhou esse apelido em função da grande repercussão do caso da atriz Carolina Dieckmann, que à época sofreu a ação de *hackers* que, invadindo seu computador, se apropriaram de suas fotos íntimas e as publicaram na Internet. A mencionada lei incluiu no Código Penal os artigos 154A, 154B, 266 e 298.

11 Os tipos de violações autorais foram tratados de maneira mais aprofundada no capítulo 7 desta obra.

te porque a responsabilização de infratores pela violação de direitos autorais em meio digital, assim como outros tipos de crimes virtuais, encontra duas importantes barreiras: a da identificação de autoria e a da produção de provas.

Quanto à produção da prova da violação, tem havido avanços em função da própria evolução e digitalização do Direito Notarial no Brasil. Os cartórios têm aperfeiçoado seus mecanismos de registro do que acontece no mundo virtual. Nesse sentido, a ata notarial se apresenta como a principal ferramenta de produção de provas de uma lesão de natureza autoral na Internet. O documento se constitui de uma narrativa promovida pelo tabelião sobre tudo o que lhe for pedido para verificar.

Assim, é possível fazer uma ata notarial de conversas por *e-mail*, WhatsApp ou outras redes sociais nas quais tenha ocorrido alguma violação autoral. Além da narrativa do tabelião, que será feita a partir do acesso que lhe for dado a um conteúdo virtual (um *link*, perfil ou outra coisa do gênero), ainda é possível juntar *prints* (foto da tela) do conteúdo identificado, se a parte interessada levar ao cartório seu aparelho celular com a visualização aberta das mensagens, para que o tabelião transcreva o teor do que estiver ali contido.

A grande vantagem de a ata notarial ser lavrada por um tabelião é a de que, como este está no exercício de seu ofício e dentro de sua jurisdição, isso confere fé pública ao documento, garantindo-lhe oficialmente a autenticidade. Sem dúvida alguma, um importante recurso para a necessária produção de provas da violação autoral sofrida.

Já quanto à identificação de autoria, para a tutela de direitos autorais na rede mundial de computadores haverá sempre maior desafio. Isso porque ali imperam vários mecanismos de anonimato: navegação oculta, perfis falsos e avatares, dentre outros. Como se verá a seguir, a lei conhecida como "Marco Civil da Internet" perdeu uma grande oportunidade de responsabilizar de forma mais direta as plataformas digitais e redes sociais, dentre outros provedores de aplicações e de conteúdo. Muitas vezes o único recurso que resta é realmente aguardar que as investigações criminais apontem para um suspeito e que este seja devidamente julgado e punido por eventuais delitos cometidos.

Claro que descobrir informações como endereço de *e-mail*, *site*, redes sociais e número de identificação do IP[12] da máquina ajuda bastante nessas investigações, mas não constitui garantia de identificação de autoria, uma vez que não é possível saber quem estava operando o dispositivo rastreado no momento da violação. Mais uma prova de que prevenir é sempre melhor (e mais fácil) do que remediar.

11.2.3 O Marco Civil da Internet e a responsabilização dos provedores

Em matéria de regulamentação do uso da Internet, a Lei n. 12.965/2014, chamada de "Marco Civil da Internet" ou simplesmente MCI, foi um verdadeiro divisor de águas. Por meio dele, foram estabelecidas importantes regras sobre a responsabilidade dos provedores de Internet, amparadas nos princípios da neutralidade da rede[13], privacidade e liberdade de expressão.

Todavia, quanto aos direitos autorais, o MCI foi extremamente tímido, para não dizer omisso. Basta ler o artigo 19, § 2º, e as disposições finais da lei para constatar essa postura, que atribui à criação de lei específica o papel de disciplinar a responsabilidade do provedor de aplicações de Internet por danos decorrentes de conteúdo gerado por terceiros, quando se tratar de infração a direitos de autor ou a direitos conexos. E mais: enquanto tal lei não é editada, a própria LDA foi indicada para disciplinar a matéria.

Ora, sendo a lei autoral da década de 1990, anterior ao próprio fenômeno da Internet no Brasil, não é de estranhar

---

12 Apelidado de IP, o *internet protocol* é uma sequência numérica que identifica conexões e dispositivos, podendo ser utilizado para rastrear um computador, *smartphone* ou outro dispositivo com acesso à *web*.

13 A neutralidade da rede é o princípio que garante igualdade de tratamento aos usuários no que diz respeito ao acesso à Internet, de modo que não haja discriminação e restrição de conteúdos em função do consumo de banda larga ou pacote de Internet.

que não mencione o assunto, menos ainda que o discipline. Então, como fica a responsabilidade dos provedores no caso de violação autoral? Entende-se que seja aplicável a regra geral de responsabilização prevista no MCI, a saber:

> Art. 19. Com o intuito de assegurar a liberdade de expressão e impedir a censura, o provedor de aplicações de internet somente poderá ser responsabilizado civilmente por danos decorrentes de conteúdo gerado por terceiros se, após ordem judicial específica, não tomar as providências para, no âmbito e nos limites técnicos do seu serviço e dentro do prazo assinalado, tornar indisponível o conteúdo apontado como infringente, ressalvadas as disposições legais em contrário. (BRASIL, Lei n. 12.965/2014, art. 19)

Como se depreende da leitura do artigo, a responsabilidade dos provedores de aplicações é subjetiva e a remoção do conteúdo ofensivo é condicionada à recusa de atendimento de notificação prévia, que deve inclusive obrigatoriamente apontar a URL (endereço virtual) que contém a violação. Não há, portanto, qualquer dever dos provedores de promover o monitoramento regular de suas redes ou de criar mecanismos como filtros ou restrições do que os seus usuários postam. A postura é passiva, e a responsabilidade se restrige a tirar conteúdos ofensivos do ar quando efetivamente determinado pela Justiça.

De certa forma, essa disposição do MCI quanto à responsabilidade dos provedores sobre conteúdos autorais pode ser considerada um retrocesso. É que antes da edição da lei, em 2014, por ausência de regulamentação específica, o mecanismo que vinha sendo adotado era o do "*notice and takedown*", por meio do qual primeiro se fazia a notificação extrajudicial do provedor. No caso de silêncio por parte dele, aí sim se promoveria a responsabilização judicial.

Com efeito, historicamente não vingou a regra do *notice and takedown*, que inclusive havia sido prevista no anteprojeto de modernização da Lei de Direito Autoral proposto pelo Executivo anteriormente à edição do MCI, em 2010, e que NEM sequer chegou a ser enviado para o Congresso Nacional.

Supreendentemente, após quase 10 anos sem revisitar a matéria, um recente projeto de lei proposto na Câmara dos Deputados[14] prevê, dentre outras alterações na LDA, a adoção expressa do sistema do *notice and takedown* em defesa dos interesses dos autores e titulares conexos. Será preciso aguardar os debates legislativos antes de prever a aprovação ou não da lei, mas é certo que o cenário desta vez é mais favorável. Isso porque, concomitantemente ao projeto de lei brasileira, uma nova Diretiva sobre Direitos do Autor da União Europeia amplia o sistema do *notice and takedown*, que já é amplamente adotado na Europa. Além da remoção de conteúdos pós-notificação, a diretiva prevê outras medidas, como o licenciamento do conteúdo protegido, a proibição de republicação do material removido e a criação de filtros de *upload* (descarregamento de conteúdo), para impedir que conteúdos não licenciados sejam disponibilizados. Seria um novo capítulo da história dos direitos autorais no Brasil que começa a se desenhar? Ou mais um alarme falso, mais um projeto a ser engavetado por falta de vontade política voltada para sua apreciação? Só o tempo dirá.

II.3. A EVOLUÇÃO DO CONCEITO DE AUTORIA

11.3.1 A inteligência artificial e o Direito Autoral

Dentre todos os assuntos abrangidos pelo chamado Direito Autoral Digital, um dos mais intrigantes é a problemática da autoria ante o assustador e inevitável avanço da inteligên-

---

14 O Projeto de Lei n. 2.370/2019, de autoria da deputada Jandira Feghali, altera os artigos 1º, 2º, 4º, 5º, 7º, 8º, 9º, 15,16, 17, 19, 20, 24, 25, 28, 29, 30, 36, 37, 38, 39, 41, 44, 45, 46, 48, 49, 50, 51, 53, 68, 77, 78, 79, 81, 86, 90, 95, 96, 97, 100-B, 101, 102, 103, 107, 108 e 109 e acrescenta os arts. 30-A, 52-A, 52-B, 52-C, 52-D, 52-E, 61-A, 67-A, 85-A, 88-A, 88-B, 88-C, 99-C, 99-D, 110-A, 110-B, 110-C, 110-D, 110-E, 110-F, 110-G, 110-H, 110-I, 110-J, 110-K, 110-L, 111-A, 111-B, 113-A e 113-B à Lei n. 9.610, de 19 de fevereiro de 1998, que altera, atualiza e consolida a legislação sobre direitos autorais.

cia artificial (IA). Robôs podem criar obras autorais? Caso a resposta seja afirmativa, podem ter essa condição reconhecida pela lei? Trata-se de uma discussão que está longe do final.

Nos últimos anos têm ganhado espaço no noticiário casos supreendentes de criação autoral com a ajuda da inteligência artificial. Um dos mais emblemáticos é o caso Rembrandt, no qual foi utilizada uma tecnologia avançada de identificação facial para replicar os padrões do pintor holandês na produção de uma nova tela que tratasse o tipo de figura humana mais utilizada pelo artista. Vale o relato:

> Após isso, uma tecnologia de identificação facial gerou um algoritmo, baseado nos padrões geométricos mais comuns utilizados por Rembrandt. Ao todo, 168.263 fragmentos de pinturas foram analisados para preservar ao máximo as proporções e ângulos do artista. A pintura final – criada por computador – foi feita com uma impressora 3D, para imitar o mapa de calor, textura e espessura das camadas que um autêntico Rembrandt teria. (MERIGO, 2016, Portal B9)

A lista de obras autorais produzidas por inteliêngia artificial não para de crescer. Todas as grandes empresas de tecnologia trabalham também nesse sentido. Haja vista o *Deep Mind* da Google e o *Flow Machines* da Sony, que são alimentados com gravações para criar músicas inteiramente novas e originais.

Na China, o *Dreamwriter* se baseia em um algoritmo que lê notícias e as reescreve de forma original em uma velocidade assustadora, gerando cerca de 2 mil artigos por dia. Pertencente ao grupo empresarial Tencent, a autoria de textos do *Dreamwriter* foi inclusive questionada na Justiça chinesa, que se pronunciou sobre o caráter autoral de tais textos, atribuindo os direitos patrimoniais aos titulares da tecnologia.

Luca Schirru (2019) defende que o grau de imprevisibilidade de resultados, bem como a autonomia do sistema de IA e sua forma de utilização, constituem elementos importantes para o debate de autoria. O autor explica que tais critérios levariam a maior ou menor determinação do controle humano sobre o processo, que só configuraria obra autoral passível de proteção e atribuição de direitos quando planejada, previsível e resultante de processo criativo.

De fato, há correntes doutrinárias que defendem até mesmo a possibilidade de atribuição de personalidade jurídica a determinados robôs criadores de arte por inteligência artificial, embora não haja na Lei de Direitos Autorais qualquer dispositivo que minimamente ampare essa pretensão. Pelo contrário, segundo o artigo 7º da LDA, são obras intelectuais protegidas as "criações do espírito", pressupondo o protagonismo da figura humana nesse processo.

Mas, se a autoria intelectual, pelo menos sob o ponto de vista legal, é prerrogativa da mente humana, de quem seriam os direitos das obras criadas por inteligência artificial? Há controvérsias. Nos EUA a Justiça entendeu que a fórmula clássica ainda é válida e, como não era possível atribuir a autoria original a um robô, determinou que a obra fosse considerada domínio público. Já na Inglaterra, uma decisão judicial mais ousada atribuiu autoria à obras produzidas por inteligência artificial, mas considerou que os autores eram as pessoas físicas desenvolvedoras da tecnologia.

Tais decisões são controversas em vários aspectos. Na decisão americana, temos uma obra sem autoria humana, mas elevada a uma condição própria de obras autorais legítimas cujo decurso de prazo se deu. Na decisão inglesa, optou-se por atribuir autoria não a quem criou a arte, mas a quem criou a máquina, em clara distorção da natureza dos direitos protegidos pela LDA. As reflexões poderiam avançar ainda mais, se adentrado o mérito da autonomia que a inteligência artificial é capaz de conquistar, independentemente da previsibilidade de seus desenvolvedores, o que põe em xeque o controle criativo que é possível ter sobre o processo.

Todas essas discussões ainda não perpassam os aspectos econômicos. Há uma forte influência da indústria da tecnologia pelo reconhecimento da autoria de obras criadas por inteligência artificial. O argumento é o de que a proteção autoral asseguraria os investimentos feitos no desenvolvimento da tecnologia, na marcha da revolução digital em curso. Nesse sentido, a atribuição de domínio público a tais criações seria contrária aos interesses do mercado investidor. Basta uma simples leitura da LDA para que se perceba que essa é uma visão absolutamente antagônica ao espírito da lei, ainda em vigor, apesar de obsoleta quanto à matéria.

Com efeito, o domínio público é a consequência natural do fim do prazo de exploração econômica da obra e não um acervo de obras não autorais. Parece ilógico que o Direito de Autor acolhesse qualquer tipo de condicionamento do processo de criação artística aos interesses do mercado da tecnologia, pelo menos no plano teórico. E, ainda que, contrariamente a tudo isso, se concebessem as obras de inteligência artificial como autorais em si mesmas, ainda restaria uma série de dúvidas, por exemplo, a determinação dos tipos de tecnologias contemplados ou não sob esse privilégio, os limites de previsibilidade dos sistemas utilizados, o nível de intervenção humana necessário para fazê-los operar e mesmo a capacidade e autonomia desses sistemas de se autoaprimorar. Muitas dúvidas para nenhuma resposta, em uma discussão que ainda promete avançar.

11.3.2 A reivindicação de autoria no YouTube

Como já dito neste capítulo, o YouTube utliza-se de ferramentas digitais para o controle da circulação de obras autorais. De fato, ao analisar o trabalho do mecanismo do "*Content ID*" sob o ponto de vista da atribuição de autoria, deparamo-nos com uma nova realidade imposta à aplicação da Lei de Direitos Autorais na era digital. O autor, mais do que nunca, passa a ser considerado aquele que se autoatribui essa condição. Ao rastrear a rede e informar o uso não autorizado de uma obra, o *Content ID* parte da premissa de que aquele conteúdo de fato pertence a quem assim o informou, sem qualquer necessidade de prova, como é próprio do sistema autoral, ampliando, assim, o cenário de discussões judiciais e extrajudiciais acerca da autoria e materialidade contidas nos usos virtuais das obras em ambiente digital.

Um caso recente e que ilustra bem esse imbroglio é a da situação vivida pelo *youtuber* conhecido pelo pseudônimo de Rato Borrachudo, que em 2020 teve seu canal, com mais de 3 milhões de inscritos, bloqueado por cerca de quinze dias em função de uma controversa reivindicação de autoria. O produtor de conteúdo foi acusado de cometer três violações de direitos autorais e de violar os termos de uso do YouTube, que impõem a exclusão da conta como penalidade para quem atinge essa marca de infrações. O *youtuber* alegou que teria usado apenas alguns segundos de determinado vídeo em suas produções, mas que a reinvindicação de autoria, popularmente chamada de *srike*, teria acontecido de forma intencionalmente fragmentada e em dias alternados, exatamente para gerar a exclusão de seu canal por parte de um concorrente.

De fato, as reinvindicações de autoria normalmente iniciam, dentro do próprio YouTube, uma disputa de conteúdo autoral. As respostas e alegações deverão ser provadas no âmbito da plataforma, com prazo para as alegações das partes e uma decisão administrativa ao final, em procedimentos que constam da página de suporte do próprio YouTube.

Após muita angústia do *youtuber* e de seus seguidores, que chegaram a alimentar com 1 milhão de inscritos um novo canal feito às pressas por ele, com o nome de *Eu sou o Douglas*, o próprio YouTube comunicou, sem dar maiores detalhes, que o detentor dos direitos autorais responsável pela reinvindicação de autoria havia recuado em suas acusações e que afinal o canal do Rato Borrachudo continuaria *online*.

A análise do caso permite concluir que o YouTube trabalha com a presunção relativa de autoria e que se autoatribui legitimidade para avaliar as provas nesse sentido, alicerçado na lei autoral, mas também amparado em critérios de conformidade por si mesmo determinados. Vários pontos do procedimento, porém, precisam ser mais bem definidos. É preciso avaliar a extensão do conteúdo reivindicado, o decurso de tempo possível entre duas ou mais denúncias e os critérios para a fragmentação do conteúdo autoral que se está a denunciar.

11.3.3 Os memes como obras autorais

Neste mundo digital em que vivemos, não há quem nunca tenha se divertido (ou aborrecido) ao receber um meme. Parece difícil conceituar um termo que não é científico e nem mesmo formal, mas os memes podem ser concebidos como ideias ou conceitos que surgem no meio social e que são expressos sob a forma de imagens (*stickers*, fotos, ícones, *emojis* etc.), sons (músicas, áudios diversos, notificações sonoras, gritos, dentre outros) ou textos (frases, expressões, jargões, palavras), rapidamente se espalhando e adquirindo popularidade ("viralizando", na linguagem virtual).

Como são fruto da criatividade humana e têm uma expressão cultural, os memes podem ser entendidos como obras autorais. São criações originais, derivadas de fatos do cotidiano, comportamentos e tendências sociais, o que está em consonância com o artigo 7º da LDA, que entende como obras intelectuais protegidas as "criações do espírito, expressas por qualquer meio ou fixadas em qualquer suporte, tangível ou intangível, conhecido ou que se invente no futuro".

O grande desafio da proteção aos memes está concentrado na identificação da autoria. Já é comum que se vejam memes assinados, mas a grande maioria deles, até por seu caráter espontâneo e de interação social, ainda é completamente anônima. Pode-se dizer que a concepção de autoria protegida sobre os memes ainda está em processo de construção.

Quando, por sua vez, os memes incorporam obras autorais preexistentes, tais como músicas, títulos originais, cenas de produções audiovisuais, elementos de artes visuais, dentre outros, então, nesse caso, pode-se dizer que os mencionados memes passam a constituir obras autorais derivadas e que dependeriam, portanto, de autorização expressa dos autores originais para circular. Não é o que se observa no uso dos memes na prática, até mesmo em função da espontaneidade de sua criação e difusão e, na maioria das vezes, de seu caráter gratuito.

De fato, se não utilizados com fins comerciais (lucro direto ou indireto), os memes acabam por representar uma espécie de expressão cultural contemporânea, uma nova forma de comunicação, e talvez não cheguem a configurar, judicialmente, violação de direitos autorais. Há que lembrar da paródia como limite ao direito autoral: aquela versão crítica e/ou humorística que, se respeitados os limites da honra subjetiva, não ofende os direitos do autor. Lado outro, se utilizados para fins publicitários, eleitorais, de marketing ou outros de natureza comercial, então os memes, como quaisquer outras criações intelectuais, passam a depender de expressa autorização legal dos criadores originais para circular, sob pena de lhes ofenderem os direitos patrimoniais.

Os memes carregam em sua essência outra problemática ainda mais complexa: sua profunda ligação com o Direito de Imagem. É comum que os memes estampem a imagem de pessoas, quer sejam elas conhecidas ou anônimas, incluindo seus gestos e expressões.

Nesse sentido, os memes enfrentarão os mesmos questionamentos e desafios da falta de uma regulação específica sofrida pelo direito de imagem. Sabe-se que, para fins lucrativos, é expressamente proibido utilizar a imagem de alguém sem autorização[15], mas e quando o uso é espontâneo, um fenômeno social?

O questionamento obriga à análise da honra subjetiva, que atribui ao titular da imagem o direito de insurgência quanto ao uso não autorizado toda vez que se sentir ofendido pela inser-

---

15 É o que preconiza o artigo 20 do Código Civil brasileiro: "Salvo se autorizadas, ou se necessárias à administração da justiça ou à manutenção da ordem pública, a divulgação de escritos, a transmissão da palavra, ou a publicação, a exposição ou a utilização da imagem de uma pessoa poderão ser proibidas, a seu requerimento e sem prejuízo da indenização que couber, se lhe atingirem a honra, a boa fama ou a respeitabilidade, ou se se destinarem a fins comerciais". (Art. 20 da Lei n. 10.406/2002).

ção de sua imagem em um meme. Pessoas públicas (políticos, artistas, atletas, autoridades), até pelo alto grau de exposição, costumam ter um nível de tolerância mais elevado quanto a esse limite da ofensa à honra, mas as pessoas anônimas, cidadãos comuns, não precisam ou devem aceitar essa exposição pública em tão grande escala.

É claro que, para se configurar a violação dos direitos de imagem de terceiros na construção de um meme, o titular do direito precisa se sentir ofendido. As pessoas têm reações diversas diante da superexposição. Enquanto alguns se envaidecem e até agradecem pelo incremento de sua fama, outros se sentem constrangidos e afetados em sua honra.

Uma situação que ilustra bem essa questão é o famoso meme de Chico Buarque, no qual são justapostas duas imagens icônicas do rosto do artista, uma sorrindo e outra aborrecido, em uma referência a antagonismos de personalidade e/ou mudanças de humor. O meme não gerou qualquer polêmica junto ao cantor e compositor até ser apropriado por um *shopping* em Teresina-PI, que o utilizou para publicidade direta, mencionando a temperatura amena do *shopping* em comparação com o calor do ambiente externo. Diante da postagem da publicidade do *shopping* no Facebook, Chico Buarque ingressou com ação judicial para a suspensão de veiculação do anúncio, claramente comercial e realizado sem qualquer autorização de sua parte[16].

Como se vê, os memes, reconhecidos como obras autorais, gozam da proteção da LDA, mas devem respeitar tanto os direitos autorais de eventuais obras originárias como os direitos de imagem de personagens ali retratados. Resta claro que para fins comerciais não se admite nessas criações o uso não autorizado de imagem ou de obra autoral. Já para uso social e espontâneo, sem fins lucrativos, a criação de memes está sendo cada vez mais naturalizada, desde que eles não atentem contra a honra das pessoas envolvidas.

---

16 Para mais informações sobre o caso: <https://www.meioemensagem.com.br/home/comunicacao/2015/02/04/chico-buarque-processa-shopping-do-piaui.html>. Acesso em: 12 mar. 2021.

QUADRO ESQUEMÁTICO – CAPÍTULO 11

Direito Digital

Circulação
- Transmissão/execução: *streaming*
- Compartilhamento: *peer-to-peer*
- Locais: plataformas digitais e redes sociais
- Registro: *blockchain*

Gestão
- Plataformas digitais e redes sociais: regras próprias
- Crimes cibernéticos: aplicáveis à violação autoral
- Marco civil da Internet: regulação do uso da rede

Autoria
- Inteligência artificial
- *YouTube* e reinvindicação de autoria
- Direito autoral sobre memes

CONSIDERAÇÕES FINAIS

Em sábias palavras, disse o Jurista Natalino Irti (1992) que ao jurista não se permite o consolo da nostalgia, nem a tranquila tristeza de quem apenas examina, de forma cuidadosa, sob o crepúsculo. Ao contrário, ele não pode deixar de assumir o dever de recompor as ruínas do passado e, ao mesmo tempo, captar os poucos estáveis e incertos signos do futuro, constituindo assim a lógica de seu próprio tempo[1].

Com orgulho e regozijo, buscou-se dignificar essa predestinação dos juristas, por meio da apresentação de singelo estudo sobre os Direitos de Autor, a partir da abordagem de seus institutos, seu conteúdo, sua regulamentação, sua tutela e sua administração. Mais do que uma atitude de salvaguarda de prerrogativas inquestionáveis, trata-se, antes disso, do reconhecimento de uma conquista da sociedade contemporânea e, mais ainda, da identificação de um sinal da evolução do direito brasileiro no conjunto do sistema normativo mundial.

Como buscou-se demonstrar, o instituto autoral está obviamente inserido no âmbito do Direito Privado. Esse, por sua vez, pode ser definido como o conjunto de princípios e de normas que disciplinam as relações jurídicas comuns de natureza privada.

---

1 Trata-se de tradução livre de citação do autor, cujo texto original, em espanhol, encontra-se às páginas 37-38 da obra *La Edad de la Decodificación.* (Barcelona: José Maria Bosch Editor S.A., 1992)

Nesse sentido há que se concordar com os ensinamentos da professora Giselda Hironaka (2003), para quem a história da civilização humana, em cada um de seus infindáveis momentos, influi na conformação e na estruturação do Direito Privado como um todo.

Nesse contexto, surge, como área autônoma do Direito, o chamado Direito de Autor. Trata-se este do conjunto de direitos resultantes das concepções da inteligência, materializadas sob a forma de arte e cultura. O Direito Autoral tem sido compreendido pelos especialistas como o ramo do Direito Privado que regula as relações jurídicas advindas da criação e da utilização econômica de obras intelectuais estéticas e as compreendidas na literatura, nas artes e nas ciências.

A própria história do Direito Autoral confirma a sua natureza privada. A primeira lei que menciona, de alguma maneira, o instituto autoral foi publicada em 11 de agosto de 1827, para instituição dos cursos jurídicos no Brasil. Tal lei garantia aos mestres nomeados o privilégio da publicação por 10 anos dos compêndios que criavam para suas matérias, desde que aprovados por Assembleia-Geral. Era ainda um direito limitado apenas às faculdades de Direito locais, de Olinda e de São Paulo.

A promulgação do Código Criminal, em 1830, viria mais tarde a representar a primeira regulamentação da matéria em nível nacional. Suas normas buscavam proibir a contrafação, enquanto cópia não-autorizada de obras, mas ainda não eram capazes de conferir verdadeiros direitos autorais civis. Já na Constituição Republicana de 1891, o Brasil editava normas positivas de Direito Autoral, como a garantia contida no § 26 do artigo 72, que assegurava aos autores o direito exclusivo de reproduzir suas obras por meio da imprensa ou por qualquer outro processo mecânico. Os herdeiros dos autores também poderiam gozar desse direito pelo tempo que a lei determinasse.

Em 1916, com o advento do Código Civil, a propriedade intelectual passou a integrar o texto legislativo do Direito Privado, com *status* de propriedade comum, sob o título de "Propriedade Literária, Científica e Artística". Apenas em dezembro de 1973, no governo de Emílio Garrastazú Médici, é que surgiria a primeira lei específica sobre Direitos Autorais, instituída sob o número 5.988, que derrogava os já completamente superados artigos do Código Civil.

Finalmente, em 1998, mais precisamente em 19 de fevereiro, o Presidente Fernando Henrique Cardoso sancionou a Lei n. 9.610/98, até hoje em vigor, regulamentando de maneira bastante avançada e eficaz os direitos autorais no Brasil. Estava lançada a nova sorte de autores e artistas intérpretes brasileiros. Fortalecia-se, assim, um dos mais autênticos institutos jurídicos, voltado para a salvaguarda dos direitos sobre criações intelectuais.

No contexto da Lei de Direitos Autorais, conhecida por suas iniciais LDA, entendem-se como obras protegidas todas aquelas que expressam criação do espírito, tais como as exemplificativamente citadas na Lei n. 9.610/98, quais sejam, os textos literários, pinturas, músicas, fotografias, esculturas, desenhos, obras cinematográficas e teatrais.

Essa proteção, como não poderia deixar de ser, tem seus limites. Assim, não são entendidas como autorais, inclusive por força da própria lei, as ideias, normas, sistemas, métodos, projetos ou conceitos matemáticos, formulários em branco, sentenças, leis, tratados internacionais, decretos, regulamentos, além dos atos oficiais, nomes, títulos e informações de uso comum, tais como calendários e agendas.

Em verdade, o que distingue uma obra autoral de outra que não possui essa natureza é o seu cunho de criatividade. Para que o autor mereça a proteção da lei, seu trabalho intelectual deve ser distinto do meramente banal. Tem de haver, assim, um esforço criativo de sua parte. A obra deve refletir a personalidade de seu autor: ter os seus traços, representar o seu pensamento, ser marcada por sua personalidade e por seu talento pessoal.

O titular do direito autoral é o autor, originariamente pessoa física, ou, de modo derivatório, a pessoa jurídica, em situações especiais em que a lei permitir. A pessoa jurídica não cria obra intelectual, mas pode vir a ser sua titular, por cessão ou outra forma de transmissão legal de direitos.

O autor tem duas espécies de prerrogativas sobre sua obra. A mais óbvia delas é o chamado direito patrimonial, ou seja, o direito de propriedade em si mesmo. Embora imaterial, a criação pode perfeitamente ser fixada em suporte material, permitindo a negociação do objeto resultante, bem como a transmissão dos direitos para a realização dessa fixação e sua posterior exploração comercial.

Possui ainda o autor, sobre a obra intelectual protegida, os não menos importantes direitos morais. Trata-se de um conjunto de direitos resultantes do vínculo subjetivo mantido com sua obra. Esses direitos não podem ser negociados e são irrenunciáveis e imprescritíveis. Incluem o chamado direito de paternidade, o qual concede ao autor a prerrogativa de exigir que seu nome seja sempre vinculado à criação. Compreende também o direito à integridade da obra, garantindo que seu conteúdo não seja alterado sem autorização prévia e expressa do autor.

Outrossim, o Direito de Autor caracteriza-se pela dualidade de aspectos, a saber: o moral, abrangendo direitos perenes e indisponíveis, decorrentes da própria natureza subjetiva e imaterial de seu objeto e o patrimonial, contendo prerrogativas de exclusividade de exploração comercial, porém com exercício de direitos limitado no tempo.

As obras podem e normalmente têm múltiplas utilizações. Um mesmo texto pode dar origem a um livro, a uma peça de teatro e, ainda, a uma novela ou filme. Deve ficar claro que as diferentes formas de utilização de uma obra não se comunicam. Para cada utilização será exigível uma autorização específica, por via contratual, que só poderá ser emitida pelo próprio autor ou por quem legalmente o represente.

Nesse sentido, quem reproduz obra sem autorização do autor, bem como toma para si a autoria de obra alheia ou comete qualquer outro tipo de violação à lei de Direitos Autorais está sujeito a sanções cíveis e penais, sendo as primeiras previstas na própria Lei n. 9.610/98 e as segundas no Código Penal brasileiro.

O prazo prescricional para ajuizamento de ações de direitos autorais segue as regras do direito comum, reguladas pelo Código

Civil. Para provar a propriedade material não é necessário o registro da obra, vez que a proteção é presumida e dar-se-á a partir do momento da criação intelectual. Todavia, recomenda-se que o autor faça o registro ou procure meios capazes de comprovar a sua autoria, como forma de se resguardar de eventuais acusações de contrafação e plágio.

Observa-se que a história e as características básicas do Direito de Autor conferem-lhe tamanho grau de independência e singularidade, que não permitem dúvida quanto ao seu *status* de legislação especial, capaz de distinguir-se das demais, como área autônoma do Direito.

Até na própria Internet, onde as obras intelectuais fluem de maneira bastante livre, cresce o questionamento quanto à autorização dos conteúdos veiculados. Nesses ambientes, as obras autorais têm encontrado grandes barreiras à sua proteção, pelo desconhecimento, má-fé e, principalmente, pela falta de controle sobre a circulação dos bens protegidos pelo Direito de Autor, que acabam sendo utilizados por terceiros sem que exista um controle mais rigoroso por parte de seus titulares.

Não obstante a essa permissividade, está corporificado na lei de direitos autorais o compromisso assumido pelo Brasil, não só internamente, mas em respeito a diversas convenções internacionais ratificadas, no sentido da proteção das criações de espírito de seus nacionais, dentro do território brasileiro e também perante aos demais países membros de tais acordos.

Com efeito, a lei de Direitos Autorais é taxativa no *caput* de seu artigo 29, onde submete a prévia e expressa autorização do autor cada uma das utilizações da obra, por quaisquer modalidade existentes ou que se inventem no futuro. Mesmo quando enumera apenas exemplificativamente as formas de uso protegidas, a referida lei fornece, em seus incisos, exemplos de utilizações autorais cabíveis, mediante a devida remuneração, no chamado ciberespaço[2].

---

2 Segundo o Dicionário Aurélio da Língua Portuguesa, o ciberespaço é a dimensão ou domínio virtual da realidade, constituído por entidades e ações

Fato é que, independentemente do meio de divulgação empregado, sob a égide da proteção legal, é assegurado aos autores das criações originais de espírito, o direito de ajuizar medida judicial contra os infratores de seus direitos, sendo-lhes garantida a imediata suspensão da lesão, sem prejuízo de eventual ação indenizatória destinada ao ressarcimento dos danos morais e patrimoniais que lhes possam ter sido causados.

Confia-se que a breve exposição sobre o Direito Autoral tenha sido capaz de demonstrar sua classificação enquanto objeto do Direito Privado. Com efeito, sua natureza contratualista, vinculada ao exercício voluntário de direitos entre particulares, parece ser o suficiente para a inserção da matéria no âmbito jurídico privado. Nunca houve, inclusive, qualquer interferência estatal na esfera da propriedade intelectual, a não ser pela fracassada experiência do chamado Conselho de Direito Autoral, há muito extinto por sua própria ineficácia.

Crê-se que o Direito de Autor não deve ser classificado como Direito Civil codificado. Ao contrário, por suas especificidades, enquanto objeto de lei especial, tal conjunto normativo constitui-se em estatuto de grupo, o qual extrapola os limites fechados do Código Civil para se configurar como área específica do Direito, verdadeiro instituto autônomo dentro do universo legislativo do Direito Privado.

Com efeito, como bem resume o professor Natalino Irti (1992), o próprio Direito Privado ultrapassou os horizontes do Código Civil, mediante a superação de sua pretensa completude, constituindo-se, gradativamente, em uma corrente de microssistemas especiais. Dentre esses últimos, o que congrega os autores tem a missão não apenas de regular a lógica de um específico setor social, mas também de difundir a arte e preservar a cultura do país.

É essa a grande responsabilidade que carregam os criadores intelectuais brasileiros. São eles os grandes responsáveis pela in-

---

puramente informacionais; meio, conceitualmente análogo a um espaço físico, em que seres humanos, máquinas e programas computacionais interagem. (HOLANDA, 2004, p. 462) teligência de toda uma nação. Espera-se que o reconhecimento do Direito de Autor como área autônoma do Direito possa, de alguma forma, fortalecer a luta pela defesa do patrimônio intelectual, essa maravilhosa propriedade muitas vezes intangível ao toque, mas apreensível pela inteligência, capaz de revolucionar mentes, abrir fronteiras, proporcionar o desenvolvimento cultural da nação e defender os seus filhos da mais odiosa das formas de pobreza, que é a ausência de conhecimento.

REFERÊNCIAS BIBLIOGRÁFICAS

ABRÃO, E. Y. *Comentários à lei de direitos autorais e conexos*: Lei 9.610/98 com as Alterações da Lei 12.853/2013, e jurisprudência dos Tribunais Superiores.

Rio de Janeiro: Lumen Juris, 2017.

ABRÃO, Eliane Y. *Direitos de Autor e Direitos Conexos*. São Paulo: Editora do Brasil, 2002.

ALBUQUERQUE, Ronaldo Gatti de. Constituição e Codificação: a dinâmica do binômio. In: MARTINS-COSTA, Judith (Coord.). *A reconstrução do Direito Privado*. São Paulo: Revista dos Tribunais, 2002.

AMARAL, Cláudio de Souza. Os Direitos Autorais nas Constituições Brasileiras. *Revista de Direitos Autorais*. São Paulo, ano 1, n. 2, p. 57-64,

fev. 2005.

AMARAL, Francisco. *Direito Civil*: introdução. 3. ed. Rio de Janeiro:

Renovar, 2000.

AMARAL, Francisco. O Direito Civil na Pós-Modernidade. In: FIUZA, César; SÁ, Maria de Fátima Freire de; NAVES, Bruno Torquatro de Oliveira (Orgs.). *Direito Civil Atualidades*. Belo Horizonte: Del Rey, 2003.

ASCENSÃO, José de Oliveira. A questão do domínio público. In: WACHOWICZ, Marcos; SANTOS, Manoel Joaquim Pereira dos. Estudos de direito de autor e interesse público. *Anais do II Congresso de Direito de Autor e Interesse Público*. Florianópolis: Fundação Boiteux, 2008. Disponível em: <http://www.direitoautoral.ufsc.br/arquivos/anais_na_integra.pdf>. Acesso em: 18 nov. 2020.

ASCENSÃO, José O. *Direito Autoral*. Rio de Janeiro: Forense, 1980.

ASCENSÃO, José O. Direito de Autor e Desenvolvimento Tecnológico: controvérsias e estratégias. *Revista de Direitos Autorais*. São Paulo, ano 1, n. 2, p. 57-64, fev. 2005.

ASSOCIAÇÃO BRASILEIRA DE NORMAS TÉCNICAS – ABNT. Normas ABNT sobre documentação. Rio de Janeiro, 1989. Coletânea de normas.

BARBOSA, Antonio Luiz Figueira. *Sobre a propriedade do trabalho intelectual*: uma perspectiva crítica. Rio de Janeiro: UFRJ, 1999.

BARBOSA, Denis Borges. *Uma Introdução à Propriedade Intelectual.* Rio de Janeiro: Ed. Lumen Júris, 2003.

BARROS, Alice Monteiro de. *As Relações de Trabalho no Espetáculo.* São Paulo: LTr, 2003.

BARROSO, Luis Roberto. *O Direito Constitucional e a Efetividade de Suas Normas.* RJ/SP: Renovar, 2003.

BASSO, Maristela. *O Direito Internacional da Propriedade Intelectual.* Porto Alegre: Livraria do Advogado, 2000.

BILLY, Maestro. *A inteligência artificial e a música*, 12 set. 2018. Disponível em: <https://www.updateordie.com/2018/09/13/inteligencia-artificial-e-musica>. Acesso em: 7 jan. 2020.

BITELLI, Marcos Alberto Sant'Anna. *O Direito da Comunicação e da Comunicação Social.* São Paulo: Revista dos Tribunais, 2004.

BITTAR, Carla B. *et al. Estudos de Direito de Autor, Direito da Personalidade, Direito do Consumidor e Danos Morais.* Rio de Janeiro: Forense Universitária, 2002, 200p.

BITTAR, Carlos A. *Contornos Atuais do Direito do Autor.* 2. ed. São Paulo: Revista dos Tribunais, 1999.

BITTAR, Carlos A. *Direito de Autor.* 4. ed. Rio de Janeiro: Forense Universitária, 2003.

BITTAR, Carlos A. *Os Direitos da Personalidade.* 7. ed. Rio de Janeiro: Forense Universitária, 2004.

BITTAR, Carlos A.; FILHO, Carlos Alberto B. *Tutela dos Direitos da Personalidade e dos Direitos Autorais nas Atividades Empresariais.* São Paulo: Revista dos Tribunais, 1993.

BRASIL. Câmara dos Deputados. Projeto de Lei n. 2.370/2019. *Altera a Lei n. 9.610, de 19 de fevereiro de 1998.* Disponível em: <https://www.camara.leg.br/proposicoesWeb/fichadetramitacao?idProposicao=2198534>. Acesso em: 10 mar. 2021.

BRASIL. Constituição (1988) *Constituição da República Federativa do Brasil.* Brasília: Senado Federal, 1988.

BRASIL. Lei n. 12.737, de 30 de novembro de 2012. *Diário Oficial da União*, Brasília, 3 dez. 2012.

BRASIL. Lei n. 12.965, de 23 de abril de 2014. *Diário Oficial da União*, Brasília, 24 abr. 2014.

BRASIL. Lei n. 3.071, de 1° de janeiro de 1916. *Diário Oficial da União*, Brasília, 5 jan. 1916.

BRASIL. Lei n. 9.609, de 19 de fevereiro de 1998. *Diário Oficial da União*, Brasília, 20 fev. 1998.

BRASIL. Lei n. 9.610, de 19 de fevereiro de 1998. *Diário Oficial da União*, Brasília, 20 fev. 1998.

CABO, Alvaro Antônio do; BARBOSA, Notaroberto. *Direito à própria Imagem Aspectos Fundamentais.* São Paulo: Saraiva, 1989.

CABRAL, Plínio. *A Nova Lei de Direitos Autorais* – Comentários. São Paulo: Editora Harbra, 2003.

CABRAL, Plínio. *Direito Autoral* – Dúvidas e Controvérsias. São Paulo: Harbra, 2000.

CALDAS, Pedro Frederico. *Vida Privada, Liberdade de Imprensa e Dano Moral.* São Paulo: Saraiva, 1997.

CAMARGO, Maria Margarida Lacombe. *Hermenêutica e Argumentação – uma contribuição ao estudo do direito.* 3. ed. Rio de Janeiro: Renovar, 2003.

CANCELIER, Mariela. Com 3,41 milhões de inscritos, *youtuber* Rato Borrachudo poderá perder o canal. *Mundo Conectado,* 22 de setembro de 2020. Disponível em: <https://mundoconectado.com.br/noticias/v/15575/com-341-milhoes-de-inscritos-youtuber-rato-borrachudo-podera-perder-o-canal#:~:text=uso%20e%20gerenciamento,O%20CASO,%C3%A9%20conhecida%20popularmente%20como%20strike>. Acesso em: 9 mar. 2021.

CARBONI, Guilherme C. *O Direito de Autor na Multimídia.* São Paulo: Quartier Latin, 2003.

CARBONI, Guilherme. *Direito autoral e autoria colaborativa na economia da informação em rede.* São Paulo: Quartier Latin, 2010.

CARBONI, Guilherme. Direito autoral, diversidade das expressões culturais e pluralidade de autorias. In: ADOLFO, Luiz Gonzaga Silva; WACHOWICZ, Marcos (org.). *Direito da propriedade intelectual*: estudos em homenagem ao Pe. Jorge Hammes. Curitiba: Juruá. 2014. v. 2. p. 137-150.

CASTRO JÚNIOR, Marco Aurélio de. *Direito e pós-humanidade*: quando os robôs serão sujeitos de direito. Curitiba: Juruá, 2013.

CBL. *Câmara Brasileira do Livro lança novos serviços com uso de* blockchain, 2020. Disponível em: <http://cbl.org.br/imprensa/noticias/camara-brasileira-do-livro-lanca-novos-servicos-com-uso-de-blockchain>. Acesso em: 4 ago. 2020.

CASTRO, Gisela G. S. O Caso Napster: direitos de propriedade intelectual em questão. *Portal do Intercom*, setembro de 2001. Disponível em: <http://www.intercom.org.br/papers/nacionais/2001/papers/NP8CASTRO.PDF>. Acesso em: 5 mar. 2021.

CHAVES, Antônio. *Criador da Obra Intelectual* – Direito de Autor. São Paulo: LTr, 1995.

CHAVES, Antônio. *Direito de Autor* – Princípios Fundamentais. Rio de Janeiro: Forense, 1987.

CHAVES, Antônio. *Direitos Conexos*. São Paulo: LTr, 1999.

CHAVES, Antonio. *Nova Lei Brasileira de Direito de Autor*: estudo comparativo com o projeto que lhe deu origem. São Paulo: Revista dos Tribunais, 1975

CHICARINO, Vanessa *et al.* Uso de *blockchain* para privacidade e segurança em Internet das coisas. *Sociedade Brasileira de Computação (SBC)*, novembro de 2017. Disponível em: <https://www.researchgate.net/publication/321966650_Uso_de_Blockchain_para_Privacidade_e_Seguranca_em_Internet_das_Coisas>. Acesso em: 14 nov. 2020.

CHWARTZMANN, Alexandre Elman; RAYMUNDI, Gabriela. *O registro de direitos autorais por meio de* blockchain, 26 de agosto de 2020. Disponível em: <https://baptistaluz.com.br/institucional/registro-de-direitos-autorais-blockchain/>. Acesso em: 25 nov. 2020.

COSTA NETTO, José Carlos. *Direito Autoral no Brasil.* São Paulo: FTD, 1998.

DANNEMAN; SIEMSEN; BIGLER; IPANEMA MOREIRA. *Propriedade Intelectual no Brasil.* Rio de Janeiro, 2000.

DAVIES, Colin R. An evolutionary step in intellectual property rights: artificial intelligence and intellectual property. *Computer Law & Security Review*, v. 27, 2011.

GONÇALVES, Lukas Ruthes. *A tutela jurídica de trabalhos criativos feitos por aplicações de inteligência artificial no Brasil.* 2019. Dissertação (Mestrado) – Universidade Federal do Paraná, Curitiba, 2019.

DE MATIA, Fábio Maria. *O autor e o editor na obra gráfica*: direitos e deveres. São Paulo: Saraiva, 1975.

DIAS, Maurício C. *Direito Autoral.* Campinas: LZN Editora, 2002.

DIAS, Maurício C. *Utilização Musical e Direito Autoral.* Campinas: Bookseller, 2000.

ESCOBAR, J.C Mariense. *O Novo Direito de Telecomunicações.* Porto Alegre: Livraria do Advogado, 1999.

FERRAZ JR., Técio Sampaio. *Introdução ao estudo do direito*: técnica, decisão, dominação. São Paulo: Atlas, 1991.

FIUZA, César. *Direito Civil Curso Completo.* Belo Horizonte: Del Rey, 2003a.

FIUZA, César; SÁ, Maria de Fátima Freire de; NAVES, Bruno Torquatro O. M. F. *Direito Civil Atualidades.* Belo Horizonte: Del Rey, 2003b.

GALUPPO, Marcelo Campos. *Da ideia à defesa*: Monografias e teses jurídicas. Belo Horizonte: Mandamentos, 2003.

GAMA CERQUEIRA, João da. *Tratado da Propriedade Industrial.* 2. ed. São Paulo: Revista dos Tribunais, 1982.

GANDELMAN, Henrique. *De Gutemberg à Internet.* 4. ed. Rio de Janeiro: Record, 2001.

GOMES, José J. *Direito Civil Introdução e Parte Geral.* Belo Horizonte: Del Rey, 2006.

GUEIROS JUNIOR, Nehemias. *O Direito Autoral no Show Business – a Música.* Rio de Janeiro: Gryphus, 1999.

HAMMES, Bruno J. *O Direito de Propriedade Intelectual.* 3. ed. Rio Grande do Sul: Unisinos, 2002.

HIRONAKA, Giselda M. F. N. Tendências do Direito Civil no Século XXI. In: FIUZA, César; SÁ, Maria de Fátima Freire de; NAVES, Bruno Torquatro O. M. F. *Direito Civil Atualidades*, 2003.

HOLANDA, Aurélio Buarque de. *O Novo Dicionário Aurélio da Língua Portuguesa.* 3. ed. Paraná: Positivo, 2004.

HOUAISS, Antônio. *Mini Houaiss Dicionario Da Lingua Portuguesa.* São Paulo: Moderna, 2004.

IBM Brasil. *O que é a tecnologia* blockchain?, 2021. Disponível em: <https://www.ibm.com/br-pt/blockchain/what-isblockchain?p1=Search&p4=43700052746417118&p5=b&gclid=Cj0KCQiAyoeCBhCTARIsAOfpKxjh7schYFkVUHxTpvG8Ctv1BeJTGsNzgvCYZGwbXGNwKxDTGoKD5rgaAnv2EALw_wcB&gclsrc=aw.ds>. Acesso em: 6 mar. 2021.

IRTI, Natalino. *L' età della Decodificazione.* 4. ed. Milão: Giuffrè Editora, 1999.

IRTI, Natalino. *La Edad de la Decodificación.* Barcelona: José Maria Bosch Editor S.A., 1992.

KANT, Immanuel. *Scritti Di Storia, Politica e Diritto*. Editori Laterza, 1995.

LEITE. Eduardo Lycurgo. *Direito de Autor*. Brasília: Editora Brasília Jurídica, 2004

LEMOS, Ronaldo. WAISBERG, Ivo. *Conflitos sobre Nomes e Domínio*. São Paulo: Revista dos Tribunais, 2003.

LIMA. Cláudio Viana de. *Curso de Introdução à Arbitragem*. Rio de Janeiro: Lumen Júris, 1999.

LISBOA, Roberto S. *Manual Elementar de Direito Civil*. 2. ed. São Paulo: Revista dos Tribunais, 2002, v. 1. p. 175-202.

LORENZETTI, Ricardo L. *Fundamentos do Direito Privado*. São Paulo: Revista dos Tribunais, 1998.

LUGER, George F. *Inteligência artificial*: estruturas e estratégias para a solução de problemas complexos. 4. ed. Porto Alegre: Bookman, 2007.

MANSO, Eduardo Vieira. *Direito Autoral*. São Paulo: José Bushasky, 1980.

MARTINS, Ricardo Maffeis; GUARIENTO, Daniel Bittencourt. É chegada a hora da regulamentação dos direitos do autor na internet. *Migalhas*, 11 de outubro de 2019. Disponível em: <https://www.migalhas.com.br/coluna/impressoes-digitais/312821/e-chegada-a-hora-da-regulamentacao-dos-direitos-do-autor-na-internet>. Acesso em: 10 mar. 2021.

MARTINS-COSTA, Judith (Coord.). *A reconstrução do Direito Privado*. São Paulo: Revista dos Tribunais, 2002.

MARZOCHI. Marcelo de Luca. *Direito.br* – Aspectos Jurídicos da Internet no Brasil. São Paulo: LTr, 2000.

MELLO, José Guimarães. *Dicionário Multimídia*: Jornalismo, Publicidade e Informática. São Paulo: Arte & Ciência, 2003.

MERIGO, Carlos. Com inteligência artificial, ING e Microsoft criam um Rembrandt "original". *Portal B9*, 7 de abril de 2016. Disponível em: <https://www.b9.com.br/64338/com-inteligencia-artificial-ing-e-microsoft-criam-um-rembrandt-original/>. Acesso em: 9 mar. 2021.

MOGNON, Mateus. Fim da novela: canal do Rato Borrachudo não será excluído do YouTube. *Mundo Conectado,* 5 de outubro de 2020. Disponível em: <https://mundoconectado.com.br/noticias/v/15750/fim-da-novela-canal-do-rato-borrachudo-nao-sera-excluido-do-youtube>. Acesso em: 9 mar. 2021.

MORAES, Walter. *Artistas, Intérpretes e Executantes*. São Paulo: Revista dos Tribunais, 1976.

MORAES, Walter. *Questões de Direito de Autor*. São Paulo: Revista dos Tribunais, 1977.

MORATO, Antonio Carlos; MORAES, Rodrigo. Breve crônica dos riscos de uma lei criada sob o signo da hostilidade à criação intelectual. In: DEL MASSO, Fabiana; ABRUSIO, Juliana; FLORÊNCIO FILHO, Marco Aurélio (coord.). *Marco Civil da Internet*: Lei 12.965/2014. São Paulo: RT, 2014.

NEGROPONTE, Nicholas. *A Vida Digital*. São Paulo: Companhia das Letras, 1995.

NORBERT, J. Michel. Internet file sharing and the evidence so far. *The Heritage Foundation*, August 23, 2004. Disponível em: <https://www.heritage.org/technology/report/internet-file-sharing-the-evidence-so-far-and-what-it-means-the-future>. Acesso em: 14 nov. 2020.

OLIVER, Paulo. *Direito Autoral e sua Tutela Penal*. São Paulo: Ícone, 1998.

OLIVER. Paulo. *Direitos Autorais da Obra Literária*. Belo Horizonte: Del Rey, 2004.

OPMI. *Glossaire du droit d'auteur et des droits voisins*. Genebra, 1980.

PAESANI, Liliana Minardi. *Direito e Internet*. São Paulo: Atlas, 2000.

PARKER, Geoffrey G. *et al*. *Revolução da estratégia*: o que é a plataforma de negócios, como surgiu e como transforma a economia em alta velocidade. Rio de Janeiro: Alta Books, 2018.

PELLEGRINI, Luiz Fernando Gama. *Direito Autoral do Artista Plástico*. São Paulo: Oliveira Mendes, 1998.

PIMENTA, Eduardo Sá. *A Jurisdição Voluntária nos Direitos Autorais*. Rio de Janeiro: Freitas Bastos, 2002.

PIMENTA, Eduardo Sá. *Código de Direitos Autorais e acordos internacionais*. São Paulo: Editora Lejus, 1998.

PIMENTA, Eduardo Sá. *Direito conexo da empresa de radiodifusão*. São Paulo: Lejus, 1999.

PIMENTA, Eduardo Sá. *Dos Crimes contra a Propriedade Intelectual*. São Paulo: Revista dos Tribunais, 1994.

PIMENTA, Eduardo Sá. *Princípios de Direitos Autorais*. Rio de Janeiro: Lumen Júris, 2004.

PIMENTA, Eduardo; PIMENTA, Rui Caldas. *Dos crimes contra a Propriedade Intelectual*. 2. ed. São Paulo: Revista dos Tribunais, 2005.

POLI, Leonardo Macedo. *Direito de Autor e Software*. Belo Horizonte: Del Rey, 2003.

PONTIFÍCIA UNIVERSIDADE CATÓLICA DE MINAS GERAIS. Pró-Reitoria de Graduação. Sistema de Bibliotecas. *Padrão PUC Minas de*

Normalização: normas da ABNT para apresentação de trabalhos científicos, teses, dissertações e monografias. Belo Horizonte, 2006. Disponível em: <http://www.pucminas.br/biblioteca/>.

RAMOS, C. R. *Contributo mínimo em direito de autor*: o mínimo grau criativo necessário para que uma obra seja protegida. Contornos e tratamento jurídico no direito internacional e no direito brasileiro. Dissertação (Mestrado) – Programa de Pós-Graduação em Direito da Universidade do Estado do Rio de Janeiro, Rio de Janeiro, 2010.

ROGERS, David L. *Transformação digital*: repensando o seu negócio para a era digital. São Paulo: Autêntica Business, 2017.

SÁ, Maria de Fátima Freire de. O Microssistema do Biodireito. In: FIUZA, César; SÁ, Maria de Fátima Freire de; NAVES, Bruno Torquatro O.M.F. *Direito Civil Atualidades*, 2003.

SANTIAGO, Oswaldo. *Aquarela do direito autoral.* Rio de Janeiro: UBC, 1985.

SANTOS, Manoel J. Pereira dos. Direito de autor, direito de informação e internet. In: *Direito autoral.* São Paulo: Saraiva, 2014 (Série Gv*law* – Propriedade Intelectual).

SANTOS, Manuel Joaquim Pereira dos. *O Direito de Autor na Obra Jornalística Gráfica.* São Paulo: Revista dos Tribunais, 1981.

SANTOS, Newton Paulo Teixeira dos. *Fotografia e o Direito do Autor.* 2. ed. São Paulo: Leud, 1990.

SANTOS, Reinaldo. *Vade-Mécum da Comunicação.* 12. ed. Rio de Janeiro: Destaque, 1998.

SCHIRRU, Luca. *Inteligência artificial e o direito autoral*: o domínio público em perspectiva, abril de 2019. Disponível em: <https://itsrio.org/wp-content/uploads/2019/04/Luca-Schirru-rev2-1.pdf>. Acesso em: 18 nov. 2020.

SHERWOOD, Robert M. *Propriedade Intelectual e Desenvolvimento Econômico.* São Paulo: Edusp, 1992.

SILVEIRA, Neil; SOUSA, Mirian Lima de; MELO, Antonia Morgana de Alcântara Jorge. Crimes cibernéticos e invasão de privacidade à luz da lei Carolina Dieckmann. *Jus Navigandi*, outubro de 2017. Disponível em: <https://jus.com.br/artigos/61325/crimes-ciberneticos-e-invasao-de-privacidade-a-luz-da-lei-carolina-dieckmann>. Acesso em: 10 mar. 2021.

SILVEIRA, Newton. *A Propriedade Intelectual e as Novas Leis Autorais.* São Paulo: Saraiva, 1998.

SOUZA, Carlos Fernando Mathias de. *Direito Autoral.* Brasília: Brasília Jurídica, 1998.

SOUZA, Rebecca Maria Nogueira de; COSTA, Rodrigo Vieira. Direito autoral e inteligência artificial: uma análise acerca da tutela jurídica brasileira em composições musicais. 12 set. 2018. disponível em: <https://ambitojuridico.com.br/cadernos/direito-civil/direito-autoral-e-inteligencia-artificial-uma-analise-acerca-da-tutela-juridica-brasileira-em-composicoes-musicais/>. Acesso em: 18 nov. 2020.

TAPSCOTT, Don; TAPSCOTT, Alex. *Blockchain revolution*: how the technology behind bitcoin is changing money, busines, and the world. London: Portofolio Penguin, 2018.

TEIXEIRA, Gabriel Couto. *O avanço criativo da inteligência artificial e a proteção de direitos autorais*, 17 de setembro de 2018. Disponível em: <https://ndmadvogados.com.br/o-avanco-criativo-da-inteligencia-artificial-e-a-protecao-de-direitos-autorais>. Acesso em: 18 nov. 2020.

TEPEDINO, Gustavo. A Constitucionalização do Direito Civil: perspectivas interpretativas diante do Novo Código. In: FIUZA, César; SÁ, Maria de Fátima Freire de; NAVES, Bruno Torquatro O. M.F. *Direito Civil Atualidades*, 2003.

TEPEDINO, Gustavo. *Temas de Direito Civil.* Rio de Janeiro: Renovar, 1999.

VALE, Sávio. O que é uma rede *peer-to-peer* (p2p)? Funcionamento e aplicações dessa tecnologia que vão além do compartilhamento de arquivos. *Blog Voitto*, 7 de agosto de 2020. Disponível em: <https://www.voitto.com.br/blog/artigo/o-que-e-rede-p2p>. Acesso em: 14 nov. 2020.

VALE, Sávio. O que é, como surgiu e como funciona o *blockchain*? Decifrando essa tecnologia. *Blog Voitto*, 21 de junho de 2020. Disponível em: <https://www.voitto.com.br/blog/artigo/o-que-e-blockchain>. Acesso em: 14 nov. 2020.

VARELLA, Marcelo Dias. *Propriedade intelectual de setores emergentes*: biotecnologia, fármacos e informática: de acordo com a Lei n. 9.279, de 14-5-1996. São Paulo: Atlas S/A, 1996.

WACHOWICZ, Marcos (coord). *Direito autoral & Marco Civil da Internet.* Curitiba: Gedai, 2015.

WATTERS, Audrey. The blockchain for education: an introduction. *Hackeducation*, 7 de abril de 2016. Disponível em: <http://hackeducation.com/2016/04/07/blockchain-education-guide>. Acesso em: 14 nov. 2020.

WIPO – Organização Mundial da Propriedade Intelectual. *Guide de la Convention de Berne pour la protection des oeuvres littéraires et artistiques (Acte de Paris, 1971).* Genebra, 1978.

WIPO – Organização Mundial da Propriedade Intelectual. *Guide to the Rome Convention and to the Phonograms Convention*, reprint, 1999.

WIPO – Organização Mundial da Propriedade Intelectual. *WIPO Intellectual Property Handbook.* Genebra, 2001.

YSKIND, Guy *et al.* Decentralizing privacy: using blockchain to protect personal data. *IEEE Security and Privacy Workshops*, 20 de julho de 2015. Disponível em: <https://ieeexplore.ieee.org/document/7163223>. Acesso em: 14 nov. 2020.

ZWICKER, Gisele Amorim; BORTOLOZO, Luciana Ferreira; IDIE, Renata Yumi. Os aspectos jurídicos dos memes. *Migalhas*, 28 de junho de 2017. Disponível em: <https://www.migalhas.com.br/depeso/261009/os-aspectos-juridicos-dos-memes>. Acesso em: 10 mar. 2021.